2023

文化创意产业
研究

范 周　主　　编
周微微　副 主 编
余俊雯　执行主编

东南大学出版社
SOUTHEAST UNIVERSITY PRESS
·南京·

图书在版编目（CIP）数据

2023文化创意产业研究 / 范周主编. -- 南京：东
南大学出版社, 2024.12. -- ISBN 978-7-5766-1500-5

Ⅰ. G114

中国国家版本馆CIP数据核字第2024VD8862号

责任编辑：丁志星　　责任校对：张万莹　　封面设计：冀贵收　　责任印制：周荣虎

2023文化创意产业研究

2023 Wenhua Chuangyi Chanye Yanjiu

主　　编　范　周

出版发行：东南大学出版社

出 版 人：白云飞

社　　址：南京四牌楼 2 号　　邮编：210096

网　　址：http://www.seupress.com

经　　销：全国各地新华书店

印　　刷：河北赛文印刷有限公司

开　　本：787mm×1092mm　　1/16

印　　张：13

字　　数：262千字

版　　次：2024年12月第1版

印　　次：2024年12月第1次印刷

书　　号：ISBN 978-7-5766-1500-5

定　　价：78.00元

东大版图书若有印装质量问题，请直接与营销中心联系。电话（传真）：025-83791830

编 委 会

让产教融合与社会发展同频共振

——2023 年文化创意产业回顾与展望

2023 年是全面贯彻党的二十大精神的开局之年，全球新冠疫情逐渐得到控制，文化创意产业逐渐复苏，并呈现出新的发展态势。我将从以下几个方面，对 2023 年文创产业现状与趋势做出简要阐述。

一、文化政策密集出台，细分举措持续完善

2023 年，文化和旅游等领域各部委出台多项文件，聚焦传统文化、文化科技、文旅消费、公共文化服务、行业标准建设等板块，全面推进文化强国建设，推动文化产业高质量发展。一是以《关于加强 5G+ 智慧旅游协同创新发展的通知》《元宇宙产业创新发展三年行动计划（2023—2025 年）》为代表的政策进一步规范市场秩序，引导新业态健康有序发展。二是以《关于推动非物质文化遗产与旅游深度融合发展的通知》《非物质文化遗产数字化保护 数字资源采集和著录》为代表的政策推动中华优秀传统文化创造性转化、创新性发展，推动中华文化更好地走向世界。三是以《关于金融支持乡村旅游高质量发展的通知》《关于释放旅游消费潜力推动旅游业高质量发展的若干措施》为代表的政策加大优质旅游产品和服务供给、激发旅游消费需求。四是以《文化和旅游标准化工作管理办法》《关于推行应用文化和旅游市场电子证照的通知》为代表的政策推进文化和旅游标准化建设，推进文化和旅游市场管理数字化改革。

二、情绪消费制造文旅爆点，情感共鸣提供心灵慰藉

2023 年以来，文旅消费者在满足基本功能的基础上，愈加注重情感体验和心理感受，情绪价值成为文旅市场的主导因素。"特种兵式旅行"以热血沸腾的暴走，对抗枯燥生活的秩序；"寺庙游"以寄托精神的仪式，洗涤"内卷"之下的焦虑；Citywalk 以闲适自在的漫游，享受城市生活的诗意；"进淄赶烤"以热情好客的人情味，点燃其乐融融的烟火气。

一方面，文旅体验的过程是情绪生发的过程。在文旅新业态中，游客不再是前往目的地，被动、单向地接受导览，进行参观；而是为了纾解焦虑或寄托心灵，主动寻求产品服务，以满足自我疗愈或正向反馈。另一方面，情绪消费的本质是一场对话与互动。常言道，读万卷书，行万里路。在旅行中，人们能

够与历史对话，通过了解不同的价值观与信仰，拓宽视野和思路；人们可以摆脱工作和生活的压力，与自我对话，见天地，见众生，最后见自己，获得自洽。因此，洞悉消费者心理需求，提供正面情绪疏导，获得深层情感共鸣，将成为未来文旅服务开发的重要方向。

三、文旅空间数字化转型，文化创意影响力倍增

2023年上半年，全国7.2万家规模以上文化及相关产业企业实现营业收入59 357亿元，同比增长7.3%，文娱休闲行业加速回暖，文化新业态营业收入占比接近四成。数字技术的进步与数字经济的发展加速推动我国数字文化建设，重塑数字文旅新空间。

"XR+文旅"，优化了演艺活动的呈现效果，把实体空间打造成光怪陆离的光影新场景，让观众能够迈入其中，产生互动，极大地拓展了审美活动的自由度。"元宇宙+文旅"，通过布局区块链、近眼显示、多模传感等技术和终端设备，开发数字藏品、数字演艺、数字人导览、智慧景区等产品服务，打造沉浸式体验。"AIGC+文旅"，以ChatGPT为代表的生成式人工智能可以根据游客的行径数据和行为模式，为景区带来更加高效可行的提升意见，为游客带来更加便捷舒适的旅游体验，精准满足景区与游客的双向需求。"云直播+文旅"，各地文旅局局长、企业高管、时尚达人纷纷入驻新媒体平台进行宣传，通过发放优惠券、特价机票、门票等方式，吸引游客关注，扩大曝光效应，"局部热点"不断涌现，特色地域文化放大作用明显。

毫无疑问，数字经济的崛起将会给文旅行业带来颠覆性影响。立足新时代，我们高校联盟需要肩负起创新驱动发展的使命，充分发挥结构优势、产业优势、人才优势，切实推进产学研融合发展。

最后，再次向莅临本次大会的领导、嘉宾、学者表达诚挚的欢迎，向为本次大会做出贡献的所有人员表示衷心的感谢。谢谢大家！

目 录

文化产业平台化组织方式的创新机制

——以爱奇艺影视流媒体为例

蔡 峻 [①]

摘 要：文化创意产业组织形态中出现的流媒体平台，在影视长视频方面的生产实践遵循了多边平台的网络效应，在产业组织内外两个维度形成了个体、组织和平台的互动。在内生成长的组织架构一侧，形成了基于数字中台叠加专业人才的扁平化工作室机制和基于交易成本的网络化企业市场机制。在外向连接的专业复合体系中，形成了基于协同效应的创意联合机制和基于利益精算化的共同体机制。数字化权力的显性效应和隐性危机同时并存，数字化时代的影视艺术文化产业仍然要在追求市场价值的工具理性与追求人文关怀的价值理性之间寻求动态化的平衡。

关键词：文化产业；平台化；流媒体；影视

互联网平台集合了相互依赖的不同群体而构成数字经济时代配置资源的组织形态，由于数字技术的广泛使用而极大降低使用者的搜索和交易成本并形成价值创造和汇聚的多中心状态。数字化平台的网络效应和规模效应连接了单体的企业组织而实现精准匹配和快速对接，信息沟通成本的降低和时空限制的超越赋予更多参与者更大的权限和创造力。黄伟迪基于对资讯类短视频平台梨视频的观察，发现通过提供组织支持，对拍客进行专业重塑，可以使个体资源内化到网络创新的过程中，逐渐形成特有的内容生产逻辑和业余者共同体，产生新的传播边界[②]。谢新水、谢爱莲认为互联网、"数字人"、数字技术和数字社会的出现开启了组织的数字进化，新的组织类型促进了自然界、现实社会和虚拟社会的融合，体现出跨界连接性、边界模糊性和共生性的生存特征[③]。

---

① 蔡峻，杭州国际城市学研究中心党组成员、研究四处处长，浙江省城市治理研究中心副主任，杭州城市学研究会副会长。

② 黄伟迪. 再组织化：新媒体内容的生产实践——以梨视频为例 [J]. 现代传播，2017，39(11)：117-121.

③ 谢新水，谢爱莲. 社会化数字组织：进化、特性与冲击 [J]. 探索，2021(1)：139-149.

欧阳耀福研究发现互联网平台的出现会提高加入平台的线上生产企业创新水平，政府应继续鼓励互联网平台化组织模式的发展和深化，推动互联网平台化组织模式与企业创新的良性互动，并重点关注平台收取过高的交易费[①]。Elisa Salvador，Jean-Paul Simon，Pierre-Jean Benghozi 研究了文化创意产业（Cultural and Creative Industries，CCI）中以数字化为代表的颠覆性技术如何影响了传统影视产业组织方式所形成的价值链均衡[②]。Allègre L.Hadida，Joseph Lampel，W David Walls，Amit Joshi 研究发现在制作哪些电影以及如何开展发行的战略决策过程中，好莱坞传统制片厂是基于一种承诺制度逻辑（The Commitment Institutional Logic），即院线放映及其票房的收益获取率，流媒体平台是基于一种便利制度逻辑（The Convenience Institutional Logic），即平台用户订阅量的提升率，由此组织、个人、产业之间形成了完全不同但又能相互融合的结构模式[③]。受这些研究的启发，数字经济时代背景下的文化产业的组织方式呈现出了与工业化时代福特制框架中不同的样态。传统的影视制作和传播过程，是一种线性价值链（Liner Value Chain）的过程，平台化后基于数据工具而创造的社群反馈回路（Community Feedback Loops），转为一个多变的关系网，平台作为连接者、匹配者与市场设计者，促进生产者和消费者进行价值互动。

Axel Gautier，Joe Lamesch 对 Google、Amazon、Facebook、Apple、Microsoft 这五家科技巨头在 2015—2017 年期间收购行为进行分析认为，这五家公司在一定程度上构成了一种以硬件设备、操作系统或交互界面为代表的多边平台，在其周围形成了包括广告主（Advertisers）、供应商（Businesses）、经销商（Merchants）、内容编辑者（Content Editors）、消费者（Consumers）5 种用户群体[④]。由此框架关照美国的 Netflix、中国的爱奇艺等影视流媒体平台，既有平台市场属性也有企业组织功能，营利性目标的驱使让其在生产和营销两个产业链节点在内外两个维度上形成了个体、组织和平台的互动，一定程度上形成了平台化的组织。

① 欧阳耀福. 互联网平台化组织模式对企业创新的影响研究 [J]. 经济研究，2023，58（4）：190-208.

② SALVADOR E, SIMON J, BENGHOZI P. Facing Disruption：The Cinema Value Chain in the Digital Age[J]. International Journal of Arts Management，2019，22(1)：25-40.

③ HADIDA A L, LAMPEL J, WALLS W D, et al. Hollywood Studio Filmmaking in the Age of Netflix：A Tale of Two Institutional Logics[J]. Journal of Cultural Economics，2021，45(2)：213-238.

④ GAUTIER A, LAMESCH J. Mergers in the Digital Economy [J]. Information Economics and Policy，2021，54.

本文聚焦爱奇艺流媒体影视长视频的实践，以期分析这种组织方式的创新机制的内在机理。

一、内生成长的组织架构

在关系主义的网络化社会结构中，流媒体平台的网络化连接能力能够发掘和激活具有潜质的组织机构，并在影视文化经济活动中以灵活的秩序建构动态互利的新型关系，形成弹性化、专业化和精细化的生产网络。

（一）基于数字中台和专业人才的扁平化工作室机制

工业化和信息化叠加演进的背景之下，文化产品的生产主体从组织维度的审视来看已经从个人转为项目小组。工作室（Studio）则是这种小组化组织形式的典型，一般人数较少且组织形式灵活，没有严密的官僚科层制和冗余人员，因此沟通效率高且创新能力强，但同时也具有信息面狭窄、资源量缺乏、组织力薄弱、稳定性较弱等特征。2014年起，爱奇艺正式提出工作室战略，经过多年的发展工作室出品的剧集成为自制内容、独播内容的主要来源，题材包括都市情感、现实生活、古装玄幻、悬疑推理、青春偶像等多个类型。工作室与平台的连接关系相当于嵌入式单元与主板之间的关系，各个工作室单元同时独立运行，既良性竞争，也彼此合作，还可以跨工作室交流，探讨创新方法，激发更多创意内容，释放更大生产活力。平台主板的生产效能因集聚而提升，整体内容呈现出丰富多元的面貌。

表1　爱奇艺影视剧工作室

工作室名	负责人	重点方向	代表作品	豆瓣评分
风起工作室	徐蜜	涉案剧、悬疑剧、古装剧等	《破冰行动》	6.8
			《怪你过分美丽》	7.7
			《唐人街探案》	7.1
			《悍城》	7.2
			《狂飙》	8.5

工作室名	负责人	重点方向	代表作品	豆瓣评分
奇爱工作室	张妍	青春偶像剧、都市生活剧	《警察荣誉》	8.5
			《理想之城》	7.5
			《鬓边不是海棠红》	8
			《最好的我们》	8.9
			《你好，旧时光》	8.6
			《棋魂》	8.6
奇喜工作室	贾智棋	悬疑剧、都市情感剧	《民国奇探》	7
			《关于唐医生的一切》	7.5
			《买定离手我爱你》	6
奇运工作室	卜江	悬疑剧、涉案剧	《隐秘的角落》	8.8
			《沉默的真相》	9
			《无证之罪》	8
自来水工作室	杜翔宇	悬疑剧为主	《亲爱的小孩》	7.7
			《淘金》	5.9
			《回来的女儿》	6.2
奇正工作室	杨蓓（爱奇艺副总裁、版权管理中心总经理）	主要负责版权剧的采买	《琅琊榜之风起长林》	8.4
			《人世间》	8.4
			《小欢喜》	8.2
			《苍兰诀》	8.1
			《二十不惑》	8.1
			《宸汐缘》	8.3
			《风起陇西》	8.1
			《猎罪图鉴》	7.5
			《周生如故》	7.3
			《我是余欢水》	7.3

续表

工作室名	负责人	重点方向	代表作品	豆瓣评分
奇煜工作室	李莅樱	面向男性受众，以武侠、冒险、夺宝、探案、玄幻等类型为主	《河神》	8.1
			《河神2》	7.4
			《老九门》	7
			《蜀山战纪剑侠传奇》	7.1
			《终极笔记》	8.2
			《猎心者》	6.8
芝麻荚工作室	钮继新（曾任华策克顿辛迪加影视总经理）	面向小逗剧场，以都市话题剧为主	《天才基本法》	7.3
			《破事精英》	7.7
			《生活家》	6.1
爱撒糖工作室	邵文依（曾任上海新文化影视事业部副总经理）	面向女性受众，以爱情甜宠剧为主	《祝卿好》	6.7
			《请君》	6.2
			《喵，请许愿》	5.9
爱斯尼工作室	熊晓玲（曾在华策克顿剧酷文化任职）	以都市情感剧为主	《心居》	5.5
			《原来我很爱你》	6.9
			《世界微尘里》	4.8
艺匠工作室	冯微微（曾任浙江卫视总编室主任）	/	《大考》	7.2
爱上乐工作室	谭君平（曾任华谊传媒集团资深经纪人）	以都市生活剧为主	《假日暖洋洋》	5.9
			《假日暖洋洋2》	6.4
			《生活万岁》	5.6
灿然工作室	齐康（曾任万年影业副总裁）	以悬疑剧、涉案剧为主	《无证之罪》	8
			《再见，那一天》	6.9
			《平原上的摩西》	7.6

数据来源：爱奇艺官网：https://www.iqiyi.com；豆瓣网：https://www.douban.com/

从表 1 爱奇艺平台上工作室的概况可以发现，不同于没有任何根基的纯粹的独立工作室，流媒体平台上的工作室归属于平台的大环境，工作室成立之后先进行多样性题材类型内容的接触，感知网络影视的内容特质和表达风格，积累创作经验和视野阅历。在多样性接触的基础上，实现对某几类题材的专业化精深投入，再以灵活的机制聚集专业的同类型人才，实现业务的专精化发展。可以发现，部分工作室负责人来自传统广电媒体和影视公司，专业化的经验是优质内容作品生产的隐形资源。出品《无证之罪》《平原上的摩西》等悬疑剧的灿然工作室负责人齐康，曾任万年影业副总裁。出品《大考》等现实题材剧的艺匠工作室负责人冯微微，曾任浙江卫视总编室主任。出品《假日暖洋洋》等生活剧的爱上乐工作室负责人谭君平，曾任华谊传媒集团资深经纪人。出品《心居》等都市情感剧的爱斯尼工作室负责人熊晓玲，曾在华策克顿剧酷文化任职，曾担任《何以笙箫默》《微微一笑很倾城》制片人。出品《喵，请许愿》等甜宠剧的爱撒糖工作室负责人邵文依，曾历任上海新文化影视事业部副总经理、中国国际电视总公司上海分公司总经理助理。具备行业经验的人才对于影视业发展至关重要，而工作室的机制又创造了创意经营人才的环境。

从国际经验来看，Netflix 在管理机制中遵从高人才密度、高坦诚度前提下的高自由度，即实行分散决策模式让公司员工拥有更多自主决策权从而实现更高的效率和更好的创新。"员工拥有的项目决策权越大，他们就越有归属感，就越能积极地工作。指导员工一言一行的管理模式早已过时。"[①] 工作室组织架构和中台机制能够整合上游优质资源，嫁接内容生产行业优质人才，在扁平化的结构体系中给予创意组织从策略、运营到变现环节的决策自由度和责任主体意识，从而产生更多优质、多元化的内容，增强平台自制内容自我生发功能。小型而灵活的工作室机制能将时间和精力更多投入在艺术创新和创作资源协调配置上，以精深的工作态度和方法投入作品生产。

给予创作自由度和决策支持度是工作室体制的发展动力。从平台利益的角度而言，众多的工作室，在一定程度上是分散了投资风险，因此能够放手让决策者自由创作，并以此吸引更多优秀人才增加作品创作的创新度和丰富性。"决策下放"的机制在工作室的战略决策、运营执行中形成了相对扁平化的管理流程，各部门之间沟通成本降低。从平台特征优势的角度而言，流媒体平台的数

---

① 哈斯廷斯，迈耶. 不拘一格：网飞的自由与责任工作法 [M]. 北京：中信出版集团股份有限公司，2021：385.

据资料和分析参考,对影视制作主体把控项目开发风险非常重要,爱奇艺流媒体平台设置了智能中台技术,为工作室提供覆盖项目全周期的数据分析,以便工作室负责人了解某一类题材的用户画像以及相关剧集的评论高发点、弃剧点,通过各类数据寻找剧集背后的观众审美规律和社会流行趋势,进而更全面地了解创作环境及市场需求而迭代创新,避免了传统影视制作单位的决策流程复杂和决策不科学的问题。一方面,会将新开发或正在开发的技术产品实时传递给工作室,工作室可以在此基础上思考如何更好地利用新技术;另一方面,工作室可以将自己的创意、制作过程中的痛点及时告诉运营中台和制作统筹中台,协同技术产品部门"按需开发"。由此,流媒体平台为工作室提供了更多的创意出口,工作室的管理模式赋予内容创作者更多的主动权,人才的创作饥渴得以满足,创意雄心得以施展。

(二)基于交易成本的网络化企业市场机制

流媒体影视平台得以发展的市场内在因素在于大众影视娱乐需求潜力仍然巨大,而传统影视产业因供需双方信息不对称而存在着产能相对过剩的问题。平台型影视产业主体的基础性和先导性业务能够激发和释放市场潜力,跨越时空连接和疏通影视供求关系,刺激新的文化生活需求,从而带动前端有效的投资和生产。爱奇艺从早期的视频网站应用型企业,通过投资衍生纵向整合产业链上下游企业而转向平台型企业,业务形态丰富后以多种价值创造模式而向生态型企业进一步发展。

交易成本理论(Transaction Cost Theory)认为企业之所以出现是因为它可以节约交易成本。罗纳德·科斯(Ronald Coase)在《企业的性质》中指出只要市场的成本比直接领导下的成本大,就应该选择在企业内完成交易。因此他认为企业的边界是权威指挥下实现的资源配置比市场交易实现的资源配置更有效的范围。也就是说当在组织内进行一项交易的成本低于组织外时,组织就会将这项交易放在组织内部进行,组织的边界得到扩张;而当在组织内与组织外进行某一个交易的成本没有差别时,企业边界便停止扩张。从表2爱奇艺主体企业概况可以发现,作为流媒体影视平台企业,围绕核心业务成立市场主体并开展市场交易是发展的主线。

表 2   爱奇艺主体企业概况

时间	事件
2010 年 3 月	北京奇艺世纪科技有限公司成立
2010 年 4 月	奇艺（QIYI）在线视频网站（qiyi.com）上线
2011 年 11 月	奇艺（QIYI）更名为爱奇艺（iQIYI）
2012 年 5 月	北京奇艺世纪科技有限公司更名为北京爱奇艺科技有限公司
2012 年 12 月	上海爱奇艺文化传媒有限公司成立
2013 年 5 月	百度收购 PPS 视频业务，并与爱奇艺合并
2014 年 12 月	爱奇艺影业（北京）有限公司成立
2018 年 3 月	爱奇艺在美国纳斯达克挂牌上市
数据来源：爱奇艺财报	

是买（Buy）还是造（Produce/Make）成为交易成本理论最核心的问题。奥利弗·威廉姆森（Oliver E. Williamson）在《生产的垂直整合》《市场与等级制度》《资本主义的经济制度》等著作中进一步完善了交易成本理论，并分析了交易成本的影响因素。其中最为显著的是资产专用性（Asset Specificity）这一因素，具体可包括地点专用性（Site Specificity），如供应商的地理位置；实物资产专用性（Physical Asset Specificity），如能够提供专用设备的厂商；人力资产专用性（Human Asset Specificity），如具备专门技术和知识的专业人才等等。现代企业体系中以主体企业通过对外投资新企业主体协调经济活动已经成为常态，查询北京爱奇艺科技有限公司的情况，剔除已经注销的企业和一些间接投资的企业，可以发现：对外投资的企业主要有 99 家，共涉及 5 个行业，分别包括文化、体育和娱乐业（57 家），科学研究和技术服务业（16 家），信息传输、软件和信息技术服务业（14 家），租赁和商务服务业（11 家），批发和零售业（1 家）。从地域上而言覆盖了 15 个省份，包括北京（30 家）、上海（16 家）、浙江（9 家）、四川（9 家）、天津（7 家）、广东（5 家）、海南（4 家）、山东（4 家）、江苏（4 家）、福建（3 家）、湖北（2 家）、新疆（3 家）、重庆（1 家）、湖南（1 家）、陕西（1 家）。

从资产专用性这一交易成本的影响因素而言，北京、上海、浙江是影视产业相对发达的地区，集聚了较多的影视企业和优秀的专业人才，因而获得投资的企业占据多数，体现了地点专用性和人力资产专用性的要素。如爱奇艺影业（北京）有限公司从 2014 年参与投资姜文电影《一步之遥》获得 5.15 亿票房开始起步，发展路径以联合出品商业化院线大片为主，到 2015 年参与出品发行的电影项目增加至 14 部，2016 年参与的春节档电影《西游记之孙悟空三打白骨精》和 2017 年参与的冯小刚电影《芳华》票房均突破 10 亿元。与此同时，逐步转向参投中小成本的小众文化电影，如 2016 年的《黑处有什么》《路边野餐》《塔洛》。2017 年爱奇艺通过电影《八月》制作出品发行一体化启动了主控主投的强参与模式，与多位新人合作推出《北方一片苍茫》《睡沙发的人》《旺扎的雨靴》《美丽》《太行》《和我儿子去了外星球》等作品亮相 FIRST 青年电影展，并将《一条叫招财的鱼》《睡沙发的人》《春江水暖》《春潮》等影片直接在网络发行，既降低成本和风险，又以艺术片为载体提升自身文化资本和社会声誉，而且与一批新锐导演建立起了联系。"企业并不是一个人。它是一个法律虚构，目标各异的人们（一些人还可能代表其他的组织）在这个虚构体中的契约关系框架下经过复杂的过程达到平衡。从这个意义上来讲，企业的'行为'就像市场的行为：是个复杂的均衡过程。"①

产品链上的生产和制作联动了企业链上基于实物资产性而投资设立的相关企业。因 VR 影视内容而形成的硬件需求生成了北京梦想绽放科技有限公司，因游戏内容的整合需求而促成了对成都天象的全资收购。面对开放透明的市场竞争机制下同业竞争的压力与多元化文化的需求，流媒体影视企业技术研发的动力和组织结构的创新是文化产业厂商为保持或追求更好市场竞争位置的行动策略，由此也连带产生了产品的丰富性和传播样式的创新度。文化生产框架中的市场主体因数字技术的多元类型的连接方式或面临重塑或创新诞生，非线性网络状的企业组织模式更贴合创意内容的连接性需要。

二、外向连接的专业复合体

大卫·赫斯蒙德夫认为文化中间人（Cultural Intermediary）一词是文化产业词典中最令人迷惑的术语之一，他认为这个概念最早来源于布尔迪厄在《区隔》一书中对新兴小资产阶级和新资产阶级的讨论，而后来费瑟斯通、尼格斯、尼克松都误读了这一概念。而赫斯蒙德夫主张用"创意经理"来指代艺术创作者和投资管理者之间的经纪人或中介②，由此也形成了在创作投入从宽控制和对复制发行从严管控之间的动力组织形式，即文化生产的专业复合体，由此发展形成的文化产业全新而又独特的产权和结构形式有力地促进了二十世纪电影、音

---

① 詹森.企业理论：治理剩余索取权和组织形式 [M].童英,译.上海：上海财经大学出版社，2008：86.

② 赫斯蒙德夫.文化产业 [M].张菲娜,译.北京：中国人民大学出版社，2007：63.

乐、图书、杂志等文化产业的繁荣。进入流媒体时代，在线影视平台逐渐成为专业复合体而连接大中小型公司，兼顾大规模的、网络化的发行传播和小规模的、创新型的构思创意。

（一）基于协同效应的创意联合体机制

流媒体平台以共生性和生态化的组织原则，以文化数据化和要素化为支撑体系，使得价值网络成员间互为主体，加速了文化产业创新方式、生产形态、组织形式和商业模式的变革。"协同效应"（Synergy）一词在希腊语中原意是一起工作，发展到现代商业经济领域，从产业的组织维度而言通常指两个因素的相互作用或合作，所产生的整体效果大于其部分的简单总和。

爱奇艺与头部制作机构的合作即可以视为生产制作端高投入和数字化技术的协同效应。与欢瑞世纪合作的《盗墓笔记》（2015 年）则具有标志性意义，从创意主体要素来看，南派三叔所著同名小说自带原著读者证明了优质 IP 的重要性，白一骢作为编剧是传统电视人，曾以编剧身份创作了《天龙八部》《雪山飞狐》《中国式相亲》等电视剧，欢瑞世纪作为头部制作机构具有成熟的制作能力。文学原创、制作公司、编剧、导演、演员等创意主体要素均不属于爱奇艺所有但却为其所用，爱奇艺还凭借此剧启动了会员收费的商业模式。与慈文传媒合作的《老九门》（2016）总制作经费高达 1.68 亿，其中有 70% 用于实际制作，从服道化到后期制作的任何细节都追求高品质。与工夫影业合作的《河神》（2017 年）虽然只有 24 集，却经过 3 年剧本打磨、4 个多月全封闭式拍摄，1 亿多投资成本中制作经费几乎占据 90%。与正午阳光合作的《琅琊榜之风起长林》（2017 年）制作上则呈现出高水准的画面质感，堪比水墨画的电影场景和精良服饰，都凸显出该剧的超高品质。与欢娱影视合作的《延禧攻略》（2018 年）制作上表现为精良考究的服化道、古朴典雅的视觉色调、紧凑的剧情铺陈、贴近历史的细节呈现。与华策合作的《宸汐缘》（2019 年），国风美韵制作，在服化道上借鉴了包括吴道子《八十七神仙卷》及《清明上河图》等古画，融入了宋唐文化中飘逸出尘、多层次的柔和美理念，使剧集呈现出清淡素雅的韵味。

在上述这些合作中，爱奇艺作为平台提供基于后台数据和会员用户画像的大数据，找出观众喜欢的题材、故事、演员、情节、人物关系，根据用户搜索和观剧时的热度，挑选合适的制作团队和编导演组合。艺术创作有很多感性和偶然性，但是采购团队却需要一个理性的决策支撑系统，现在技术团队通过深度学习技术研发的流量预测系统，综合了观看、互动、分享等多维度影响因子，提前一年和半年的准确率能够达到 80% 以上。如果说内部协同是流媒体平台企业生产、营销以及管理的不同环节、不同层级、不同方面共同利用同一文化资源而产出的整体效应，那么外部协同就是在影视产业集群中的企业由于相互协作共享业务行为和特定资源，由此产生超过一个单独运作的企业而拥有更高的价值创造能力。

流媒体技术的引进和传播对于生产实践有着巨大影响，个体化文化消费增长背景下的文化经济和技术力量、符号形式及内容产生超乎以往的互动流通，形成了流媒体时代影视生产的原子化趋向。互联网技术的发达为空间上分散的小单元生产提供了可能，小规模公司的成本相对较低的优势及其较强的机构自主性（Institutional Autonomy），对于文本创意阶段的创新构思具有不可替代的作用，如表3所示的爱奇艺持续推出的有关计划，即是以影视产业内部相关数据和要素为基础进行的融合重构。

表3　爱奇艺连接资源的有关计划

名称	推出时间	对象	内容
海豚计划	2017 年	影视公司	针对爱奇艺出品超级网剧项目进行定价招标，以"保底 + 发行分成"的合作方式与合作方建立以内容 IP 为核心的紧密联系，共同提高 IP 变现能力
云腾计划	2017 年	影视公司	向影视制作机构免费开放作品文学 IP，开放作品由爱奇艺文学原创签约作品及各家文学网站提报的优质作品组成，并采用后期收入分成的盈利模式，与行业内制作者共同进行影视化开发
幼虎计划	2017 年	制片人、导演、编剧	服务于制片人创业扶持，制作公司投资孵化。在资金以及平台资源层面上为制片人、有制片能力的导演和编剧创业提供支持
飞鹰计划	2018 年	青年导演	扶持青年导演拍院线"大片"
天鹅计划	2017 年	演员	针对有潜力的艺人进行培训，打造影视行业未来之星
蚂蚁计划	2018 年	中小游戏团队	共享市场信息及资源，为用户提供更多数量、更多类型的游戏
苍穹计划	2018 年	动漫开发机构	动漫 IP 影视化开发
晨星计划	2018 年	动画公司、创作人	帮助优秀动漫创作人和制作团队

数据来源: https://www.iqiyi.com/kszt/newsList.html

以其中爱奇艺于 2017 年启动的"云腾计划"为例，将在文学平台上的原创签约作品及各家文学网站提报的优质作品免费向爱奇艺网络剧、网络电影开放 100 部、500 部文学版权，以去中介化的直联方式促推影视产业链条上关联单位和个人的共同开发，以事先约定投资比例、事后落实收入分成的合作模式实现共赢。麦田、猫的树、虞书欣、龚俊等新人导演、演员得到实战历练的场景机遇从而进入了大众视野；耐飞、麦田映画、年轮映画、映美传世、奇树有鱼等制作主体通过会员用户消费获取更可观收益回报而获得成长。

流媒体平台依托互联网技术生成的文化产业流转循环链条突破受制于人的流量迷思，类似于互联网创业场域中的孵化器通过自我培育的方式实现可持续发展，以"文学驱动影视，生态赋能文学"自我激励式愿景探究文化资本从具体化到客观化的成熟路径。"试错成本低、盈利模式成熟，网络电影让更多的电影爱好者，尤其是体制外的电影工作者，有了更多的碰触电影梦想的机会。"[1]不菲的回报激励、吸引更多优质或潜质作家、编剧加入到商业资本高效推动的欲望机器中，在 IP 价值变现的资本增值过程中加速文学创作的过程。云腾计划首部网络电影《道师爷》（2018 年）改编自爱奇艺文学签约作家、有"惊悚女皇"之称的红娘子的同名小说，上线首周票房分账收益突破 1200 万，有效观影人次突破 350 万，同名原著小说收入也较电影上线之前提升了 8 倍。《狼鹰》（2020年）改编自爱奇艺小说《铸剑》，上线 3 天获得 375 万分账票房，上线 12 天分账票房超 800 万，当年累计票房分账收益近 1500 万。《墨家机关术》（2021 年）改编自爱奇艺文学原创签约作家闫志洋所著同名小说，上线 14 小时分账票房达到 188 万，单日票房破云腾计划网络电影分账纪录，有效观影人次 62.6 万，并带动同名原著小说升至站内小说热搜榜第二。

"IP 开发概念下的影视创作不但受惠于文学作品本身，更依托原著的创作团队、市场形象和受众基础进行从创作到宣发整个生产环节的综合运营。"[2]随着网络文学在 IP 改编剧中占比越来越高，爱奇艺推出"云腾计划 +"计划，联合多个工作室、外部影视方继续推动自制、定制影视作品，在影视原著、剧改小说、多元文学、轻娱小说、速娱小说等诸多创新载体上持续试验孵化。投资规模从起初几百万，逐渐上升到 2000 万 ~3000 万，甚至突破 5000 万、7000 万。2014 年以来，爱奇艺投资了灵河、闲工夫等在内的近 40 家文化娱乐公司；新兴的制作机构，如五元文化制作《心理罪》《灭罪师》等一系列悬疑网剧积累了经验，继而参与了爱奇艺"迷雾剧场"《在劫难逃》《非常目击》《十日游戏》《致命愿望》4 部剧集的制作。小糖人影视制作的优质青春剧《匆匆那年》（2013 年，搜狐视频平台）主打校园怀旧题材，大胆起用新人导演、新人演员，单集投资成本近百万元，凭借扎实的制作和良好的口碑赢得了市场认可，与爱奇艺合作后推出《最好的我们》《你好，旧时光》再次表现出优质的制作能力，

---

① 蒋肖斌 . 网剧已经翻身了，网络大电影还会远吗 [N]. 中国青年报，2018-05-29(8).

② 陈旭光，李诗语，李雨谏 . 2014 年中国电影产业与艺术报告 [J]. 浙江传媒学院学报，2015，22(2)：9.

并于 2018 年正式完成 A+ 轮融资。

流媒体平台的时空特征形成了广阔信息接触面，从中选取价值资源予以收编，进而配置资本支撑并构建了新的主体行动力量。精准定位的策略满足了市场细分的格局，如五元文化专注悬疑、小糖人在青春校园类的坚持，都旨在避免剧集生产的同质化，以性格鲜明的人物角色、立体丰满的人物情感为基础，形成有辨识度、有记忆度的故事情节。流媒体平台基于动态规则体系的开放性系统，能够促成影视产业要素与外界环境进行物质、能量和信息的交换并形成反馈。文化市场上影视产业显性作品交易和消费的其实是交易对象形成的全部过程及其关系的集合。

（二）基于利益精算化的共同体机制

流媒体平台企业的多边组织形态突破了传统影视产业单边市场企业线性价值创造与传递的逻辑，以用户资源作为连接链条引发了双边或多边用户之间的网络效应。基于付费用户观看行为的计量而与剧集生产制作主体进行分账收益的"分账剧"模式，突破了原有版权剧、定制剧、自制剧 ToB 的商业模式，以DTC（Direct To Consumer，直接面对消费者）模式直接面对个体消费者实现交易用户规模化聚合、交易成本下降及交易收入的精算化。

分账剧的秩序建立于平台的运行规则，制作方在剧本创作、拍摄、后期制作等各个环节和阶段，均可向平台咨询沟通，包括剧本的方向、制作的品位、画风的选择等。待制作方独立完成投资、拍摄等环节，生产形成的成片内容交由平台根据自身量化评分评级体系衡量是否采用分账模式以及采用何种比例分账。平台在播放期后按照拉新量、付费点播量进行结算，制作方的收入与剧集的有效观看等市场表现数据指标直接挂钩。由于平台用户的真实收视量与制作方的实际到账额成正比，因此只有真正吸引观众的优秀内容才能保证资金收益率的平衡和增长，平台在此过程中一定程度上担任了影视投资风控体系中预担保的角色，更有价值的收获在于积累了活跃用户的使用率。

分账剧的互联网产品设计思维，通常将网络化的热点话题性元素堆积，精准聚焦特定圈层和分众人群，不再泛化覆盖大众口味，而是表现出网生代风格和垂直细分的高度类型化特征，因而目前分账剧基本集中在古装玄幻、悬疑推理、青春校园几类题材。"技术进步和新资源的发现不是外生于经济的，它们恰恰可以用经济组织演进背后的机制来解释。从经济史中我们可以看到，专业化水平、中间产品种数和生产力的同时增长伴随着企业从分工中产生。"[①]自担风险、垫

---

① 杨小凯，黄有光. 专业化与经济组织：一种新兴古典微观经济学框架 [M]. 北京：社会科学文献出版社，2018：24.

资投产的模式让制作方在项目投入前期必须充分考量投入产出比，大型头部影视公司并未大量涉足。中小型影视公司通常以相对低廉的制作成本参与，大多为 12—24 集的短剧，编导演制作团队多为新人。因此，分账剧最初会被贴上"粗制滥造""小成本""积压剧"等标签，而且分账剧与头部剧获得的宣推资源因地位的不同会出现明显的马太效应。然而正是分账剧更多依靠自然流量，因此基于有限的经费从拍摄阶段就开始规划宣传营销，剧集反而符合目标群体的口味。

爱奇艺于 2016 年 5 月推出分账网剧合作方式时仅上线了 30 部网剧，其中《等到烟暖雨收》的分账金额突破了 3000 万；成本仅 500 万元的悬疑推理剧《妖出长安》播放量超过了 3.7 亿次，获得 2000 万元分账收益，创造了 1∶4.5 的可观投入回报比。账面数据对于商业价值维度可行性的实证让分账剧模式较快地得到了市场认可。爱奇艺分账网剧数量从 2016 年 30 部到 2017 年 77 部，2018 年则猛增到 116 部，到 2020 年则累计上线了 325 部①。数据攀升的本质来源于艺术的创新。《花间提壶方大厨》拍摄完成之后曾经由于矛盾冲突不激烈、人物形象不鲜明、主线进行缓慢等原因在出售版权时遭拒。而该剧的制作方新圣堂影业创始人之一朱先庆此前曾就职于乐视网，经手过《东北往事之黑道风云 20 年》《唐朝好男人》《太子妃升职记》等商业喜剧片，为探索"古装美食剧"这一类型细分的实际市场反应，将此剧通过分账剧模式上线，播放量达到 5.4 亿。之后《花间提壶方大厨》的姊妹篇《人间烟火花小厨》投入了比前作高近三倍的成本预算并启用了电影级班底进行制作，疫情期间上线优酷平台，从 2020 年 1 月 27 日上线到 3 月 23 日近两个月的分账票房即实现了破亿。可以说，分账剧模式带来的商业价值和艺术创新之间的相互成就也驱动了文化创意产业应有的良性循环。

分账剧以投入与产出直接关联的利益捆绑模式连接了平台方和制作方，从而发掘了更多潜在的有机生产力量。曾承接制作《刺杀小说家》《绣春刀Ⅱ：修罗战场》等院线电影作品的酷鲸制作将电影级的制作工艺运用到剧集《少主且慢行》中，成为爱奇艺平台 2020 年分账票房冠军。"90 后"新生代导演猫的树将擅长青春校园题材的优势移植到《如此可爱的我们》之中，不仅获得 8.2 的豆瓣评分，还实现了超过 200% 的投资回报率。为孵化 IP 价值而设置的爱奇艺"云腾计划"在 2020 年为分账剧提供了包括《倾世锦鳞谷雨来》《亲爱的药

① 2020 开年爱奇艺多部大剧接连热播 分账市场内容热度再创新高 [EB/OL]. (2023-11-03) [2020-02-25]. https://www.iqiyi.com/common/20200226/d7c91daeb2c4f15d.html.

王大人》《公子，我娶定你了》7 部由小说改编的作品。

诚然分账剧题材同质化的弊病在市场规律主导的运行体系中似乎与生俱来，这不利于艺术水准、内容品质和传播效果的提升，也容易引起投资方追求杠杆效应的冲动而有数据造假的问题。流媒体平台自身的校准一方面加大了对分账剧制片方的扶持力度，例如爱奇艺拓宽了片方分账的渠道、腾讯视频增加保底服务、优酷推出播后定级的策略。另一方面也加大了分账剧内容的评估和考核，以求内容在专业性和商业性两个维度上的提升。爱奇艺在原有分账机制的基础上，取消了平台对内容的预测定级而增加了"会员拉新分账"，并将手机、电视、电脑、平板、智能家居、车联网、虚拟现实（VR）七个终端的会员观看和收入数据与片方共享，使内容供应方能够直接把握爱奇艺平台各终端上的消费表现，持续培育具有用户意识的新创作力量加入影视行业，用企业链来带动价值链的滚动。基于后台的精准数据，平台方能够追踪到因分账内容而带来的新订阅会员，爱奇艺采用"会员拉新分账"的机制将这部分新会员的收入与片方五五分成。当用户付费和完播率基于精准数据的归因决定内容的商业价值时，平台和片方以利益共同体的方式促使双方将制作精品内容、吸引目标观众、获得增量收益作为共同的目标。

如果说分账剧的模式配套了爱奇艺"云腾计划"的 IP 孵化模式，那么"海豚计划"则是针对定制剧、自制剧这样成熟化的高概念的网络剧（其自称为"超级网剧"）而搭建的平台。爱奇艺将招标的超级网剧划分为 S、A+、A 三个档次，每个等级的项目都配比相应的题材建议，科幻、传奇、玄幻、战争、惊悚等圈层化且最具网感的题材则分配给最高等级 S 级项目，相应的定价为：800 万保底价（含演员）+50% 分成。校园、都市、爱情、喜剧等青春化大众化题材则分配给最低等级 A 级项目，相应的定价为：300 万保底价（含演员）+50% 分成。分级标签作为一种体制化的网络关系使制作机构与流媒体平台之间形成了一种比分账剧更为稳固的投资策略和连接体系。2017 年首批"海豚计划"的五大项目，包括《悍城》《原生之罪》《破冰行动》《买定离手我爱你》《追球》在商业、艺术、社会三重价值方面均实现了突破，其中《破冰行动》（2019 年）先后获得白玉兰奖、飞天奖、金鹰奖等多个主流奖项。平台是促进生产者与有价值的消费者进行互动的基础设施，影视产业中基于项目作品的利益共同体能够促进影视文化要素在平台的框架中超越层级限制、区域界限和条块分割，从而演化为追求经济文化艺术价值多维合一的内部内驱力。

三、余论和反思

互联网平台组织提高了影视行业生产、发行和传播的效率，也加快了资本集中的过程。依托数据要素的流动而高效串联起的个人与个人之间、个人与组织之间、组织与组织之间的协作极有可能导致从自由竞争走向垄断的集中化阶段，绩效制约成为数字技术对组织结构操控的内在机制。平台自身利益的最大化极有可能排斥公共利益的最大化。流媒体平台作为影视产业运行的提取和使用数据的基础设施和运行机制，带有隐蔽性的数据采集技术、算法推荐技术、智能生成技术等，有可能形成一种霸权式的数字化强制力，将制造、使用、传播、存储数字化信息的能力程式化地应用于工作组织方式中，进而形成一种技术决定论的思维模式，导致创意组织中社会结构的僵化，最终影响影视文化艺术中创意个体和组织的兼容性、适应性与耦合能力。新兴组织场域的出现与行动者网络的机制往往相伴而生，数字技术的逻辑价值结构和运用技术所需的文化创意组织运行结构，需要在合规律性与合目的性的互构中回归到艺术审美的本源。

文旅融合下景区品牌 IP 的开发与研究

——以世外桃源为例

林昆范① 　张林慧②

摘　要： 随着现代社会经济的飞速发展，人们的生活水平日益提升，文化旅游产业也成为人们日益关注的领域。文化产业与旅游产业的融合无疑是"强融合"，通过旅游能有效进行文化传播、文化宣传，同时文化也能为旅游赋能，提升旅游的文化意义，形而上的文化与形而下的旅游带给大众的是精神和身体上的双重享受，即文化是旅游的灵魂，旅游是文化的重要载体。自文化和旅游产业融合发展上升为国家战略以来，强调文化产业和旅游产业的互惠共赢，少数民族文化旅游和少数民族文化创意产品设计均面临着巨大的发展机遇。在少数民族文化旅游趋势日益上升的条件下，少数民族文化作为一种特殊的文化类型，在旅游活动中扮演重要角色，促使人们的追求逐渐从物质生活转向精神文化生活。从文旅融合的视角出发，课题旨在深入挖掘广西壮族自治区桂林市阳朔县的少数民族文化价值，以壮族、侗族、苗族、瑶族四个少数民族的自然景观、历史文化、风俗习惯、人文社会为切入点，整合利用景区资源，梳理壮族、侗族、苗族、瑶族的文化精神，融合旅游文化宣传形式，通过对产品色彩、结构、图形等方面的研究，设计开发一批兼具文化功能、创意功能、纪念功能的 IP 文创产品，以提高阳朔世外桃源景区文创产品的品质，丰富产品设计创意形式，更好地展示世外桃源景区所蕴含的民族精神。

关键词： 文旅融合；景区品牌构建；品牌 IP

一、绪论

当前，我国经济进入新常态，社会主要矛盾发生变化，发展文化创意产业既是推动产业结构转型升级的需要，也是满足居民消费从物质型向精神文化型升级的需要，文旅融合为旅游产业和文化产业带来了新的发展思路和途径。以文化和旅游部为主导，国家陆续出台了《文化和旅游部关于提升假日及高峰期旅游供给品质的指导意见》《推动文化和旅游高质量发展战略合作协议》《关于促进旅游演绎发展的指导意见》等多项促进文旅产业融合及提升文旅产业高

---

① 林昆范，郑州食品工程职业学院教授。

② 张林慧，兰州理工大学研究生。

质量发展的政策法规和指导措施。文化和旅游两大产业的相互融合能促进两者的产业升级，有利于文化传承，也能满足人民群众多样化和个性化的旅游消费需求。

二、研究背景

2023 年 9 月 29 日，中秋国庆双节假日第一天，国务院办公厅发布《关于释放旅游消费潜力推动旅游业高质量发展的若干措施》的通知（以下简称"通知"），在这特殊节点发布该通知，显示了国家对于文旅行业对于促消费、特别是"两节期间"促消费的企盼。而在通知中位列首位的就是"加大优质旅游产品和服务供给"，没有好的供给就无法激发消费的欲望，但是走过了 40 年的中国旅游业，供给还不足吗？我们有 318 家 5A 级景区、5000 余个 4A 级景区；2023 年第二季度，有 6663 家星级酒店的统计数据通过省级文化和旅游行政部门审核；此外，还有自然风景区、度假区、美丽乡村、城市公园、主题乐园……专家指出，我们的供给之所以不令人满意，并不是不足，而是过剩，同时对于新的需求回应又不够、质量不高。

根据刚刚过去的"双节"，文化和旅游部数据显示，2023 年中秋国庆 8 天长假，国内旅游出游人数 8.26 亿人次，实现国内旅游收入 7534.3 亿元，大幅超去年同期，按可比口径也比 2019 年分别增长 4.1% 和 1.5%。不过上述两个数据又都低于文旅部 9 月 30 日的预测，当时预计 2023 年 8 天长假会有 8.96 亿人次出游，实现国内旅游收入 7825 亿元，这样对比来看，两个数据都未达预期。

三、品牌建设

凝聚特质，不但是品牌建设的首要工作，也是所有个人、企业、地方与国家发展竞争力的永续课题。然而，过去以具体产品创造品牌的有形特质，现代则是借由品牌运营，进行无形的商品开发与行销推广。这些特质包括发现特色、自我认知、连结具体的活动、争取外部的认同、发展与竞争者的差异、培育不被超越的优势、致力可永续发展等。在现今成熟的市场与研发环境中保持优势，已经不再是一般的易事，因此，品牌必须加快研发的速度与周期，特别是致力于三产融合的茶产业链，为了强化应用能力与研发能量，开始从有形的技术开发，转化为重视无形的感知方法，将原来左脑型的"资讯化思考"，转向为右脑型的"观念化思考"，品牌建设与农创设计随之成为这股趋势的中流砥柱。在管理与设计实务方面,品牌是由许多经验与资讯的联想所连结而成的复合价值体,如品牌构成图显示,品牌与生活者之间存在许多接点(Touch Point),包括商标、商品名、报导、电视节目、广告、店头、店员、商品、服务、网页、口碑、简讯等;以文旅或农创品牌为例,参与者的实际经验是首要因素,但对于即将参与的消费者而言,友人的感想、媒体的报导、广告的内容等因素,都是影响品牌价值与形象的条件。然而,设计思考与农业文创的产学融合,并不都是为企业或产业获取利润的工具,品牌建设与吉祥物 IP 系统也不应止于解决感官上的创意或风格等问题,好商业与好设计的研发应当是与时俱进,并且与周边领域进行交流与合作,除了具有市场性与时代性,更需涵盖风土、习惯、文化等特质差异。

从产业整合与品牌建设的角度而言,从可行性评估、调查研究、设计规划,进行到生产制作、通路上架、行销推广,不但完成整个大设计的历程很是繁琐,而且"设计"更是总在思考未来的生活蓝图(四川省旅游培训中心,2018),若能提前通过适当的交流、研讨或展示等形式获得回馈,对于商业研发与人才培育而言,将具有积极的推动作用;从品牌传播的角度而言,品牌设计首重诉诸个人的直接感觉,进而进阶至内容层面的感知,最后才能深入人心的感动(图1)。因此,完整的好商业与好设计,除了必须拥有基本的审美与功能等基本要求之外,卓越的思考与新颖的生活提案,更是本研究的主要目标与期许。对于现今多数的企业或产业而言,涉及工业、包装、文旅与文创的设计专业人才,已经成为争相拥有的竞争利器,其贡献可使企业与产业拥有较好的形象、商品、传播与利润,良好的人才培育与养成,更可以通过设计研发的表现、评论、竞赛、展示、评选等方式进行。

据此,当今的品牌策略与吉祥物 IP(Intellectual Property,智慧财产权)系统,除了反映产业与对应市场之外,应广及关注设计特质、设计趋势、设计议题、设计思维、设计研究、设计脉络、产业发展、市场需求等课题,甚至可以延展至未来设计形态的探讨,为产业与企业做好基础建设与研发准备,共同构筑整合产学研能量的跨界平台,为今后的产业发展与文化经济,提供重要的发展指标与思考方向。

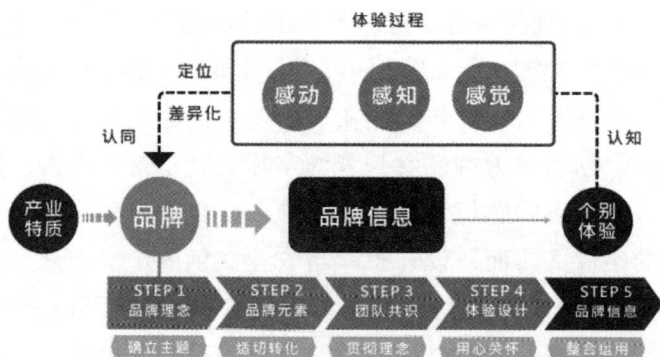

图 1　企业端的品牌编码与消费端的解码过程

四、分析与讨论

世外桃源景区作为地方政府积极扶持的文化旅游景区，在带动地方经济发展方面起到了不可或缺的作用，也解决了周边一部分的就业问题，但受近年大环境的影响发展缓慢，人们只看到了秀丽风景，只知道桂林山水甲天下，却没有了解风景背后的民族故事，没有了解到故事背后的文化及其历史价值与内涵。中华民族优秀的传统文化越来越受到大众的关注，世外桃源景区的少数民族文化想要不断的发展和创新，就需要更多的人将它更好地传递下去，目前景区的品牌迫切需要将当地文化与大众进行紧密的链接，IP 就是很好的链接方式，因此打造世外桃源景区品牌 IP 是传播当地文化的最好路径。

（一）景区品牌的结构

（1）深挖特色，树立独特的景区旅游品牌

景区旅游品牌的构建，最重要的就是要建立属于自己的独特性、排他性的旅游产品体系。因此一定要深挖景区当地的文化内涵和旅游资源，就算借鉴外来文化，也应尽量寻求与原有产品或发展模式上的不同，形成自己独一无二的风格，在旅客或消费者心中打造持续的文化价值输出和富有生命力的品牌印象。

（2）统一规划，形成有效旅游产业链

针对当前景区旅游发展零散、杂乱的问题，应当结合景区当地的资源特色与品牌定位，形成整体、联合的旅游发展思路。通过整合周边环境的旅游资源文化，将零散的资源和杂乱的旅游发展模式进行梳理，明确各项目分工和发展特色，形成综合的整体的景区旅游发展品牌，共同协作发展当地周边旅游。

（3）提高服务，增强当地群众品牌意识

景区旅游品牌的建设，离不开当地村民的参与。他们是景区旅游服务的直接提供者，作为旅游内涵和旅游文化的一部分，服务意识对当地旅游品牌的完美阐述是非常重要的。因此，应当加强当地村民及景区工作人员的旅游品牌建设意识，改善旅游服务人员的态度，提升其专业素养，这是构建旅游品牌不可忽视的重要方面。

（4）维护声誉，抓好景区旅游品牌的管理

一个景区旅游品牌，光建立起来还不够，还要注意加强管理与维护，使其产生持续的生命力和品牌影响力。一是要保护好景区品牌。健全相关的品牌管理制度和规范，以共同保护好景区品牌，避免有损品牌、滥用品牌的现象发生。二是要不断发展景区旅游品牌。景区旅游品牌建成后，不是一成不变的，它可能会根据市场的需求产生调整，这就需要在原有品牌的基础上，不断融入新的元素，使景区旅游品牌发挥持续的吸引力。

（二）品牌 IP 系统

在现今高度竞争的环境下，行销显得无与伦比的重要。此所谓"竞争的环境"，不仅仅单指企业的商业买卖，而普遍存在于社会环境各层面，正如《金银岛》作者史蒂文森所言："人都是以销售某种东西为生。"人们若不是在销售一个产品、一种服务、一个地方、一个想法，就是在销售资讯，或是他们自己。地方政府行销当地特色，促进观光产业；各级学校发展本位课程，行销校本特色，以吸引更多学生就读；政治候选人行销自己的政绩、形象，以在选举中争取选票。行销，不再局限于商业行为，不单为企业采用，从营利事业到非营利机构，行销成为一种广泛的社会活动，大至国家政府的组织管理，小至个人的推销，都可囊括于广义的行销概念之中。

行销大师菲利普·科特勒（Philip Kotler）认为，行销最重要的资源就是"想象力和创造力"。行销范围推广至生活各个层面，行销手法也不断创新。近年来，卡通行销手法风行，许许多多企业与主题活动，以企业或活动吉祥物 IP 作为形象代言人，不但有效吸引生活者的目光、制造话题性，甚至成功促进产品销售、带动商机与生活风潮。运用卡通形象于商业行销或社会传播之中，在国内外均行之有年。如晚近的美仕唐纳滋（Mister Donut）波堤狮及其他甜甜圈造型的可爱动物、7-11 的 open 小将和他的伙伴们、全家便利店的 BiangBiang 喵、京东电商的外星狗等，有些为企业形象注入新的生命力，有些则是风靡消费者，增加了销售额。例如借助 Open 小将，在统一超商企业的大力行销之下，7-11 于 2009 年在台湾营收突破 3 亿元人民币，因为 Open 小将大受欢迎，统一超商企业甚至在 2010 年为 Open 小将开设一系列的主题餐厅与联名活动。专属的吉祥物，用以表现企业或产品的特色，以其独具的亲和力，加深生活者对其的印象，如能搭配有效的行销管理，其广大的感染力与潜藏商机不容小觑。

（三）文旅 IP 新趋势

文化和旅游深度融合不断推进跨界融合发展，各类新场景此起彼伏。如音乐节和演唱会成为推动跨区域流动很好的主题，浙江借助亚运会推出"看亚运游浙里"十大亚运文旅精品线路，杭州全市各景区景点（含乡村旅游）在 2023 年中秋国庆假期共接待游客 1300.87 万人次，亚运赛事对当地假日旅游市场消费拉动效应明显。金准总结认为，2023 年旅游行业在供给方面的亮点集中于：一是对"烟火气"的产品化打造，集中形成淄博烧烤、贵州村超等几大现象级产品；二是对城市资源的深度挖掘，形成了一批市旅游产品；三是审时度势、快速调整，在复杂多变的环境中形成产品供给的小快灵打法。

2023 年 9 月 26 日，国内首个潮玩行业沉浸式 IP 主题乐园——泡泡玛特城市乐园（POP LAND）正式在北京朝阳公园开园。可爱的形象、精致的细节、灵活的服务，为原有 IP 带来了更丰富的附加值。比如在 MOLLY 的城堡中，品牌设计了沉浸式互动体验、主题餐厅、小型儿童乐园、潮流空间馆等，提供了衍生商品的销售，完善了主题乐园的 IP 产业链条，在深度体验的同时，也刺激了主题乐园的二次消费。国庆假期期间，泡泡玛特城市乐园人气火爆，除进行艺术家签售活动之外，还推出了乐园新朋友——MOKOKO。乐园累计接待游客数万人次；其中，近五成家长选择来乐园"遛娃"，一些"90 后"新生代也来到这里尝鲜，泡泡玛城市乐园一跃成为周围市民短途出行、打卡新选择。

五、调研与设计转化

世外桃源景区位于广西壮族自治区桂林市阳朔县，当地的少数民族众多，主要以壮族、侗族、苗族、瑶族为主，传播少数民族文化不仅能够提高大众的文化归属感，也为少数民族文化更好地走向世界作出贡献。在方案的设计上紧跟时代发展的脚步，把现代设计理念加以融合，促进壮、侗、苗、瑶等少数民族文化品牌发展，为接下来文创产品开发带来新想法，同时也带动当地的文化产业振兴，推动少数民族文化的传播迈上新的台阶。

本研究通过查阅资料，在造型计划方面，为突显世外桃源景区重视现代桃花源的价值与理念，将景区意象中的"天"——天气天象、日月星辰，"地"——山川河流、花鸟草木，"人"——人文建筑、民俗风情，"神"——神话传说，结合当地少数民族的民族文化，融入本研究的设计规划之中，营造出人间仙境，创造独特的世外桃源。在色彩计划方面，通过实地调研，探寻当地的象征色彩后进行分类，汇整出足以诠释世外桃源景区 IP 形象的色彩组合，并且考量环境融合与识别机能之间的平衡，规划出符合世外桃源形象的色彩系统。

（一）色彩计划

每个城市、每个景区都有属于自己的色彩定义，这都来自当地的历史脉络与风土民情，各地对色彩会有不同的偏好与理解，同时也是对城市政治、经济、文化的具体反映。本研究于阳朔世外桃源景区进行地方色彩调研，从传统服饰、文化节日、独特建筑、信仰器物、特色手工艺及自然景观中归纳出 30 多个代表色，包括烟雨蒙蒙的绿灰、古道石板的深灰、桂林山水的山青、落日余晖的暖橙、漓江的水蓝、河阶石头的棕黄、木艺产业的深棕等在当地环境中萃取出的象征色彩，经过机能转化后，运用于世外桃源的地方形象、环境地图、文创商品以及公共宣传品上等，希望通过这些系统化的色彩计划，能够传达世外桃源的地方特征。

（二）造型计划

本研究经过前述的资源盘点，归纳世外桃源的形象就从当地最具代表性的壮族、侗族、苗族、瑶族出发，通过对四个少数民族文化的前期调研分析，总结出每个民族背后的服饰文化、饮食文化、节日文化、农耕文化、建筑特色等，结合世外桃源形象的造型与色彩，发展出对应世外桃源形象的造型系统。

六、景区文化 IP 计划

立足于今日的文化经济，可以将吉祥物 IP 具体定义为：举凡个人、企业、品牌、活动为了强化个性、诉求特质，进而选择适当的人物、动物、植物或产品，透过具象、可爱、平易近人的拟人化表现，以达到视觉焦点、强化记忆作用的造型图案设计。例如以特定且明确的造型、色彩与文字，所表现的标志、视觉形象或品牌吉祥物。亦即，吉祥物 IP 设计的主要目的，是用以代表个人、企业、品牌或活动形象，具备辅助说明与公关代言的功能，同时，因为造型以拟人化居多，所以除了具有很强的亲和力外，更可延伸出多变的造型、表情与姿态，以运用在各式的场合与情境之中。此外，吉祥物 IP 若逐步被广大市场接受、喜爱、认同，还可以顺势推出各种各样商品与活动，为企业创造各种有形资产与无形利益。

阳朔世外桃源作为国家首批 AAAA 景区、全国首批农业旅游示范点和世界旅游组织的推荐旅游地，向我们展示了一幅古桥、流水、田园与水上民族村寨融为一体的绝妙图画，将陶渊明的《桃花源记》重现在众人眼前，若是"沾衣欲湿杏花雨，吹面不寒杨柳风"的季节踏进世外桃源，展现在眼前的将是一片秀美的山水田园风光。世外桃源景区不仅将诗里的意境带到现实，让世人一饱眼福，更是为周边众多少数民族村寨解决了很大部分就业问题。本研究规划通过世外桃源景区旅游文化 IP 的系统构建，将世外桃源的专业形象与品牌性格刻画出来，希望不仅限于周边县市，也能让全国各地了解到世外桃源景区，了解并传播当地的少数民族文化，并借此与广大消费者有更全面且代入感强的情感互动。

延展 IP 故事的造型计划为：在遥远的天涯，有一处"人间仙境"，周围群山环绕，景色宜人，常常有人在湖面泛舟，它是一处汇聚快乐、幸福、分享的乐园，人称"世外桃源"。奇山与碧水、农事与茶语、桃花与蝴蝶、人文与村寨分别代表这四种情怀：壮丽、璞真、典雅、恬静，同时也代表着这一群民族的性格。因此，以四位民族姑娘作为世外桃源的 IP 形象，提取壮、侗、苗、瑶各族最具特色的服饰进行简约化、符号化、戏剧性转化，并配以各族特有的头饰、乐器等突出角色形象的有效记忆点。

七、品牌的延伸计划

通过对世外桃源景区壮族、侗族、苗族、瑶族少数民族文化的前期调研分析，总结出了壮族、侗族、苗族、瑶族少数民族文化的艺术表现形式，在 IP 形象的设计思路相对成型之后，便开始着手对其衍生品进行设计和策划。为了贴合世外桃源景区壮族、侗族、苗族、瑶族的民族文化底蕴和特色，IP 形象还应对一年四个不同季节的特点表现定格出了四个场景——春日花草芬芳，夏日蛙鸣阵阵，秋日稻谷飘香，冬日冰上嬉戏；通过对 IP 形象动作的设计从动态上表现出各自不同的性格特征，不仅如此，还根据 IP 形象的性格特点，衍生出一套表情包。

八、结论

本研究在进行世外桃源景区形象构建的过程中，历经了发现问题、理解问题、对应需求、实地调研、问卷调查、品牌规划、设计构想、视觉呈现等阶段，针对品牌前端的设计发想，以及品牌后端的落实经营，汇整结论如下所述。

（一）创意规划阶段

品牌定位与视觉理念确立之后，便进入形象选定的阶段，也就是主视觉创意的汇聚，将视觉理念中导引出来的视觉元素，予以细腻的定义，并汇集成视觉设计的基本架构。此一开发流程，显示今日的品牌构建（Branding）与过去的企业识别（Corporate Identity）大相径庭，企业识别时代的标识如同印章一般使用，重点在于视觉形象的广泛复制，使其成为具有意义的认知符号；现今的品牌构建，除了过去的识别机能之外，必须着眼于经营的差异化，需要考量的要素，包括形成主视觉的信息、色彩计划、搭载视觉形象的媒介、辅助视觉与辅助接触点等相互关系，以创造完整的形象环境；亦即，在创意规划阶段必须有所认知：视觉设计并不能直接创造品牌形象，而是厚植发展品牌的基础，唯有通过大众的体认，才能构建成功的品牌。

（二）落实经营阶段

IP 形象于 2023 年 10 月 1 日起逐步开展落实。品牌构建的过程并非随着视觉形象的完成而终结，而是标志着一个新阶段的开始，即形象经营的启动。正如在开发主视觉时，我们需要深入审视品牌定位与设计理念，确保其与品牌形象的高度契合。这一审视过程贯穿至日常对各类媒介的体验之中，旨在凝聚并强化整体的视觉形象。标识系统内的造型计划与色彩计划，作为所有媒介的视觉原点，其重要性不言而喻，它们共同构成了品牌形象的核心要素。管理所有的品项或媒介的工作甚为复杂，重点在于对大众的信息传达务必明了易懂，以建立明确的品牌形象。在所有的接触媒介之中，最难以掌握的要素即是"人"；亦即，大众对所有工作团队（包括策略、规划、设计、服务团队）的印象，也是形象构建的一部分。人的外在行动如同"形象设计"，而内在的用心就如同"形象沟通"，唯有通过内外的"形象管理"，才能形成品牌的承诺与信赖，因此，实施形象接点的统合管理，包括无形的教育训练与行销推广，以确立地方形象并提升竞争力，正是在品牌构建之中最重要且最有效果的方法。

总而言之，新时代的品牌 IP= 文化价值 + 产业价值 + 故事行销 + 差异化 = 品牌形象的凝聚 = 所有文化活动与商业活动的核心内容。

场景传播理论下数实融合赋能文旅产业创新的发展路径与思考

周　琼[①]　潘思微[②]

摘　要： 近年来，随着互联网的迅猛发展，数字技术已成为文化旅游业创新的有力工具。数字技术改变了公众旅行的方式，为用户提供方便、高效、定制的旅游服务，极大变革了旅行体验的方式，数字体验已成为文旅创新的重要组成部分，场景化的传播也成为数实融合的新转向。本文以数实融合为研究背景，探讨数字化时代文旅产业的发展契机，并结合场景传播理论，了解分析当下文旅产业发展中所蕴含的场景要素，深入探讨文旅产业在场景化发展过程中所遇到的挑战以及未来的发展路径，为今后推动文旅产业的数字化转型与发展提供价值参考和借鉴意义。

关键词： 数实融合；文旅产业；场景传播；数字化转型

一、研究背景

（一）数实融合的内涵和发展背景

1. 数实融合的发展背景

在 2016 年 4 月 19 日召开的网络安全和信息化工作座谈会上习近平总书记强调，要着力推动互联网和实体经济深度融合发展[③]。这是党和政府首次提出要将数字经济和实体经济进行融合发展。目前，学界和产业界对"数实融合"的相关阐释还不多。腾讯研究院和互联网数据中心提出了"数实共生"的理念[④]，指的是数实融合相互促进，实现信息流通、资源共享、数据互通等一体化发展，该概念突出了数字技术的重要性，强调其在提升用户体验、推动企业转型、优

---

① 周琼，复旦大学新闻学院博士后，浙江工业大学人文学院副教授，浙江工业大学影视传播与新媒体研究中心副主任。

② 潘思微，女，浙江工业大学人文学院新闻传播学研究生。

③ 习近平. 在网络安全和信息化工作座谈会上的讲话 [M]. 北京：人民出版社，2016.

④ 数实共生：未来经济白皮书 2021[R]. 北京：腾讯研究院，2022：6.

化产业结构及增强国家经济实力等方面的关键作用[①]。

据 2021 年 12 月国务院发布的《"十四五"数字经济发展规划》,数字经济的进展将以数据作为主要要素,并以数字技术与实体经济深度融合为主线[②]。预计到 2025 年在数字技术与实体经济融合的层面将取得显著成果[③]。"数实融合"并非一个新概念,从宏观上来看,当前实体经济各个行业的数字化进程也是一种数实融合的过程[④]。对于其内涵的理解,其中一个有代表性的观点就是数字技术和实体经济的融合应用。因此本文立足数字技术的研究视角,探寻数字技术对于文旅产业的创新和赋能。

2. 数实融合赋能文旅产业的发展契机

(1)以政策为导向——数实融合的战略性推进

在党的二十大报告中,习近平总书记指出,高质量发展是全面建设社会主义现代化国家的首要任务。为此,必须持续推进完善市场经济体制改革,坚持将经济发展的重点放在实体经济上。同时,应加快推进数字经济发展,促进数字经济与实体经济的深度融合,打造具有国际竞争力的数字产业集群[⑤]。2023年国务院发布的《数字中国建设整体布局规划》指出,要促进数字经济和实体经济深度融合[⑥]。文化旅游是中国建设的重要组成部分,数实融合的战略性推进从顶层设计层面为文旅产业的数字化发展保驾护航,也为助推社会经济发展与产业数字化转型创造了诸多增量。

(2)以技术为支撑——数字技术的创新性驱动

科技进步促进组织架构打破现存的产业体系界限,为形成新的产业生态创造契机,从而有效推动商业模式的变革与创新,以实现整个产业体系的重塑。近年来,数字技术的迅猛发展促进了文旅产业向数字化的转型。从 AI、AR、VR、5G、物联网、区块链等到最近火爆的元宇宙,新数字技术不断涌现,带来了多维的数字虚拟环境、开放式的文创生态以及独一无二的数字资源,为文化旅游构建了一个自由发展的数字化世界,实现景区、纪念品、人物、游戏空间

---

① 欧阳日辉. 数实融合的理论机理、典型事实与政策建议 [J]. 改革与战略, 2022(5): 1-23.

② 姜玉泉. 加快数字经济发展 重塑经济新优势 [J]. 通信世界, 2022(15): 18-20.

③ 李晓华. 制造业的数实融合:表现、机制与对策 [J]. 改革与战略, 2022(5): 42-54.

④ 如何理解数实融合?深圳特区报, [EB/OL]. [2023-3-14]. http://sztqb.sznews.com/MB/layout/202303/14/node_A12.html.

⑤ 武力. 高质量发展是实现中国式现代化的关键 [J]. 马克思主义与现实, 2022(6): 25-28.

⑥ 潘颖. 宽带中国试点政策赋能企业全要素生产率的机制 [J]. 江淮论坛, 2023(1): 29-41.

等全方位的数字化文旅产品和服务创新。在这样的背景下，传统的文旅产业正向数字化方向迅猛进化，同时新的数字经济模式也迅速涌现。

（3）以需求为动力——消费升级的客观性推动

在党的十九大报告中，习近平总书记作出当下我国社会的主要矛盾已经转变为人民日益增长的美好生活需要和不平衡不充分的发展之间的矛盾的重大政治论断①。随着经济发展水平的不断提高，文旅产业的发展变得更加多元，既扩大传统消费，也不断开发满足人们多样化需求的新业态消费。数实融合让零售电商、旅游地产、文创艺术等融入到文旅产业的发展体系中，从而进一步完善市场结构。疫情期间文旅产业也变得更加"智慧"，云旅游、云直播、云演出等数字化消费模式涌现，不仅满足了现有的消费需求，也为新消费模式的兴起提供了支撑和发展的契机。

（二）数实融合发展的新转向：场景传播

"场景"是指在特定时间和空间背景下，通过人物行动展现剧情的一系列特定过程，这个术语最初是影视界使用的。传播学者罗伯特·斯考伯和谢尔·伊斯雷尔在其著作《即将到来的场景时代》中阐述了与场景时代相关的五种要素：大数据、移动设备、社交媒体、传感器、定位系统，共同塑造了场景时代的发展格局，称其为"场景五力"。其中，大数据技术向用户推荐个性化内容，移动设备则为提供服务的媒介，社交媒体运用于分析用户偏好，传感器则收集用户的反馈信息，定位系统精确捕获用户的地理位置，这些技术的运用本质上都在深入了解用户，明确其偏好，以提高算法推荐的准确性。这五种要素实际上代表了场景信息获取和传递的整个环节中所需要的条件，并正在影响着消费者、观众和在线旅行者的体验，同时也对各种规模的企业产生着影响②。而场景的出现也离不开这五种技术的支持。总之，场景传播是指基于 LBS 技术和算法推荐，在新媒体时代背景下实现的传播模式，以满足用户在时间、地点等方面的个性化需求，并提供定制化、沉浸式、参与式的信息服务。

随着技术更迭，互联网的发展经历了三个阶段：Web 1.0 时代以门户为特点，追求用户数量、网站点击率和流量；Web 2.0 则强调社交，搭建社交网络；Web 3.0 阶段则注重场景细分，其特征是场景、细分和垂直、个性化服务，"以用户为中心""以位置为基准""以服务为价值"成为第三阶段的思路和做法③。移

---

① 中国共产党第十九次全国代表大会在京闭幕　习近平发表重要讲话 [EB/OL]. [2017-10-24]. http://www.gov.cn/xinwen/2017-10/24/contont_5234120.htm.

② 梁旭艳. 场景传播：移动互联网时代的传播新变革 [J]. 出版发行研究, 2015(7)：53-56.

③ 胡正荣. 移动互联时代传统媒体的融合战略 [J]. 传媒评论, 2015(4)：47-50.

动时代传播的意义在于场景的重要性被大大放大。移动传播的核心在于提供场景相关的服务，即根据场景提供适配信息及服务。场景已成为媒体除内容、形式、社交外的又一重要因素[①]。从这个角度来看，场景传播本质上是根据受众所处的具体场景来定制传播内容和形式，通过精准的场景定位和个性化的传播策略，满足受众的个性化需求，实现更高的传播效率和服务水平。

二、数实融合下的文旅产业的场景要素

构成场景的基本要素包含用户实时状态、空间与环境、用户生活习惯以及社交氛围。随着数字技术的快速发展，数实融合已成为文旅产业发展的大趋势。通过应用 AR、VR 等数字技术，文旅场景创造出身临其境的沉浸式的体验，使受众能够在场景中参与互动。这种多维互动不仅限于线下体验，也延伸到社交媒体平台，为互动交流提供新模式。同时，场景互动还可以感知受众的个性化偏好和兴趣点，形成完善的用户画像，为受众提供更加定制化和贴心式的服务。

（一）沉浸式场景搭建，注重"用户实时状态"

用户的实时状态不仅包括自身的个人数据，也包括在特定时刻特定空间所表现出的身体状况、行为模式与个人需求等多维要素。而用户对周围环境的兴趣也是其实时状态的一部分。环境信息的丰富性为用户提供了更多的选择，但个体常常只关注自身感兴趣的部分。因此，为了更充分地利用环境信息，需要将用户的实时状态纳入考量。

随着游客多样化、流行化需求的出现，旅游行业为满足游客需求，不断寻找创新点。根据 2023 年大众点评发布的数据，平台上"沉浸式"笔记数量自 8 月以来增长近 70%，成为上海、武汉、北京、成都、杭州等城市消费者热门搜索词[②]。沉浸式旅游给旅游产业发展带来了全新思维，增进了游客与景区的互动交流，搭建沉浸式的场景成为旅游行业发展的主要潮流。如扬州中国大运河博物馆以 5G 技术为基础，采用裸眼 3D 技术，结合自然逼真的 VR 720° 全景视角、千亿级像素的超高清画质、多媒体互动和增强现实等数字技术，为游客营造出沉浸式的体验氛围。如 2019 年巴中市文旅集团联合北京华影文旅共同打造的全国首个山水夜游项目《梦境光雾山》，充分利用当地得天独厚的山水资源，运用先进的光影技术，如裸眼 3D、3D 全息成像、水特效、AR 互动等，将巴中的人文和自然景观完美结合，呈现给观众一场崭新的视觉盛宴。

---

① 彭兰. 场景：移动时代媒体的新要素 [J]. 新闻记者，2015(3)：20-27.

② 王珂. 沉浸式文旅，新体验激发新活力 [N]. 人民日报，2023-08-19(6).

（二）全方位立体传播，搭建"空间与环境"

场景是在特定空间位置中包含特定环境特征和人际互动模式的总和体，不仅是一种空间的表现形式，更是个体行为和思维的产出。个体在不同的场景中表现出的行为和人际互动，都构成了一个复杂的整体，场景搭建对于个体在特定环境下的行为模式和思维方式具有重要影响。

当下旅游产业对于"空间环境"的打造也尤为重视，致力于为游客提供全方位、立体式的传播场景，并与之进行互动。如2022年西安打造全国首个唐风市井生活体验街区"长安十二时辰"，参观者可在全唐主题的空间中游览，领略其市镇风情，全方位感受盛唐魅力。此外，游客还可以在街区中进行互动，体验专为唐朝文化打造的主题互动活动，化唐妆、穿唐服、品味唐朝美食以及欣赏唐乐歌舞等表演节目。作为全国首家结合乡村民宿与剧本杀游戏玩法的实景探案馆"壹点探案"，其第一个剧本就在四川青城山脚下的山庄酒店开展，以宋代为故事背景进行剧本创作、环境营造，沉浸式体验模式使游客在剧情引导下积极参与推理探案，了解古镇村落的历史文化。

（三）塑造互动化场景，打造"社交氛围"

互动化场景不仅包括用户与文化产品之间的互动，也包括用户与用户之间因为文化产品而产生的互动。罗伯特·斯考伯和谢尔·伊斯雷尔在《即将到来的场景时代》一书中强调，社交媒体在场景时代具有重要的作用。通过社交媒体的互动，可以展示个人的兴趣、地位及追求目标。这些互动构建了一个具有分享功能的平台，使用户可以更加深入了解文化产品，并与其他用户进行交流和分享。

当下旅游产业积极借力社交平台，用短视频的方式向受众展示旅游景观。如近年来越来越多的文旅局长突破传统宣传模式，开始利用自媒体或短视频平台走向公众，为家乡旅游宣传代言。有的穿着民族服饰，为家乡推介直播带货；有的身着传统古装，引领众人游览家乡；有的以嘻哈文化衫示人，用 RAP 的方式展示家乡特色……通过社交媒体传播，不仅引起消费者探寻美景的兴趣，还增强了其参与文旅传播的欲望，在互动评论、转发分享中构建了线上交往模式。

（四）个性化场景打造，迎合"用户生活惯性"

人类的需求和行为模式来自过去的生活经验，因此在不同场景下展现出不同的需求和行为模式。这样的习惯也导致了人们的行为常常受到过去的影响，并具备惯性。为了更好地理解用户行为，必须考虑受众的生活习惯，因为这将有助于塑造更为适配的场景。随着数字化时代的发展，人类的生活方式也越来越多地以数据的形式被收集和储存于各种数据库中，这也为更深入地了解用户行为提供了更多可能性。

旅游产业可抓住数字技术发展的时机，运用数字化、智能化提升文旅供给质量和服务效能，为游客打造个性化的场景。如宜昌市文旅局打造"爱上宜昌"小程序，引入先进的人工智能数字技术，结合消费者行为洞察、商品识别分析、推荐算法等 AI 技术，为游客提供精准的推荐服务[①]。其主页上特别设置了 3 个突出位置的功能菜单："猜您喜欢""导游导览"和"爆品"。通过点击这 3 个菜单，游客可以获得高效便捷的精准推荐："猜您喜欢"提供个性化的推荐服务，"导游导览"以地理位置为基准，为游客提供周边景点的推荐，"爆品"则为游客提供个性化商品的推荐。

三、数实融合背景下文旅场景搭建所面临的挑战

（一）体验感受单一，与数字化场景不适配

随着信息技术的快速发展与广泛应用，文化旅游产业正朝着多样化、个性化、强调体验的方向迈进。各地旅游景点也纷纷借助数字技术，打造更加沉浸式的数字化场景。在这种场景化思维下，内容是最重要的传播核心。然而，仍有许多数字化景区仅以静态展示为主，游客仅能单纯观赏，无法融入体验，甚至增加了无意义的成本。同时，部分旅游景点虽提供线上观看渠道，却存在质量不一、与实际差距大的问题，无法与数字化场景相适应，如何打造符合数字化场景要求的高品质内容和优质化体验成为亟待解决的关键。

（二）技术理念偏差，数字泛化亟需突破

数字技术的发展和广泛应用不断加速推动文旅等产业的数字化转型。在数字技术的支持下，文旅等产业领域的智慧服务、精准营销、良好体验、大数据运用等技术工具都可被成功应用，从而对传统模式带来前所未有的变革。在当下信息化社会，随着科技的迅速发展，数字化已成为文化旅游领域的焦点话题。然而，也面临着过度炒作和缺乏理性等问题。诸如"文旅产业""数字文旅""区块链文旅"等新概念层出不穷，而实际能够成功产品化并得到市场认可的项目并不多见。数字化只是一种工具和手段，而不是最终目标。"实体为本，技术为用"，要以实体经济的发展为基础，发挥新技术的作用，将两者进行有效结

---

① 瞿祥涛. 宜昌市智慧旅游"精准推荐"：满足游客个性化需求 [N]. 中国文化报，2022-01-25(7).

合①，数字技术助推实体产业的转型和创新发展才是核心。如有些景区为了吸引更多的游客，纷纷推出夜游演艺项目，宣称融入高科技景观，利用最先进的灯光技术来打造"沉浸式"体验，以营造最具震撼的效果。然而，尽管宣传声浪高涨，游客的反馈却平平，认为演出内容大都千篇一律，灯光表演不可避免流于俗套。

（三）隐私保障不足，数字安全亟待重视

数字技术在文化旅游领域的应用，带来的是数据自由、开放和共享的可能性。通过挖掘海量信息，文旅企业可以获取有价值的数据，从而为用户提供更优质的服务体验。但个人信息也被暴露在"第三只眼"的监视之下，每个人的身后都存在一条数据足迹②。这意味着文旅企业不仅需要有效地处理海量用户数据，还要面对日益严峻的信息和数据安全问题。

由于数字产品和技术仍处在不断发展阶段，数据监管方面仍存在着诸多漏洞。这导致了消费者个人信息权利得不到有效保障，甚至可能被泄露，引发诸多社会问题。因此，如何有效管理数据安全和保护用户隐私，对于文旅企业和整个文旅产业而言是一个亟待解决的问题。

（四）内生动力缺乏，场景搭建后劲不足

众所周知，旅游产业数字化和数字旅游产业化的发展需要大量的资金和技术投入，特别在前期投资额非常庞大，这在时间上也造成后期资金保障难以跟上的困扰，对后续场景搭建形成极大影响。因此，实现数字文旅的产业化发展，除了 App 软件研发资金，还有互联网宽带、计算机能力、数据搜集和分析等基础性建设，而这些技术特别依赖于海量的人力和物力投入③。然而，由于旅游产业的资金结构和发展水平的差异，绝大部分旅游企业仍无法应对不断增大的投资成本和不断加快的发展速度，致使数字文旅创新能力和竞争力缺乏，原生动力不足，因此目前数字化文旅创新发展主要集中在沿海发达省份和大城市的少数大型龙头旅游企业，这些企业具备更强的财力和技术实力，往往能够更快地引进和应用先进的数字文旅技术。

---

① 夏杰长，贺少军，徐金海. 数字化：文旅产业融合发展的新方向 [J]. 黑龙江社会科学，2020（2）：51-55.

② 戴斌. 数字时代文旅融合新格局的塑造与建构 [J]. 人民论坛，2020（Z1）：152-155.

③ 姜鹏，杨亚东，郝利. 北京远郊区乡村旅游效率评价及影响因素研究 [J]. 中国农业资源与区划，2022（1）：1-9.

四、数实融合背景下文旅产业的未来发展之思

（一）优化数字文旅平台，改善文旅体验

文旅产业应着力优化数字文旅体验产品，用更为立体化、故事化、具象化、便捷化的方式进行呈现，对其进行实时更新，并及时了解用户反馈并改善。同时也要加强文化旅游信息资源整合，将旅游产品、景区咨询、旅游政务等整合进平台。如2018年腾讯携手云南省人民政府搭建数字化全域旅游智慧平台"一部手机游云南"，为游客提供了云南省内景点的票务服务、旅游路线定制、酒店餐饮预订推荐、资讯查询、旅游投诉、退货等服务，并在用户反馈中不断更迭改进。

保罗·莱文森认为，媒介发展的趋势是朝向人性化方向发展，技术的演进也致力于模拟和复制人类的感知和认知模式[①]，而媒介发展下传播场景的搭建应该凸显人的主体性地位。因此，数字文旅要加强连接以"人"为核心的数字服务，用"数字化＋人文关怀"实现对特殊游客群体的智能化辅助和导览。如上海世博会"智慧世博馆"小程序则利用"口述影像"和重构导览词等方式，帮助视障游客自主完成信息查询和参观[②]；故宫博物院"智慧开放"项目也开发了视障辅助读屏功能，帮助视障人群通过声音读取地点、路线、景点讲解等，使其能够与普通用户一样无障碍地享受地图服务。

（二）开发全新应用场景，丰富产品供给

通过利用平台和设施，数字化文旅可为实地旅游带来更为丰富的产品供给，并打造符合主题的沉浸式体验场景，增添更多的娱乐项目，来提升游客体验效果。一方面，可以探索数字文旅的全新应用场景，提供切合主题的沉浸式体验效果。如2023年5月云南省推出"星际微游"文旅新消费平台，并同步上线了交互式场景剧本游戏《蓝花楹树下的秘密》，让游客在观赏蓝花楹的同时，还能沉浸式享受互动游戏的快乐，兑换文创产品。另一方面，要不断鼓励开发以探险、娱乐为目的的沉浸式体验产品，来体现数字旅游的独特优势，提供更加多样化的旅游体验。如2020年河北安平文旅打造的马主题现代文旅大剧《飞马滹沱》成为世界上最大的全沉浸式体验空间、世界首例全覆盖式影像世界、全国首个

---

① 保罗·莱文森. 人类历程回放：媒介进化论 [M]. 邬建中，译. 重庆：西南师范大学出版社，2017：117.

② 徐晶卉，傅吉婧. 上海景点数字化服务评分增长近10% 快速提升的加分项在哪里？[N/OL]. 文汇报，2021-01-20. https://j.eastday.com/p/16110964884020312.

无实物布景超万平的真人真马舞美演艺，大胆采用裸眼 5D 投影技术，在光与影、虚与实的时空场景交叠中，带领观众穿越三千年的时空，感受中华马文化的辉煌历史。

（三）深入挖掘文化特色，打造 IP 场景

IP 场景的打造中，西安大唐不夜城为经典。大唐不夜城以盛唐时期为背景，借助"夜游 +IP"模式，倡导以文化为核心、以旅游为支柱、以融合为手段、以体验为目的的理念，真实还原了繁荣兴盛的长安城。不仅能够让游客身临其境感受盛唐的气息，而且此处也是集购物、餐饮、娱乐、休闲、旅游、商务等多项功能于一身的开放式商业步行街区，持续吸引游客前往消费体验。随着生活水平的提高，文旅市场需求日益旺盛，游客消费心理发生重大变化，文旅产业的发展越发强调新的 IP 属性与文化调性。在当下竞争日趋激烈的旅游景区同质化环境中，文化作为拓展旅游 IP 的有效手段，为当地旅游产业打造了与当地传统文化相契合的 IP 场景，帮助构建个性化的旅游品牌，使旅游产品的价值得到凸现[1]。因此，要重视文化的发掘，提炼其内涵的价值观，打造有明确主题的场景化 IP，赋予其故事化表达和创新的表现方式。一个成功的 IP 可以承载城市独特鲜明的文化符号，具有广泛的吸引力和传播力，能够为城市文旅吸引更多人流与消费流。

（四）精准细分市场定位，推出个性体验

随着人们生活水平和生活质量的不断提高，数字文旅发展迅猛，游客也从量大而廉价的"数量型消费"，转而追求优质的"质量型消费"。而消费群体和需求也越发年轻化和细分化，并不能用大众化的数字产品来满足他们个性化的意愿和需求，因此文旅行业和企业需要进行市场细分，打造定制化个性化的数字产品。一方面，需要进一步分析潜在客户的需求，研究其细分市场，做到精准定位。如针对老年群体，江苏省推出了"水韵江苏"数字旅游卡及数字文旅服务平台，可以方便老年人持卡进行一条龙式医疗、缴费、出行、旅游和文化体验等服务。另一方面，在精准定位的基础上及时发布有个性化、配以沉浸式体验的主题产品。当下，"Z 世代"在对于文旅产品的选择上更加注重体验和娱乐，追求更有代入感、实景化的参与式体验。因此对于数字旅游产品开发，应当把握新的发展机遇，打造集合多重元素的沉浸式体验产品，如 2022 年飞猪

① 张国英 . 文旅融合背景下的旅游营销策略分析 [J]. 现代营销（经营版），2021(11)：76-78.

推出景点"剧本杀"旅游产品，在旅游中加入年轻人热衷的体验游戏元素，创造新颖的旅游内容，以期打造出更加新奇的旅行体验。

（五）强化政策制度保障，推动长效发展

政府政策的支持是产业发展的关键力量，多方政策的协调配合是推动新兴产业发展的重要驱动力[①]。文旅业作为未来发展的新兴产业，其实现数字化融合发展的进程，需要依靠政策层面的多层次支持和配套。因此，在实现文旅业生存与发展的关键节点，国家应加大政策支持力度，帮助中小型文旅企业度过危机困境；同时通过积极的金融政策支持，促进行业内优秀的创新企业快速成长，打造具有国际知名度的中国文化品牌，最终建立可持续发展的机制，推动数字化文旅产业发展[②]。另外，还要落实人才保障政策，组织学校和用人单位培养专业人才，出台政策保障技术人才的权益，推动场景打造的新型软硬件设施开发。同时，要制定监管政策，建立评价体系，规范数字文旅产业发展。

数字化技术是促进传统文旅产业升级转型的关键驱动力，也是整个文旅产业的场景化要素呈现新面貌的重要推动力。虽然我国在数字文旅产业方面的项目和产品较多，但目前还处于发展初期，文旅场景搭建还存在着体验感受单一、数字泛化、忽视隐私安全、资金人才不足有待提高等问题。为有效解决上述瓶颈问题，需要从数字平台、应用场景、文化内涵、市场定位、政策制度等方面入手，给予游客更好的体验和更具个性化、多样化的产品供给，让游客在文旅场景中感受到丰富的文化内涵，并推动整个文旅产业可持续长效发展。这需要产业界的协同努力，才能突破发展瓶颈，在"数实融合"的时代背景下合作共生，实现文旅产业的创新发展。

---

① 胡优玄. 基于数字技术赋能的文旅产业融合发展路径 [J]. 商业经济研究，2022(1)：182-184.

② 叶森. 驻汴全国人大代表王爽：打好"组合拳"推动文旅产业复苏及高质量发展 [N]. 开封日报，2023-03-09(2).

Citywalk 如何成为新的潮流：

审美心理视角下的旅游体验研究

陈　乐[①]　周　洁[②]

摘　要： Citywalk 是以步行穿梭于城市人文景观与自然风光中的旅游形式，具有探寻城市独特风貌、积极体验当地日常生活、建构城市恋地情结的特点。从审美心理视角来看，Citywalk 不仅是人们在后疫情时代对感官体验的要求，亦是人们对日常生活的美与意义的发现。Citywalk 的背后是世界"祛魅"背景下，个体要求建构自我意义的时代症候。对人们参与 Citywalk 的审美心理的分析亦能获得对抵抗文旅同质化、推动"沉浸式"文旅活动的启示。

关键词： Citywalk；城市漫步；日常生活；意义建构

Citywalk，中文可译为"城市漫步"，曾经特指一种由领队带领讲解，穿梭在城市自然与人文景观中的轻量旅行体验，是行走于城市空间的一种随意且无目的的旅游方式。Citywalk 积极发现城市之美，强调参与者与城市空间的深度链接，其既可以是游客对陌生城市的一种旅游方式，也可以是城市居民对所居住城市的探索。Citywalk 本身并不是一个新词汇，但最近却在国内的一些社交平台上引起热议（截至 2023 年 10 月 20 日，抖音话题"Citywalk"获得 30 亿次播放、小红书话题内浏览量超过 5 亿），许多人参与体验 Citywalk，并将自己的体验经历分享在社交平台。为进一步认识 Citywalk 本文通过文献研究、案例分析等方法，从人们的审美心理层面探寻 Citywalk 兴起的原因及其对城市文旅活动的启示。

一、Citywalk 的互联网内容分析及其特点

（一）Citywalk 在社交媒体的主要呈现形式

城市漫步在互联网上引起热议，许多人参与城市漫步，并将自己城市漫步

① 陈乐，汕头大学文学院硕士研究生。

② 周洁，文学博士，艺术学理论博士后，汕头大学文学院副教授，主要从事文化产业、文化遗产保育与活化研究。

的体验分享在社交平台上。为了解城市漫步参与者的体验内容，笔者围绕社交平台"小红书"，对其中的典型案例进行分析。

小红书平台用户对城市漫步进行记录的方式主要有：Vlog、图文攻略、"扫街摄影"三种。为确保平台数据不受粉丝效应等因素干扰，笔者以点赞量为标准，在三种形式中选取了 2023 年 10 月 25 日前点赞数最多和一定范围内粉丝点赞率最低 ① 的作品作为典型案例进行内容分析。

1.Vlog

Vlog 全称是 Video Blog 或 Video Log，是一种微视频记录形式，大多采用时间线性式记录，重在记录 Citywalk 体验的过程。小红书上以"Vlog"形式分享城市漫步体验且点赞量超过 1 万的作品一共 11 部，其中点赞数最高的是小红书用户"美式周周"关于哈尔滨城市漫步的作品《没见过这么有故事感的城市 | 哈尔滨 Citywalk》；而粉丝点赞率最低的是小红书用户"洋葱炸炸"关于杭州 Citywalk 的作品《杭州也会爱上你》。

笔者对两部 Vlog 作品以脚本形式进行了视频内容的拆解分析，在杭州城市漫步的作品中，作者主要表现的景色有：林荫、林荫大道、西湖的湖面、河道等；主要表现的事物有：历史建筑、树、花以及小动物（松鼠、猫）；主要表现的人物为作者本人。在哈尔滨城市漫步的作品中，作者主要表现的景色是：中央大街的街景、树和天空；主要表现的事物有：中央大街的欧式建筑、烟囱面包、树；主要表现的人物有：萨克斯手、听萨克斯演奏的家长和小孩、拍照的路人、面包店店员、谈话的东北人以及作者本人等。

2. 图文笔记分享

图文笔记是小红书平台用户分享的主要形式，一般注重图片内容以及文字的排版。以"图文笔记"形式分享城市漫步体验且点赞数超过 1 万的作品共 4 篇，其中点赞数最高的是小红书用户"是凯妹阿 –"关于北京城市漫步的作品《Citywalk 这大概是我喜欢北京胡同的原因吧》；而粉丝点赞率最低的是小红书用户"Jahye"关于珠海城市漫步的作品《谁懂啊！珠海真的很适合 Citywalk》。

笔者对两篇图文作品进行了图文内容的分析。在北京城市漫步的作品中，主要表现的景色有：落日、夕阳、流水、树荫；表现的事物有：胡同、石桥、游船、传统风格的建筑等；表现的人物形象有：拍照的男子、路边的行人、石

---

① 粉丝点赞率越低，说明非粉丝用户点赞该分享的比例较大，一定程度能说明作品在较小粉丝效应的影响下获得了更多网友的认可。

桥上的行人等。珠海城市漫步的作者在作品中主要表现的景色有：林荫大道、石墙、马路、居民楼外墙阳台等；表现的事物有：水果摊、杂货店、路牌等；表现的人物有：水果摊摊主、林荫下行走的小孩和家长、石椅上休息的老人等。

3. "扫街摄影"

"扫街摄影"指摄影者用相机在街上进行抓拍，是如今许多摄影爱好者拍摄作品的一种方式，具有摄影技术和审美能力的一定门槛要求。为保证"扫街摄影"的艺术性要求，笔者仅将具有"摄影博主"认证的账号所发布的作品列为案例。以"扫街摄影"形式分享城市漫步体验且点赞数超过3000的摄影作品共4篇。其中点赞数最高的是小红书用户"Trystane"关于澳门城市漫游的作品《每一扇窗户在诉说生命的故事》；而粉丝点赞率最低的是小红书用户"仰泳盐盐鱼"关于衢州城市漫游的作品《Citywalk丨银杏配上孔庙屋檐简直作弊》。

笔者对两篇摄影作品同样以脚本形式进行了摄影内容的分析。其中，澳门城市漫步的作品主要表现的内容有：居民楼过道、密集的阳台与窗户、狭窄的街巷和猫等。衢州城市漫步的作者在作品中主要表现的内容有：孔庙屋檐、树叶、瀑布、流水、松柏盆景等。

（二）Citywalk 的主要特点

1. 城市风貌的探寻

对城市风貌的探寻是城市漫步的重要特点。城市风貌既包括如城市特色建筑、城市自然风光的有形物质载体，也包括城市历史、城市风俗习惯、审美情趣等无形的文化氛围。

从上文城市漫步典型案例的分析可以发现，城市特色建筑、城市自然风光、城市日常生活景观是城市漫步者们注重表现的内容，如哈尔滨城市漫步作品中中央大街的欧式建筑、街道上的萨克斯手和街头画家，杭州城市漫步作品中展现的西湖、苏堤、雨雾缭绕的远山，北京城市漫步作品中展现的北京胡同等。《孤独星球》杂志曾在2019年写过一篇有关 Citywalk 的文章，文章推荐了上海田子坊弄堂、思南公馆、多伦路，推荐的原因则是弄堂中不仅有上海国际多元的一面，还能见到老上海居民、洋房建筑、道路两旁的梧桐叶，并且有鲁迅、茅盾、叶圣陶等的文化名人的故居[①]。城市漫步者深入城市空间，追寻城市历史文化的印记，体验城市居民的日常生活空间，自觉对城市独特风貌进行探索与发现。

---

① 《孤独星球》. 登高、逛展、狂欢，乐游上海就是现在 [EB/OL]. [2019-9-20]. https://www.sohu.com/a/342329211_117277.

2. 城市生活气息的体验

许多城市漫步者选择以"像当地人一样生活的视角"观照城市，他们下沉到当地人具体的生活场景，走当地人走过的路、吃当地人吃的食物、看当地人看的景色，假设自己与当地人统一生活步调。如哈尔滨城市漫步作品中，作者吃哈尔滨本地的烟囱面包、与哈尔滨本地人交谈记录下东北人说"多大事啊，有一天乐一天得了呗"；珠海城市漫步作品的作者选择行走于珠海本地居民区，记录下卖水果的杂货店、路边休息的老人、街上行走的大人小孩；澳门城市漫步作品的作者，行走于澳门的住宅区，看见澳门繁华背面的日常空间，记录那些逼仄的小巷、昏暗的过道和鳞次栉比的阳台。

城市漫步者通过在城市间观察、感受、体悟当地人的生活，使当地人的文化习性潜移默化为城市漫步者对城市的认知。漫步者在城市空间中不仅看到或开阔鲜艳或密集逼仄的空间，更体会到城市空间中的人们日常生活的需求，并在当地人日常生活的包围中，理解这座城市对于当地人的意义所在。

3. 城市恋地情结的建构

段义孚认为恋地情结是对人地关系的一种解读，是人对所处环境的一种反应。对当地居民而言，"富有特色的城市实体和城市空间，既是他们休养生息之地，又是他们精神生活的重要源泉之一。那与众不同的城市面貌，印记着人们的生长历程，熔铸着世代的创造和成就，确证着个体所从属的特定群体的本质力量"[①]，当地居民在城市空间养成的习性印证了城市居民与城市空间的关系，并潜移默化为居民对城市的偏爱、依赖之情。

而城市漫步者作为游客，又是怎么建构起他们对城市的恋地情节的呢？首先，以"像当地人一样生活"的平视视角观照城市是城市漫步者建构城市"恋地情结"的前提。城市漫步者在"像当地人一样生活"的视角中，融入城市空间、感受城市居民的日常生活与生活习性，达成与城市空间的深度链接。其次，城市漫步者在过程中收获了感官、情感上的体验，而这些体验与城市空间相联系，使参与者用脚步所丈量的城市也因此成为"个体情感与记忆的储藏之地"。再者，许多城市漫步者对城市漫步过程的记录本身也是对城市的情感进行建构。因为记录的需要，主体开放了感官与认知，更易发现城市之美，并且在记录成为作品后，"人与人，人与环境建立的关系借助影像回溯并延伸"[②]，使参与者在面对自己的互联网作品时，不由地对自己创作中的城市形象建构起属于个体的恋地情结。

---

① 於贤德. 城市美学 [M]. 北京：知识出版社，1997：324.

② 席湖. 影像"扫街"：晚报纪实摄影与城市漫游 [J]. 新闻世界，2011(7)：214-215.

二、Citywalk 与大众审美心理需求

（一）后疫情时代：感官体验与时间沉浸

2020 年初由于新型冠状病毒的传播，人们对外界环境的感官体验不得不受到限制。紧紧贴合面部的口罩、减少的触觉与冰凉的酒精、难以实现的出游，人们的感官在病毒笼罩的灰暗中被削弱、蒙蔽。而 2023 年 1 月 8 日起，我国对新型冠状病毒感染实施"乙类乙管"，人与人、人与自然之间的距离逐渐恢复如初。与此同时，据小红书官方账号发布的《Citywalk 趋势报告》显示：2023 年上半年, Citywalk 的相关搜索量同比增长超 30 倍。

城市漫步给予了人们不同于疫情期间的感官体验，人们在城市漫步中不必刻意蒙蔽自己的感官，而可以将自己作为一个开放的容器，以感官不断地吸收接纳所见所感的城市信息，如视觉上的色彩美、形状美、建筑高低错落之美，嗅觉上的温和或刺激、浓或淡、触觉上的温热凉冷、湿度、压力等等，在 Vlog 作品《杭州也会爱上你》中，视觉上是绿意盎然的杭州——林荫、青山、湖水，触觉上是雨天带来湿润的空气，听觉上是雨滴打在树叶与湖面上的声音；在 Vlog 作品《没见过这么有故事感的城市丨哈尔滨 Citywalk》中，视觉上是明媚鲜艳的天空、色彩饱和的建筑、整齐排列的街头画家，听觉上是萨克斯吹奏的音乐，嗅觉上是烟囱面包的香气；在扫街摄影作品《每一扇窗户在诉说生命的故事》中，视觉上是密集的阳台与窗户、灰暗的小巷等等。不同时间不同角度下的光影交汇、气味碰撞都给主体带来丰富的感官体验。

而城市漫步之所以符合当下人们的审美心理需求还在于人们从城市漫步的感官体验中获得了"时间的沉浸"。在城市漫步中，审美客体为主体带来丰富的感官体验，使得主体在短暂的瞬间获得了成倍的体验内涵，这种体验质量的拓展对个体而言便是时间的沉浸，属于审美的美感。积极心理学派认为沉浸体验是一种积极的感受，是个体在被某种活动所吸引时，产生满意、享受、平静以及内部和谐的主观感受[1]。时间沉浸便是主体从现实事物中感受美，发现外部环境符合主体感性需求的因素，继而达成享受、平静、内部和谐的主观感受。哈特穆特·罗萨在《新异化的诞生》中提出，社会加速是导致新的异化形式诞生的因素，社会变迁的加速进而造成生活步调的加速。人们在加速社会能够体验更多事物，却仍常常感到不足，因为重要的不是体验的数量而是体验的质量。而人们在城市漫步中对时间沉浸的建构，便是人们以最轻便的方式建构了自己

---

[1] 景娟娟 . 国外沉浸体验研究述评 [J]. 心理技术与应用，2015（3）：54-58.

情感心理上的"减速绿洲"①。在城市漫步中，人们充分调动感官，运用移情将自我投射于城市中的万事万物上，在转瞬即逝的时刻获得了个体以外的事物的永恒性体验。

（二）审美生活化：发现日常的美与意义

若只是追求感官体验与时间沉浸，似乎还不足以解释人们选择城市漫步的原因。许多其他旅游形式一样可以获得感官体验的沉浸。但城市漫步的特别之处在于人们对日常生活的审美态度。

《现象世界的旅游体验：旅游世界与生活世界》一文认为："常规性的生活世界的概念，它由日常的工作、学习生活和一些偶然事件所构成，这些事件的集合可能形成的对人的情感的影响，比如无聊、厌恶、羞愧、挫折和悲哀等，在很大程度上可能构成了旅游的动力。"并且提出旅游世界是生活世界逸出的时间，"人们不把旅游当作是纯粹的消磨时间，而是借助旅游发现意义。这样，漏出于生活世界的这段时间，就具有了本体和发展的意义"②，文章将旅游活动与其他日常生活活动相区别，并且认为"漏出于生活世界"的"旅游世界"具有"本体发展的意义"。如此看来，生活世界似乎是与主体相异化的，主体无法从生活世界中发现生命生活的意义，因此才需要"借助旅游发现意义"。但实际上，与人们相异化的并不是生活世界本身，而是生活世界中使人们感到异化的因素，是人们厌恶、感到压力，与人们的情感意志相违背的因素才致使人们感到在生活世界中被异化，以至于希望通过旅游得到情绪释放。但那些异化因素只是生活世界的一部分，并不是生活世界的全部。

从旅游世界当中建构意义，当然是一条理想路径。但当下的旅游形式越来越趋于同质化，已无法满足人们日益提高的需求。并且越来越多人意识到，旅游世界不能拯救生活世界，个体在旅游世界无法找到"本体发展的意义"的答案，即使找到了答案，也不足以支撑个体在回去面对更为持久且不得不直面的生活世界。人们带着预设期待的"旅游世界"被祛魅了。在此背景下，城市漫步对生活世界重新"赋魅"，进行"温和地折中"。既然生活世界的压力避无可避，那是否在日常生活的空间、日常生活的非异化的部分可以开掘出小型的"逸出的时间"呢？而城市漫步的参与者以"像当地人一样生活"的视角观照城市，希望体验、融入当地人的生活日常，甚至许多参与者所行走漫步的城市正是自

---

① ［德］哈特穆特·罗萨.新异化的诞生：社会加速批判理论大纲［M］.上海：上海人民出版社，2018.

② 谢彦君，谢中田.现象世界的旅游体验：旅游世界与生活世界［J］.旅游学刊，2006（4）：13-18.

己日常生活中所居住的城市，这恰恰说明了人们不仅可以从日常生活中开掘出"美"，还在城市漫步体验的过程中重新审视自身与城市空间、生活世界的关系，在与城市的深度链接和对日常生活的审美中获得了"吾心安处便是吾乡"的内心平和。

（三）祛魅的世界：意义虚无到意义建构

"祛魅"在马克斯·韦伯那里是传统社会的一体化宗教性的解体，是西方社会由宗教神权社会向世俗社会的转向，指人们对科学知识的神秘性、魅惑性的消解，以及对典范、崇高、元话语的怀疑。周宪在阐释韦伯的日常生活理念时曾解释道"现代社会的日常生活由于祛魅的世俗化和合理化，日益转化为工具理性的统治"[①]，指在不断祛魅下，世界只剩下令人信服的功能合理性。

在民间，人们对理性科学也正在"祛魅"。从前因为话语媒介的稀缺性（如文字的掌握权），往往精英话语在话语体系中处于统治地位，但在现在的全媒体时代，公众的话语通过自媒体等方式在话语体系中得到了极大的扩张。而这种众声喧哗的"集体狂欢背后同时存在着理性祛魅和价值虚无"[②]，我们能获取的信息太多，在实践上还未来得及以实操去确证，在认知上世界却已成为过度祛魅的世界，所有事情与现象都不再神秘不再有意义，人们失去了好奇与敬畏，在无意义中滑入虚无。

而对个体而言，过度祛魅后的意义虚无并非无解，个体抵御意义虚无的方式是建构意义。如前文所述，"旅游世界"祛魅后的无意义感，将人们引向在"生活世界"中建构意义。城市漫步者不愿局限于景区内现成已知的事物，更愿意去遇见未知与真实，因为即使由外界言说的意义都值得怀疑，个体的感受体验和个体在随机情况下作出的选择却是真实而具体的。在城市漫步的过程中，漫步者对城市的认知是自己获取的，不是千篇一律或是仅仅停留于他人口中的文字形象，在街巷中所遇到的当地居民是城市人文的鲜活体现，漫步中所感受的是城市真实的内在肌理。漫步者在城市漫步的过程中不断去认知、确证与相信，在漫步过程中体验着自我情感微妙的高低起伏，在未知的分岔路口一次次作出个体主导的选择，在一次次实践中认识自我与世界，建构了万物于自身而言的意义。

此外，许多城市漫步者在社交平台上分享自己城市漫步的经历，在互联网空间重塑并建构了对自我的认知。如今的网络空间已然成为现实社会的一部分，

---

① 周宪. 审美现代性批判 [M]. 北京：商务印书馆，2005：388.

② 罗红杰. 祛魅与超越：当代青年亚文化的融合发展 [J]. 云南社会科学，2020（1）：164-188.

"个人的 社交、娱乐、学习、消费等行为向网络空间拓展，宏观层面社会的政治、经济、文化也越来越依赖网络空间"①，有学者总结网络自我呈现的特点，包括从自我呈现到自我重塑，"网民可以在网络虚拟世界中扮演现实生活中无法扮演的角色，并且通过这种角色的扮演重建自我认同，以实现重塑另一个自我的现象"②。在城市漫步中，人们看待城市的不同视角、呈现作品内容的不同倾向都代表着人们的不同认知取向，不同的认知取向又都代表了对自我与世界关系的不同理解。城市漫步者们在记录中感受自我的情感，在网络分享中建构自我与世界关系的认识，并通过网络空间实现了自我角色的重塑。

三、略论 Citywalk 对城市文旅的启示

（一）抵抗同质化：留存集体记忆与人文氛围

许多城市文旅内容形式的同质化，是城市漫步者选择不再依赖官方景点而倾向自己丈量、认识城市的重要原因。而避免旅游内容同质化需要发掘城市的独特之处、保留城市的集体记忆。无形的历史文化往往通过城市中有形的载体得到呈现，如城市中积淀了城市历史文化的"旧城"，"在城市新区的'混凝土森林'中已经很难寻找城市原有的韵味、诗意和魅力，唯有那片保留着历史印记的旧城还有可能牵连出一些湮没的城市记忆"③，如北京的胡同、上海的洋楼等，这些城市建筑凝聚了城市气候、水利、政治、经济等等历史因素，是城市历史文化的载体。在城市化更新的过程中，我们应该对保有城市历史记忆的实物载体进行一定的保护，尊重传统建筑、传统文化与文化多样性，延续城市的集体记忆。

除了城市历史文化的物质载体，也应注重保护城市的人文氛围，如城市的美食文化、建筑文化、语言文化、审美情趣等等一系列内容。尊重与保留当地居民生活的原生态，无论是具有经济效益的摊贩还是具有民俗性质的民间活动，城市管理者应在规划时给予城市居民空间和文化心理上足够的尊重与保护，只有这样才能发挥城市居民作为城市历史文化活化石的作用。

（二）旅居者共情：以沉浸式体验为突破口

曾有人将伍迪·艾伦的电影称为 Citywalk 电影宇宙，在他执导的影片《午

---

① 田丽，谢新洲. 网络传播学 [M]. 北京：北京大学出版社，2022：9.

② 田丽，谢新洲. 网络传播学 [M]. 北京：北京大学出版社，2022：252.

③ 周洁. 旧城更新中的文化保育与活化传承——以汕头市小公园开埠区保护规划为例 [J]. 城市发展研究，2017（11）：36-42.

夜巴黎》中，主人公在巴黎街头漫步，巴黎的街景如明信片一般将城市美好的切面呈现在观众面前，主人公于午夜时分穿越到过去"黄金时代"的巴黎，结识了自己的文学偶像们和梦中情人。而《午夜巴黎》这部影片无疑是对巴黎这座城市历史的一次美好的发掘体验。而电影呈现的这种"穿越"的沉浸式体验，很好地展示了巴黎这座城市浓厚的历史底蕴与人文气息，也加深了人们对巴黎"浪漫"的印象，吸引着人们到巴黎去。

旅游者的文旅行为涉及主体的感官、城市空间、城市历史文化等内容，旅游者对城市的情感是丰富而复杂的。而对城市的"沉浸式体验"便是让游客们体验、融入城市文化，使游客们知城市美也知其所以美的理想方式。城市文旅活动在展现城市风貌的同时，应充分调动人们的视觉、听觉、嗅觉、触觉的感官体验，尊重个体的生物属性与社会属性，注重个体旅游的自主选择性与旅游体验的自由。在我国也有一些涉及"沉浸式体验"的文旅活动，如基于地方节庆文化的西双版纳泼水节文旅活动；基于城市历史文化的沉浸式体验文旅项目——"只有河南·戏剧幻城"等。城市沉浸式文旅也可不拘一格引入"养成系游戏""剧本杀"等形式，让游客代入城市历史发展进程，通过做不同选择、走不同路径、触发不一样的事件与物品，在自主选择下深化对城市历史文化的认识。同时也应避免过度灌输，导致"大量而无用的、无意义的信息使人产生脑力疲劳"[①]，而削弱了个体对城市空间的情感体验。

（三）诗意与烟火气：文旅活动的不忘初心

居民是城市的主人，城市的人文氛围由居民呈现。一个好的城市文旅产品，应该是能让当地居民获利、得到当地居民的认可的，其本质上是要满足人们日益增长的对美好生活的需要。

城市管理者应抱着长远发展的眼光发展城市文旅，以城市文旅活动提高居民生活水平的同时，尊重城市居民原生态生活，深化居民对自己所居住城市的情感与记忆。在城市文化的教育与潜移默化中增强居民的文化自豪感，提高城市居民的文化素养，使居民认识到自己是城市文化的主人，让城市居民在生活空间中感受诗和远方，使居民自觉保护与传承城市历史文化，实现城市文旅更富有生命力的发展。

---

① 纪晓岚. 论城市本质 [M]. 北京：中国社会科学出版社，2002：128.

特色小镇文商旅项目开发中的"环境场"

——以上海青浦区蟠龙天地为例

季雨欣 [①]

摘　要：文商旅项目的核心吸引力之一是场景。文商旅综合体是满足消费者精神需求的高层次场所，其中的文化空间场景营造可以形成一种环境场。蟠龙天地作为特色小镇文商旅项目典型，其中的文化唤醒、自然融合、城市焕新三者的结合可以焕新体验和活化形成新空间。本文是对上海青浦区蟠龙天地这一项目在文化空间场景营造中如何形成别具特色的环境场的分析。

关键词：文商旅项目开发；文化空间；环境场

一、绪论

（一）研究背景

作为上海 32 个历史风貌保护区之一，蟠龙天地也是上海首批完工的"城中村"改造项目[②]。蟠龙天地是未来之"市"，"市"是城市，也是街市，是一种全新的商业聚落样本和城市生活形态。

蟠龙天地以"文化唤醒、自然融合、城市焕新"为理念，焕新了一座江南千年古镇"蟠龙镇"，携手余德耀美术馆、可可玛特酒店（COCO-Mat Hotel）、蓝瓶咖啡（BlueBottle Coffee）等品牌，带来文化与自然融合的都市理想生活。

文商旅项目开发中的"环境场"是指什么呢？这里的"场"是指包含大量行为线索的环境，这些行为线索会刺激人做出特定的行为。比如，到了卧室自然想睡觉，到了办公室自然想工作，到了餐厅自然想吃饭等，"场"就是我们心中的一个关于"空间功能"的假设。

---

① 季雨欣，泰州文旅集团党政青年、泰州文化中心专班运营专员、两岸文化创意高校联盟会员、江苏省青少年作家协会原会员。

② 郑钧天，胡洁菲．千年古镇变身"江南会客厅"[N]．经济参考报，2023-05-30（006）．

笔者的理解，文商旅项目中游客自我行为的引导线索即为环境场。环境中所包含的行为线索越多，场的力量就越大。走进去就好比走入了"密室逃脱"游戏一般，你是根据项目开发者前期设定的线索，在一步步体验、感知和享受项目本身。

本文以环境场为线索，逐步解读分析蟠龙天地在开发中那些文化空间的营造和游踪系统的设置。同时，在营造别具一格文化空间的过程中，主题文化是原点，场景营造是关键，蟠龙打造了"旅游产品＋文化"模式，氛围营造上贴近场景化新兴趋势，艺术、非遗与文旅融合，形成一种《桃花源记》中"并怡然自乐"的环境场。

（二）研究内容与方法

本文选取了蟠龙天地作为研究对象。蟠龙天地在文化空间场景营造的过程中体现了多元性开发理念和文化艺术元素的渗透。本文在研究蟠龙天地改造过程的基础上，从文化空间、环境场等理论入手，接着分析"旅游产品＋文化"模式、"氛围营造—场景化新兴趋势""艺术、非遗如何与文旅项目融合共生"。

本文侧重于运用文献研究法、实地调研法和个案分析法三种方法进行分析研究。

1. 文献研究法

文献研究法即前期收集蟠龙天地的一手资料和二手资料来研究它的前世今生。通过全面查找有关于蟠龙天地各个阶段的发展特点，能够更为清晰地了解蟠龙天地的整个发展脉络以及各个阶段的具体变化，并且以这些资料为基础，能够形成对于蟠龙天地的一个宏观整体印象，便于后期的分析和研究。

2. 实地调研法

在写作这篇论文的前两个月，笔者分别两次来到蟠龙天地进行了实地考察，并采访了一些市民、游客，获得了一手访谈资料。

3. 个案分析法

以蟠龙天地为例，文化空间营造出来的环境场应该注重其历史价值、建筑价值、稀有性、保存状况、群组价值和社会价值的整合。通过深入剖析蟠龙天地这一具有代表性文化空间的"环境场"营造模式，试图寻找其在环境场营造中的普遍性和特殊性，以及它是如何聚焦多重维度、协调多方势能的。

（三）研究目的及意义

蟠龙天地见证了古镇文化的变迁和发展，修缮一新的蟠龙天地以国际视野结合先进科技，对历史文化和先锋艺术进行多角度的展示，兼具物理和精神空间的双重价值。它在保留古镇风貌的基础上，新建造空间作为"义肢"和"嫁接"象征"过去"与"将来"之间的过渡与摸索，但没有抹去原有的作为文化遗产的历史特征，并且在文化空间的营造过程中进行了更具感染力环境场的嬗变。从蟠龙天地这个案例出发，笔者更加坚定要努力为保护文化遗产的原真性而奋斗，并希望它们能成为生长新东西的土壤和源泉。

二、文化空间营造"环境场"

（一）文化空间的营造

1. 文化空间的基本定义

广义上讲，文化空间是人文社科领域的常用术语，世界各国的学者都曾从人类学、文化学、建筑学等领域对这一概念进行界定，而狭义的文化空间，各地的解读各不相同。

20世纪90年代，联合国教科文组织对于"文化空间"做出了一系列的表述，自此，对于"文化空间"有了一个准确的、官方的定义。"文化空间"也称为"文化场所"（Culture Place），是联合国教科文组织在保护非物质文化遗产时使用的一个专有名词。由于文化空间是非物质文化遗产中的用语，因此其释义通常以非物质文化遗产为基础。

文化是种"套系"，是人类社会生产生活过程中的价值准则、行为规范、生活方式。建筑适应这些文化条件而存在，并且因循不同的文化环境而产生各异的形制，由此我们看到河姆渡文化中悠远质朴的干阑式建筑，寒带的陡峻坡顶和有壁炉的厚墙窑洞，至于中国古典园林，更是"外观自然、内循人文"的多样文化套系。所谓"文化空间"，一是特指按照民间的惯例传统习俗，举行风俗文化仪式的特定场合，兼具时间性和场所性。二是泛指传统文化从诞生到演化的产生环境。三是在文化遗产研究中，作为一种表述遗产传衍空间的概念，用于任何一种遗产类型所处规定空间范围、结构、环境、变革等方面，具有深刻的学术外延。依托蟠龙古镇千年历史、建筑肌理和文化风貌，蟠龙天地在文化空间的营造过程中属于第二种和第三种。

2. 文化空间理论的起源与发展

文化空间的定义如果仅仅依照联合国教科文组织对于"文化空间"做出的表述是不够的。因此笔者通过文献资料的搜寻，总结了文化空间理论的起源与发展。

20世纪70年代，亨利·列斐伏尔（Henri Lefebvre）最先提出"空间理论"，是"空间转向"这个概念的标志。列斐伏尔在1974出版的《空间的生产》一书中阐述了空间性与社会性、历史性结合的"三元辩证法"①。提出"空间转向"理论的福柯（Michel Foucault）对此提出了"异托邦"（Heterotopia）和"他者空间"（Other Space）等概念，探讨了现代社会中空间结构与文化、知识的联系，极大程度上拓宽了社会理论的研究方向。

后现代地理学家爱德华·索雅（Edward W. Soja）在著名的"空间三部曲"中，在物质世界和精神世界的基础上，提出了"第三空间（Third Space）"的概念，将空间看作是赋予深刻文化意义的文本，实现了文化与空间的融合。社会学家沙朗·佐京（Sharon Zukin）深入发掘了空间的文化意义，指出文化是控制城市空间的有力手段，经济和政治精英们通过控制城市公共空间来塑造公共文化②。

著名挪威城市建筑学家诺伯舒兹（Christian Norberg-Schulz）曾在1979年提出了"场所精神"（Genius Loci）的概念。它更着重强调探究建筑精神含义而非实用价值，尽管这二者之间有密切的关联。其《场所精神》一书也强调"环境对人的影响，意味着建筑的目的超越了早期机能主义所给予的定义"。其主要的意义在于提出建筑不仅仅是一个物理层面的实体，其还具有精神方面的价值。"场所"所体现的不仅是地域和位置，而且是由具有物质的本体、形状、感觉及色彩的具体的物所构成的一个集合体，这些组合在一起的这个物体决定了一种"环境的特性"，即场所的本体。一般而言，场所都会具有一种特性或"气氛"，因此场所是定性的、"整体的"现象，不能够约简其任何的特质，诸如空间关系，而不丧失其具体的本性③。

因此在总结文化空间的多重内涵与阐释后对于分析蟠龙天地这样一个案例是大有裨益的。"文化空间"也称作"文化场所"(Culture Place)，作为一个历史遗存中的文化场所，蟠龙天地属于基本材料的广义"场地"构建，它所蕴藏

---

① 郑震. 空间：一个社会学的概念 [J]. 社会学研究，2010(5)：167-245.

② 赵艺凡，黄健. 公共图书馆空间再造：理论转向与实践路径 [J]. 图书馆建设，2024(2)：73-80.

③ 诺伯舒兹. 场所精神 [M]. 武汉：华中科技大学出版社，2010.

的文化遗产的原力、互动装置与游踪系统对建筑功能的反馈使之完成了对建筑学的降维重构。

文化空间是人与人交流、接触，进而产生认同、传播、生产和消费的主要空间和地点，很多文化空间在都市研究领域会发展成为"公共文化空间"，成为兼具社会性、文化性和公共性的一种全新的内容和形式，这一切的交融和发展需要有这样一个物质实体作为支撑，进而上升到精神层面，营造出一种环境场。因此，本文对于蟠龙天地文化空间环境场营造的解读和分析，是从精神层面和物理层面两个角度来研究这个实体物理空间和精神空间上的传承、转变与发展。

（二）互动装置与游踪系统对建筑功能的反馈

在此基础上，我们接着分析。蟠龙天地的环境场植入中，融入互动装置和游踪系统，这里发生的呼应、协调、沉思、影响、反馈和融合，都是文化空间对于互动的诠释。人们参与现场的各类文化体验装置比如小剧场、手工作坊、传习社、展览空间和文化论坛等各种体验空间的营造使蟠龙天地的文化得以立体细腻地成为除了建筑之外的体验要素。

1. 街巷格局

街巷格局上，蟠龙天地以"十"字形街巷格局，承袭江南水乡传统"粉墙黛瓦"的建筑特色，拥有3公里原生天然水系，并保护性还原程家祠堂、香花桥和凤来桥3处青浦区级文物保护单位，以及6栋木构历史建筑。我们在这样一个文化空间中完成了一次问俗，并且记住了那些亲切的街市与面孔，这些为蟠龙天地的建筑外壳注入了生动的民俗文化内涵。

2. 商业规划

商业规划方面，在蟠龙天地，人们既能看到古朴的石拱桥，也能看到屋顶设计如翻开书页般的酒店餐厅，还能看到飞檐斗拱的星巴克、奶茶店。别具特色的是，蟠龙打造了"盒子式"商场、在地文化街区，多个店铺在树池景观、地面铺装、标识标牌等装置中植入了历史文化印记，实现了"一店一招一品""一街一世界"的多样环境场的植入。

3. 建筑体量

卒姆托在《思考建筑》中说，"对我而言，那个门把手现在依然好像是一个特别的入口标牌，让我进入一个不同心境和气味的世界"。如上所示，卒姆托经常在书中谈到"体验""记忆""经验"之类的字眼。令人印象深刻的还有他对于曾经亲临场景的属性描述，强调了建筑设计与空间规划中思维与感知的维度[1]。蟠龙天地在建筑体量的打造中营造出了卒姆托所言的体验性空间。

关于体验空间的概念，笔者觉得首先就是视觉，而伴随的是其他感觉的体验（嗅觉、听觉和触觉等）。蟠龙天地开拓出的多元体验空间，使之成为一个有感染力的场所。比如蟠龙天地新的建筑体量立面在尺度及比例方面呈现与旧时古镇砖墙相似的视觉效果。它对于光影、空间的运用，让人想到陆邵明老师在他的《建筑体验——空间中的情节》中谈到的，"……并非关注空间中的形态、尺度等可度量的物理因子，空间的情节因子是一种超越形式与功能但又与形式功能捆绑在一起的加权因子"，蟠龙天地装置中的建筑元素加权因子与空间的场所感紧密关联……北市、南市、庵市及十字街融合了传统和现代风格，呈现三种不同类型的设计策略：有的是"古建筑原貌"，即完整保护保留原有建筑风貌；有的是"古建筑形态＋新立面设计"，即保留风貌特色，融入现代建筑材料进行修缮；有的则是"新建筑"，运用新的建筑形态，突出新建建筑风格。

设计者独辟蹊径地通过一系列探险式的建筑元素编排手法，创作内外共生的空间秩序，形成博尔赫斯笔下一个个小径分岔的"花园"。

三、"环境场"的行为线索激发

环境场就是包含大量行为线索的环境。它包含人与空间、物理空间、人与人的互动。这个"场"，也就是我们心中关于文化空间功能的假设。那我们用环境场的视角再回看蟠龙天地，会发现蟠龙天地有大量的行为线索去激发游客对于蟠龙天地的全新体验。

那蟠龙天地想要激发什么行为？这个具体而言，就是想要顾客停留下来，慢慢走，欣赏！因为只有让顾客停留下来，才能激发更多的二次消费。

那凭借什么激发这些行为？蟠龙天地作为"江南风情休闲区"，将3公里曲水蜿蜒的江南水系、香火千年的蟠龙庵以及十字街、程家祠堂、滨水商区、粮仓艺术酒店等特色主题场景形成了一整条行为线索。然而特定行为的闭环要持续生效也会遭遇诸多挑战。在现有旅游市场环境下，游客对于景区通常会有这三方面的问题：1. 会不会挨宰？ 2. 会不会早就看过类似的景点？ 3. 会不会和宣传的有落差？蟠龙天地为了解决上述问题，做了很多措施。在游客进入蟠龙

---

① 陶涵瑜．并置与激发：彼得·卒姆托建筑中材料与空间的表达 [C]// 中国建筑学会室内设计分会 . 2022 室内设计论文集 . 北京：中国水利水电出版社，2022：4.

天地时,一下就进入到蟠龙天地所设置的"环境场"。我觉得主要有以下三点:

(一)小镇内涵"很丰富",吸引人气"场景多"

通过还原旧的江南水乡大众生活场景,唤醒游客的自我认识,并由认知带来渴望。比如精心打造充满诗情画意的"蟠龙新十景",连接着蟠龙的过去与未来,寻回久违的江南。"古寺钟鸣"的蟠龙庵将美好心愿挂上祈福之树,"龙江古渡"成为全新的江南游船码头,非遗编织游船在此开启江南之旅。这些都是场景的还原。

(二)小镇体验"很舒服",意犹未尽"还想来"

通过释放最大的善意,防止产生跳脱感。小镇的设计者以"让游客最大程度上感觉善意"为服务口号,给来蟠龙天地的游客以最大的安全感。犹如博尔赫斯笔下一个个小径分岔的花园,蟠龙在不同的时空和场所,营造出似曾相识并具有温度的诗意场景。那些有着美丽名字的店铺比如"海岸开心果"、"月光(Moonlight)"犹如温暖而坚实的岛屿,留白到恰到好处的空间由此流动起来。

(三)小镇条件"很方便",游客出入"很容易"

蟠龙天地小镇的运行条件与交通及配套设施极为方便。这里的条件包括运行条件"很方便",小镇里头"导游标识很清楚,街道通透不迷路","安保保洁很关照,秩序环境维护好","内外交通衔接好,来去方便真周到"。地铁、公交车、自驾都可以比较方便地进入。

四、"旅游产品 + 文化"模式

主题文化是原点,场景营造是关键,蟠龙天地在传统的商业模式基础上打造了"旅游产品 + 文化"模式。

一是将深度的文化内涵注入到旅游和商业中。根植于当地文化及地域特色,属地性强,难以复制,才能形成极具特色的大"流量"效果。在书写新的生活方式过程中,与传统项目开业后才开始逐渐打造场景氛围的方式不同,蟠龙天地创新出了将商户特色与文化体验、自然体验绑定在一起的新模式,避免了项目整体氛围与品牌组合出现割裂的现象,为消费者的体验感上增添记忆点,从而为项目建立强目的性。

二是文商旅项目的核心吸引力之一是场景。文商旅综合体是满足消费者精神需求的高层次场所，其中的场景营造要考虑时效性，经营主题的变换可以与不同的场景匹配，好的场景氛围会给人身临其境的感受，符合眼球经济，也是私域流量传播的载体。像超级文和友、和平菓局、这有山等众所周知的项目，都是通过场景营造来撬动市场的。正如蟠龙天地诠释的生活另一种写法，它不仅展现了江南文化，更融入了自然绿地、户外活动、艺术展陈、国潮市集等内容。

以下三点是笔者觉得蟠龙天地在打造"旅游产品+文化"模式时的特色。

（一）汇聚首店经济

相较位于城区的传统商场，蟠龙需要面对迥然不同的速度与能量。项目汇聚近 20 家上海首店、超过 60 家区域首店，焕新区域商业级次，为城市微度假定位的商业项目提供了新思路。比如作为大虹桥首店，蟠龙天地的蓝瓶咖啡门店落位于一座百年历史的古宅，纯白的墙面印着标志性的蓝瓶 logo，极简的设计风格让人眼前一亮，木结构的厅堂、雕花的木门木窗无不透露着浓厚的江南韵味、东方建筑之美，在其间融入独属于蓝瓶咖啡的咖啡文化和特别体验。又比如 MINGSI 作为商业聚落的独立单元，主打"此刻，可以慢一点"的风格。隔壁既有行业竞品，又有独立卖手，柔情似水的江南古镇暗涌着现代先锋的商业法则。夜幕降临，古镇静卧，"屋檐之下、大地之上"的 Mingsi House，沐光而行。

（二）深度靠拢新兴消费趋势

融合户外运动、宠物友好街角公园、禅意客厅等，蟠龙天地深度聚拢的新兴消费趋势，在今年 5 月开业后吸引了大量的消费者前往。蟠龙天地激发了新周末经济，比如桨板运动、与露营基地相结合的溯溪、寺庙经济中的禅修；打造了"购物中心+剧场"的新业态，实现了"生活新美学"与"场景更迭"的融合。

因为有"公园里的新天地"和"江南文化水乡"的天然优势，项目引入一众户外健康、具有文化底蕴品牌，彰显独一无二的生活方式体验特征。比如绘酒馆、普天同秤、宝玥斋国风体验馆、年之糕、宋明客厅等品牌展现了中式传统文化的魅力，与江南风格场景相当契合。再比如，Camp.33、Moreprk 滑板公园、洛克公园、Top Ballpark、夏山营地野空间、骑乐马术、Specialized 闪电自行车等户外健康体验业态在 23 万公园绿地中形成特色体育链条，使户外体验得到极致的发挥。

五、氛围营造——场景化新兴趋势

（一）场景匹配性深度融合

蟠龙天地所在的蟠龙古镇拥有千年历史，项目以"十"字形街巷格局，承袭江南水乡传统粉墙黛瓦的建筑特色，保护性还原程家祠堂、香花桥和凤来桥3处青浦区级文物保护单位，以及6栋木构历史建筑，加之3公里原生天然水系，彰显浓厚的建筑肌理、文化风貌和中式街巷氛围。

其一，"氛围感"是一大亮点。商户氛围营造是蟠龙天地项目整体打造不可分割的部分，是文化与建筑、建筑与体验、体验与服务的整体输出；营造具有活力、创新的商铺体验及成功的消费环境，吸引顾客，为商户和整个景区带来更多的价值。蟠龙古镇的在地文化背景和它精心打造的充满诗情画意的"蟠龙新十景"，带着人们寻回久违的江南。休憩桌椅系统、照明系统、展示系统、橱窗系统、花器系统、售卖系统、店招系统、绿化系统等都是蟠龙新十景中的氛围元素。除此之外，还有的店铺是洋气中古风糅杂复古与现代，营造了 Old Money（老钱风）的场景，极致腔调的氛围感带来多元性。

其二，色调上，蟠龙主要渲染的是传统的中国色。古镇的街巷整体使用沉稳、素雅的色彩，比如雨过天晴的青瓷色，配比辅助以从古代绘画作品中汲取的黑、金、咖、青、兰、赤、紫等色调。旧石材、旧青瓦、旧青砖修旧如旧，新十景中的"江村野店、曲水萦居、柳榆晚照、群鸟归林、龙江古渡、溪桥渔泊、松涛夜听、洛阳佳种、古寺鸣钟、文阁谈经"，都呈现出雅致的中国传统之美。在澄静的中国画色调中，时尚年轻业态、儿童业态使用的跳跃色彩也很亮眼，充满现代感，但与整体的色彩协调，并不相悖。

（二）演艺推动方面

有景区必有演艺，在演艺推动方面，蟠龙致力于打造"永不落幕的蟠龙生活"。以大型光影秀《月见蟠龙——The Moon Journey》为例，以灵逸多彩、水光相映的当代光影亮相，融汇了蟠龙古镇的千年历史文脉。"水""桥"等贯穿江南文化的重要意象都是《月见蟠龙》的故事元素。

制造静谧时段和静谧空间，让游客尽情享受他们心中的那个"世外桃源"。蟠龙的演艺将历史传承与现代艺术融为静谧的"小镇桃源"。公众能在《蟠龙吉日》

非遗主题展翻阅蟠龙前世今生，也沉浸式体验"宋风雅集"、汉服巡游和各类非遗体验工坊。夜幕降临，微风轻拂，一艘摇橹船缓缓穿过青石拱桥，船上身着汉服的女子奏着琵琶。一旁水桥头，游客点亮烛芯，白色的莲花河灯顺着波光粼粼的水面荡漾出去，宛若点点星光。再晚些，烟雨廊桥上，《月见蟠龙》光影秀会准时上演。①

与其他景区演艺不同的是，蟠龙打造的演艺更加具有自身特色。比如《月见蟠龙》以纷呈光影新绎十景，以月为鉴，勾连着古与今、时与光的旅程，用光影揭开文化之美。在演艺的过程中，优秀历史保护建筑和名人历史遗迹等严格保留了参观与展示功能，同时修旧如旧是对原有建筑肌理的一个尊重，在那些面孔与印记中对非物质文化遗产进行问俗，注重保留场所记忆的需求。

六、艺术、非遗与文旅融合共生

通过艺术、"非遗+"活态传承发展模式，蟠龙天地的艺术、非遗与文旅达到了融合共生的一种境界。

（一）艺术跳脱

艺术跳脱出城市间的博物馆、美术馆、画廊、拍卖行，置身于古镇间的另一种可能性在这里得以实现。上海最重要的民营美术馆之一余德耀美术馆离开黄浦江畔的工业遗址，沿着上海纵横交错的河道水系一路溯源而上，在委蛇曲折的蟠龙古镇水乡边重新安家。依河流、稻田、池塘、竹林这一片四方天地而建，江南传统民居的"山墙"和"双坡顶"结构被解构重组，经由两组互承式钢桁架结构，交织承托起美术馆内外空间，将自然与人工、传统与现代融为一体。印象最深刻的是蟠龙天地刚开幕的一个雨天，淅淅沥沥下着春雨，一些游客打着伞在亦古亦新的小镇中探索寻觅。美术馆门口的玉米地在秋天的时候可以收获丰盛的果实，带来城市野趣②。

用文字、声音、图像的方式，重新发现蟠龙附近的生活。这里的展览主打一个"Art in Green"和"艺游自然"的主题，你能从身边的小事，走入一个人的生活，本以为平淡无奇的小展览，却处处充满了治愈的细节——爱与关怀是这里的主题。依托亲近自然的艺术思路，蟠龙天地在夏季推出来一系列活动，

---

① 周楠，沈思怡．滨水商场的独到"打法"究竟是什么？[N]．解放日报，2023-09-08(8).

② 朱洁树．从徐汇滨江到蟠龙天地，余德耀美术馆在新社区安家[N]．第一财经日报，2023-05-24(A12).

比如夜傍秋凉——草地纳凉影院（街角公园悬挂彩灯）、步履不停——夏意识观仁、溯游——画言俏语青年画展、"MUA，一口夏天"——儿童欢乐综合独立营、花样记忆工作坊——复古照片拍摄打卡、花市来袭、农夫乐园（小小种子播种日，城市里的田野庄园）等丰富多彩的活动。

在这里，艺术跳脱出原有在城市森林间的环境场，在乡野间蔓延、流淌，自成一种保留着厚重历史、乡土温情的环境场。

（二）非遗传承

"非遗＋旅游"不但可以令传统技艺得到传承和发扬，还将为打造文化空间中的环境场构建文化认同。[①]

《月见蟠龙——The Moon Journey》光影秀中的"龙江古渡"请回了非遗编织技艺打造的江南游船，此为非遗融入演艺的环境场。

小镇引进的宝玥斋、普天同秤、十字八金、绘璟、年之糕等业态，普遍拥有厚实文化积淀，持续传达中国传统工艺，在千年江南风格氛围的映衬下，商户本身的传承形象被发挥到了极致。比如普天同秤民艺馆是致力于传承杆秤技艺的非遗手作品牌，集合众多非遗杆秤大师，坚守中国传统手工道艺。这些都是非遗融入传统手工艺的环境场。

在借园、宋明客厅这两个特定的文化空间中，非遗也自带它的魅力。借园是一个合院式木构建筑，拥有在地建筑中少见的"抱厦"结构，以清代书法家沈荃的书法命名。在宋明客厅，宋代和明代的非遗在此碰撞——茶事、家具、器物、服饰、雅集、民俗，令人印象深刻的是非遗手作缠花，多色丝线在以纸板或者铜丝扎成的胚架上缠绕出鸟、兽、虫、鱼等美术品。此为非遗融入传统建筑遗产和特色文化空间的环境场。

演艺、手工艺、建筑遗产，"非遗＋旅游"的特色模式在清新雅致的环境场中带来非遗传承的新场域。

七、结语

重现古镇昨日的人文情怀，再续现代化浪潮下的"古镇后花园"城市风貌。在全球化及新时代背景下，"吾心归何处"？当代人如何审察自己的归属和认同，如何看待古镇历史和商业运营的碰撞交融是一个很好的课题。遵古但不泥古，

① 张梓涵.非遗里的中国：在非遗"活化"中构建文化认同[J].中国广播电视学刊,2023(10):42-45.

是蟠龙天地营造出释放最大善意环境场的真谛。

放大来看，蟠龙天地之所以能够成为近悦远来的旅游目的地，固然需要传统街区景点如游船、小吃铺、放河灯这些，更需要让这些优秀的文化浸润到日常环境场，让游客日常的游览行为成为知性、美丽而优雅的风景。蟠龙天地正是这一理念的践行者，不仅免费向市民开放，更是游客可以自由进出的美好生活体验空间，是链接空间场域与游客们的"环境场"。蟠龙天地不是为了复原一个文化历史上的古镇，而是打造了一个游客想象中的完美古镇。蟠龙天地将现代与古朴的切换做得干脆而自然，外貌古朴典雅，但是内部的装修布局又是非常有品位高大上的。在这样强烈的时空对比下，蟠龙天地带给游客的体验是全新的，带给游客想要的安全感，满足游客对于蟠龙天地的那份期待感。

总而言之，"环境场"的改造升级通过交融共生的内容体验形式，为蟠龙古镇的原住居民、新移民、游客群体创造和谐的公共生态空间和具有青浦特色的场镇生活形态。在文化空间场景营造的过程中均衡好整体形态连续性与单体形态独特性之间的联系，达到"和而不同"，不断追求视觉之美、环境之序、场所之真和文化之谐。借用《诗经》句子，"周虽旧邦，其命维新"，文商旅项目的改造升级也是如此，与同好共勉。

杭州文旅创新发展视域下的宋代岁时礼俗与服饰文化互动研究①

张　虹②

摘　要： "宋韵传世工程"的实施，进一步加快了杭州文旅融合的创新发展。然而，承扬宋韵文化仍需继续寻找新的发力点。本文从宋代岁时礼俗文化出发，采用文献研究法、比较分析研究法，对两宋时期的岁时礼俗与节日服饰进行梳理，挖掘与提炼宋代岁时礼俗中的服饰文化价值，探索宋代岁时礼俗与服饰文化在新时代的"活化利用"与"礼俗互动"路径，以期为推进文旅革新与深化寻找新的突破口，为宋韵文脉保护与传承提供理论依据与智力支持。

关键词： 文旅融合；宋韵文化；宋代服饰；岁时礼俗；礼俗互动

杭州市 2023 年《政府工作报告》全面部署市政府工作安排，就"聚焦文化兴盛，全力争创全国文明典范城市。进一步唤醒城市记忆、打响文化品牌、增强文化认同，不断提升杭州历史文化名城影响力"提出了"厚植历史文化底蕴，深入实施宋韵文化传世工程"的要求。自"宋韵文化传世工程"实施以来，宋韵文化研究和建设工作开始加快，南宋皇城遗址考古、宋韵文化活动等方面取得了重大突破，文化产业增加值为 2420 亿元，同比增长 4%。目前，宋韵文化研究和建设实践需要继续寻找新的发力点，本文不揣浅陋，提出从宋代岁时礼俗文化出发，挖掘宋代岁时礼俗中的服饰文化价值，探索宋代岁时礼俗与服饰文化在新时代的"活化利用"与"礼俗互动"路径，以期为文旅革新与深化寻找新的突破口，为凝练宋韵文化精髓、传承宋韵文脉提供理论支撑和智力支持。

宋史专家何忠礼认为在中国古代社会里，宋朝特别是南宋孕育出璀璨夺目的宋韵文化③。南宋临安（今浙江杭州）延续了北宋的繁荣经济，其科学技术、教育思想、文学与艺术对后世产生深远影响。无论过去，还是现在，宋代美学总能触动人们，被推崇为中国美学典范。宋代服饰文化是宋韵文化的重要组成部

---

① 此项目为 2023 年浙江省哲学社会科学规划课题成果（选题编号：23NDJC362YB）。

② 张虹，杭州职业技术学院教授。

③ 何忠礼. 南宋的历史地位与"宋韵"文化 [J]. 浙江社会科学 2022（1）：142-150.

分，宋代特有的"诗情画意"渗透和影响当时的衣着时尚，蕴含丰富内涵的服饰文化具有深邃的精神空间，因此，值得引起更多学者的关注与研究。

一、岁时礼俗与服饰文化的关系

（一）礼俗互动共生的关系

礼俗是一种独特的历史遗存与社会文化现象，是一种普遍化的社会现象和社会思想的"礼"（国家礼制）与"俗"（民众文化），两者是互动共生的关系，其良性互动实践奠定了古代中国国家政治设计与整体社会运行的基础，并在中国"五四"以来的现代民族国家建构中有所延续，因而应该成为"理解中国"和"理解中华文明"的基本视角①。中国古人很早就有把"礼"与"俗"联系起来进行思考和观察的思维特点，反映了民俗生活、民众文化与国家礼制之间有着深厚的同生共存关系，中国社会有"礼俗社会"的实事与话语形式。近代关于中国礼俗的早期研究，在概念层面上，往往以"礼俗"泛指"民俗"，或以"民俗"代指"风俗"，至今仍有余音。如刘宗迪先生认为在原初的意义上，民俗学者研究的就是本土的风俗，所以民俗学家就是风俗学家，更是直截了当地指出"民俗就是风俗"②。在研究层面上，虽然关注到"礼"与"俗"之间的关系，但对中国礼俗社会与文化历史仅作宽泛梳理，大略言之，未予深究。

（二）礼俗与中国传统服饰文化的关系

礼俗和服饰文化有着悠远的联系，就连华夏民族的名称也体现出礼仪与服饰的密切关系。《左传·定公十年》孔颖达疏："中国有礼仪之大，故称夏；有服章之美，谓之华。华、夏一也。"③中国历代社会重视冠服之礼，用礼法加以约束，力图做到"贵贱有级，服位有等"④。"观服可知礼俗"，服饰最能表现出时代之风尚，即时代之物质追求、精神文化生活，无不见于服饰。确然，服饰是民众生活、社会风尚的一面镜子，文化内涵、思想意识和人文风俗都在服饰中有所反映。人与服饰在礼俗系统中的协调，就是主体与客体、人与环境、

---

① 李富强. 礼俗互动传统中的顾炎武风俗教化观及其现代启示 [J]. 民俗研究，2021（5）：95-108、160.

② 刘宗迪. 惟有大地上歌声如风 [J]. 读书，2004（2）：81-90.

③ 陈一平. 先秦古诗辨 [M]. 广州：广东人民出版社，2008.

④ 徐吉军. 宋代衣食住行 [M]. 北京：中华书局，2018：9-135.

人的自然性与社会性、人的精神需求与物质文化的和谐统一。在社会活动中，人们将"礼"作为指导原则融摄入"俗"，从而将"礼"和"俗"不同程度地统一起来①。例如，中国古代服丧和祭祀活动中的"五服"制度，就共存着礼与俗的关系。"礼"对"俗"具有极大的渗透、影响和制约力量，"礼俗"制约和影响着人们在服饰上的行为规范，并调适和规范着人们穿戴配用服饰的选择②。

从周代开始，国家上层就有了到民间"采风"和"观俗"的传统，不仅用礼推行教化、以礼化俗，也会把民间存在的问题反映上去。杨志刚认为礼俗在中国文化中耦合成一个复合形态系统，"礼""俗"之间交流的传统，使"礼"与"俗"有目的地互相调适，并在中国文化发展过程中发挥极为重要的作用，甚至影响和制约历史的进程。在国家礼制推行过程中，民俗文化获得发展契机，庶民生活礼俗日趋规范，形成传统社会礼俗文化模式③。在服饰方面，民间仿效宫中妇女的服饰样式，称为"内样"，这是自上层而下的流行；民间所风靡的服饰也会流入宫内，例如立秋日，宫姬效仿民俗将楸叶插于鬓边，以象征秋意时序，是一种自民间而上的风俗。在这过程中，服饰成为国家礼仪与民俗文化交流的重要物质载体。

二、宋代岁时礼俗中的服饰文化价值

（一）两宋岁时礼俗与节日文化

张紫晨根据一般分期法和突出的民俗事象及其表征，将社会历史发展分为远古、古代、中古、近古、现代五个时期，认为唐宋时期的民俗为"中古民俗"。这一时期的民俗是物质生活和文化水平高度发展的民俗，其荒诞无稽的程度减弱，现实生活的成分增强，对后世民俗的发展产生很大的影响④。

著名史学大师陈寅恪先生在20世纪40年代初指出："华夏民族之文化，历数千载之演进，造极于赵宋之世。"⑤宋史专家邓广铭先生更认为："两宋期内的物质文明和精神文明所达到的高度，在中国整个封建社会历史时期之内，

① 杨志刚. 礼俗与中国文化 [J]. 复旦学报（社会科学版），1990（3）：77-82.

② 张虹. 宋代服饰文化与岁时礼俗互动研究 [J]. 浙江理工大学学报（社会科学），2023（4）：456-463.

③ 邵凤丽. 话说礼俗 [J]. 百科知识，2014（18）：51-52.

④ 张紫晨. 中国民俗与民俗学 [M]. 杭州：浙江人民出版社，1985：1-134.

⑤ 徐吉军. 南宋临安社会生活 [M]. 杭州：杭州出版社，2011.

可以说是空前绝后的。"宋代是继汉初之后的又一个商业繁华期[①]，其科学技术、教育思想、文学与艺术都对后世产生深远影响。宋朝是一个开启近现代的"商业宋"，一个艺术气息浓厚的"风雅宋"。

宋朝时令节日之多，岁时风俗之兴盛，可见一斑。宋朝一年四季均有节日，休假日数较多。据文献记载，元旦（春节）、元宵节、寒食节、冬至等大节各休假 7 天；夏至、中元节等节日各休假 3 天；端午节、七夕节、立秋等节日各休假 1 天。宋人笔记《文昌杂录》记载宋代法定节日有 33 个，除了节日假期之外，每个月还有 3 天旬休，一年合计 36 天，总的加起来一年有 113 天假期，因此，宋朝已形成一定规模的"假日经济"，它是促进宋代商业经济的繁荣，促进宋代物质文化发展的重要原因之一，使宋代进入一个前所未有的富庶、繁华、科技先进的时代。

宋朝处于中国古代社会岁时风俗发展承上启下的重要阶段，宋代岁时风俗集历代风俗之大成而达到鼎盛期，当时著录宋代岁时风俗的古籍、志书很多，如《东京梦华录》《岁时广记》《梦粱录》《武林旧事》《都城纪胜》《西湖老人繁胜录》《事林广记》等古籍中均有详细记录宋代岁时节日的内容与规模。尚有一些未见记载或散佚的，是学术界公认的研究中国宋代社会生活与宋代民俗的重要史料。这些宋朝岁时礼俗涵盖衣、食、住、行、游等各个方面，其市井风俗逐渐形成，节日文化丰富多彩，对后世产生深远的影响。

（二）宋代岁时节日服饰的文化价值

张紫晨在其所著《中国民俗与民俗学》一书中指出："婚、冠、寿、丧除本身的礼仪等风俗外，大多在服饰上有所表现。"从宋代流传下来极为丰富的民俗风物资料、笔记小说来看，其中有关服饰礼俗就占有相当多的内容篇幅。笔者研究《东京梦华录》《岁时广记》《梦粱录》《武林旧事》等古籍文献史料发现，南宋基本延续了北宋的礼仪习俗和生活风尚，岁时礼俗与服饰的密切关系可见端倪。尤其南宋岁时节日服饰有别于日常服饰，多穿画金刺绣的华衣，竞相簪戴节令饰品，具有鲜明的岁时节日表征与时代特质。笔者对古籍文献、传世图像和出土实物史料进行梳理，回溯宋人物质与精神文化生活，归纳与提炼宋代岁时节日服饰的文化价值，主要有以下三个方面。

1. 信仰民俗的文化价值

《东京梦华录》中记载：北宋皇宫在除夕举行驱鬼逐疫的大傩仪，农历

---

① 吴钩. 宋：现代的拂晓时辰 [M]. 桂林：广西师范大学出版社，2015：5、60-61.

十二月二十九或三十日夜晚皇宫里响彻如山呼般的爆竹声，就连皇宫外也能听见。大傩仪上，皇城亲事官、诸班直的人都戴着假面，穿绣面色衣，手持金枪和龙旗，教坊其他人扮演不同角色，共千余人参与仪式，自禁中驱祟出南熏门外转龙湾，谓之"埋祟"①。百姓人家则围炉"守岁"，彻夜不睡，在年节里皆穿新衣。

《梦粱录》中记载：南宋除夕又谓之"除夜"，士庶家不论大小家，都要洒扫门闾、去尘秽、净庭户、换门神、贴春牌、祭祀祖宗，遇夜则备迎神香花供物，以祈求新岁平安。禁中除夜呈大傩仪，皇城司诸班直戴假面，穿绣画杂色衣装，手持金枪、五色旗等，与教坊其他人自禁中驱祟出东华门外转龙池湾"埋祟"而散。后妃、诸阁又各进岁轴及珠翠百事吉、利市袋、小样金银器皿，并随金钱分赐亲王贵邸、宰臣巨珰②。不论士庶贫富人家，年节里皆穿新衣，围炉而坐，酌酒唱歌，整个夜晚"守岁"不眠。《梦粱录》又记载："虽至贫者，冬至这一日，更易新衣，办备饮食，庆贺往来，一如年节。"正月十五日元夕节"巧制新装，竞夸华丽"。"除旧迎新"是中国人新年节日里亘古不变的礼俗，即便是家境困难的人也会用积攒的钱，甚至借钱，在新年换上一身干净的新衣裳。

仲春民间兼有驱傩、祈雨、止雨、社火的表演。如图1所示，驱傩拍板又击鼓，有头上倒扣竹畚箕并执帚者、执焦扇者、佩爆竹筒者、头插花树枝者等12人。其滑稽的服饰及道具装扮的外表下，不仅有强烈的厌胜驱邪祈求，也不乏求雨的动机，时间则在仲春时节③。据笔者的研究，图中的驱傩人很有可能是将祈求与社火合而为一，画中人物看似散乱，实则有其严谨的次序队形，除穿着水红褙子的女性，其余人无论作何装扮，一律腰系红色汗巾。古代常用红色的火驱兽，驱傩人腰系红色汗巾，跳动时如同红色火焰般驱邪避魔，这与远古的驱傩是一脉相承的。传世图像将"驱傩祈福"的岁时习俗描绘记录，证明了宋代承续传统岁时习俗，且绵延至今不衰。在中国人眼里，红色能给人安定和幸福感：过年挂红灯笼，贴红色对联，挂红色中国结，点燃红色的鞭炮，穿红色服装来表达新年喜庆、红火的美好寓意。

---

① 孟元老. 东京梦华录 [M]. 侯印国，译注，西安：三秦出版社，2021：1-148.

② 吴自牧. 梦粱录 [M]. 傅林祥，注：济南：山东友谊出版社，2000：1-77.

③ 黄杰. 宋画中的信仰民俗研究 [M]. 杭州：浙江大学出版社，2020：65.

图1 [宋]佚名《大傩图》（故宫博物院藏）

"芳艾香囊身佩戴，辟邪祛病祈安宁。"香囊这一节物有着悠久的历史，据《礼记》记载汉代未成年的男女佩戴容臭，即香囊。《岁时广记》引《岁时杂记》提及"端五，以赤白彩造如囊，以彩线贯之，搐使如花形，或戴，或钉门上"[①]。《梦粱录》记载："以五月五日佩赤灵符挂心前，今以钗符佩戴。"香囊内容物几经变化，从驱邪的灵符、钗符、铜钱，发展为避瘟疾而采的百草或修制药品制成的香料；不仅外观造型各异、制作精致，而且根据小孩或老年人来配置不同的内容物或适宜的香料，它是端午节特有的服饰节物。佩香囊这一传统节令习俗绵延至今，蕴含着先人的造物思想和艺术智慧。

2. 师法自然的文化价值

作为以农耕文明为基础的中国传统文化，其岁时礼俗中的服饰流光溢彩，其纹饰设计效法天地间的自然景观，应令应景。早在南北朝时期，中国古人已有"簪燕示春"的先例；至宋代，立春头戴彩燕成为风俗。除了燕子外，宋人还有以鸡形作为迎春之饰的风俗，其名曰"春鸡"或"彩鸡"。鸡在古代文化中象征着驱逐邪祟，元旦为鸡（吉）日[②]，宋人用鸟羽粘缝出春鸡和春燕，系缚在簪钗之上，插于两鬓，寓意迎春神、祈求风调雨顺。簪戴"彩鸡缕燕""闹蛾扑花"象征春天到来，蕴含师法自然的服饰造物思想。

---

① 陈元靓. 岁时广记 [M]. 许逸民，点校，北京：中华书局，2020：426.

② 陈芳，蒋玉秋，张玉安，贾玺增，王子怡. 粉黛罗绮：中国古代女子服饰时尚 [M]. 北京：生活·读书·新知三联书店，2019：212，232.

南宋吴自牧撰写的笔记小说《梦粱录》记载：当时南宋"清河坊蒋检阅家，点月色大灯泡，光辉满屋"，元旦、元宵节妇人佩戴大如枣栗的、灯笼状的饰品，与热闹的节日风景交相辉映。正月十五上元夜妇女们赏灯看月，尽兴游玩，皆戴珠翠而衣尚白，谓之"夜蛾"，尤其是簪戴"闹蛾扑花"作为应令的装饰，在宋代已成为一种风尚。

宋人按时令节日穿着服装，佩戴饰品，礼与俗互相调适，体现宋代服饰的实用功能、审美旨趣、艺术智慧等文化价值。夏至日，男女常常摘楝叶插于两鬓，以彩丝系臂，谓之"长命缕"。立秋日，女子及儿童戴楸叶，将楸叶剪如花样，插于鬓边，就连禁中宫姬也效仿民俗将楸叶插于鬓边，以象征秋意时序。宋人别开生面地将时令花卉、草虫斜插于发髻上，寄托美好寓意，不仅象征着与此花卉、草虫相应的季节和节日的来临，还释放祈求生活安康祥福的情感。

3. 备物致用的文化价值

宋代上层社会或官方舆论层面的观点很大程度规约了宋代社会各阶层的造物规范，倡扬足用，推崇节俭，反对奢侈浪费，在装饰方面不浪费过多精力，并据此反对中唐以后绮靡浮夸的艺术风格[①]。宋朝统治者对社会各阶层的服饰做了极其严格而具体的法律规定，包括服装式样、色彩及制作材料等方面。然而，官方的法律规定在繁荣的商品经济冲击下，直接或间接地遭到破坏，市民们不仅公然穿戴违禁衣物，而且在市场上公开销售违禁服饰，甚至还将其列为婚嫁时必具的彩礼[②]。

据宋时文献记载，宋朝服饰风尚在日常较为简朴。然而，宋人在岁时节日里穿新装、戴珠翠，却蔚然成风。宋代岁时节日里，妇女对外出的服装样式、质料及色彩都会做一番精心选择，穿着华丽服饰蔚然成风，较为典型的是竞相媲美的"领襟秀"。在《东京梦华录》里就记载了"如马行、潘楼街，州东宋门外，州西梁门外踊路，州北封丘门外及州南一带，皆结彩棚，铺陈冠梳、珠翠、头面、衣着、花朵、领抹、靴鞋、玩好之类"。由文献记载可知，宋人对领抹的需求量很大，不仅在专门的商铺有出售，还有一些流动小贩沿街吆喝售卖，这在很大程度上促进了宋代花边制作行业的兴盛。根据上文可知领抹可单独售卖，以及根据宋墓出土的一大批未经缝缀的花边推测，领抹很有可能是可拆卸、可替换佩戴的，起初可能是针对磨损程度较高的部位，方便拆卸后缝缀新的花

---

① 丁杰，马姗姗. 两宋造物艺术之审美趋向 [J]. 惠州学院学报，2014（5）：98-103.

② 徐吉军. 南宋时期的服饰制度与服饰风尚 [J]. 浙江学刊，2015（6）：27-33.

边。或有可能在日常简朴的服装上缀饰富丽装饰感的花边，以备在不同时令来佩戴不同装饰纹样的领抹[①]。研究推测：单独的领抹有可能是宋人为了"合理"穿着违禁衣物的创新设计，人们遵照法律规定穿着式样简约、色彩清丽的服装，但在领抹上追求讲究的工艺，采用泥金、印金、贴金、彩绘、刺绣等缝制装缀名贵富丽的花边。如图2所示，宋代女服整体简约素雅、局部缀饰精美的特征尤为显著，反映了宋代服饰的艺术智慧与备物致用的造物思想。

图 2　紫灰色绉纱镶花边窄袖褙子（福州新店南宋黄昇墓出土）

三、文旅融合视域下岁时礼俗与服饰文化互动路径

我们每个人的生活都离不开礼俗，各个历史朝代有各自时代所属的礼俗，古代尚有采风问俗之举，用以体察时政。当代应该客观地认识中国传统礼俗中的良俗与陋俗、良习与陋习，面对良莠并存的习俗，破立并举，剔除诸如巫术、缠足等陋俗与陋习，摒弃传统文化中糟粕、迷信、奢侈等不文明的礼俗，去芜存菁，传承中国优秀的传统服饰文化。宋代岁时节日服饰蕴含丰富的文化价值，具有独特魅力和时代风采。宋代服饰的人文之美、精神之富足应当得以传承与传播。本研究提出宋代岁时礼俗与服饰文化在新时代的"活化利用"与"礼俗互动"两大路径，为推进文旅革新与深化寻找新的突破口和发力点。

（一）活化利用，提升宋韵文化传播度

2023 年 6 月，一则杭州西湖边"卖花姑娘"视频在网络上引起了大众的关

---

① 卿源，梁惠娥. 宋代服饰"褙子"的形制及其功能考释 [J]. 丝绸，2021（5）：86-93.

注和点赞。视频中,卖花姑娘一身宋制服饰,手摇团扇,身后背了装着荷花的箩筐;卖花郎则是唐时装扮,扁担一头担着一筐含苞待放的荷花,一头挑着雨伞、灯笼和杂物箱。两人与路人问答,向路人送荷花、送祝福,在西湖边开展"挑一担夏天"的公益活动,寓意"好运莲莲(连连)"。

插花艺术的流行对宋代服饰审美产生深刻的影响,宋人簪花不仅是一种风尚,也是一种社会礼仪活动,在《水浒传》中就有"翠芙蓉"的描写。西湖边的这场公益活动成功唤起了大众对中华优秀传统文化的关注,古代卖货郎与卖花姑娘的形象走入现代都市中,让西湖边的夏天拥有别样的浪漫,这是一份独属于中国人的浪漫,是民族的精神支柱与价值体现,是中华传统服饰文化与当代民众生活相联系的鲜活案例。

可见,只有当宋服从博物馆"走出来",活化利用其文化资源才能充分发挥其文化价值,以及服饰美学、生活美学精神层面的价值,这两方面是互为作用、互相促成的。李杰教授认为:充分发挥在杭媒体资源优势,整合各媒体的宋韵传播基本经验和人才队伍,集中力量打造"活动+节目+直播"的融媒传播主阵地,形成跨界爆款节目。通过电视、报刊、广播、公众号、网络视频等不同渠道同时发布,以不同视角立体呈现宋韵的精彩,从而全面拓展与集中展示浙江宋韵文化,提升宋韵文化的辨识度。

(二)礼俗互动,推进文旅革新与深化

近年来,"礼俗互动"成为学界进一步理解与认识中国社会的学术范式与实践路径。"礼"与"俗",作为一种思维观念及社会现象,从古至今皆贯穿于民众的生活实践当中,并在国家政体与地方社会的运转中作为连接机制发挥着重要的作用[1]。而"礼俗互动"则较为全面地阐释了这一机制的生发运转,故将"礼""俗"作为分析工具,以"礼俗互动"视角切入,对于全面理解中国与地方社会大有裨益。探索以宋代服饰文化为"基石"、以岁时节日为"纽带"、以礼俗互动为"突破口",全方位、多层次推进文旅融合的创新发展。

第一,以宋代服饰文化为"基石"。以中国丝绸博物馆、浙江理工大学丝绸博物馆等丝绸专业博物馆为宋代服饰文化历史传播基地,与国内外博物馆、文博公司、文化企业进行合作展陈宋代服饰,联合打造精品陈列展览,克服相关文物不足的尴尬;在社会教育方面,可以和当地大学、电视台、文艺院团、

---

① 李涵闻.礼俗之别:中西礼俗在澳门的互动研究[J].文化遗产,2022(2):43-50.

科协、共青团、少年宫、文化馆、新媒体等进行合作，扩大社会教育的覆盖面和影响力；在学术研究方面，主要是与"宋韵文化研究传承中心""杭州社科联（院）南宋史研究中心"、社科联、社科院、高校加强合作，不断提高学术科研的成果转化率，传播中华优秀传统礼俗文化。

第二，以岁时节日为"纽带"。宋制服饰是宋韵文化显性的物化载体，能够直观呈现、活化展示宋韵文化。在传统岁时节日里，身穿宋制服饰信步于宋韵文化遗址遗迹，使游客的旅游体验更有文化代入感。因此，倡议复原宋代岁时节日中的优秀传统礼俗，特别是春节、元宵、端午等大节，在"德寿宫遗址""八卦田遗址""南宋官窑""南宋御街"等历史文化遗址，组织宋韵文化活动，再现南宋风情，让人们领略宋代文人的雅趣。以岁时节日串联起精彩的、优秀的礼俗活动，不仅具有文化性、体验性，更能增强人们对华夏文化的情感认同和文化自信。

第三，以礼俗互动为"突破口"。"宋韵文化传世工程"是聚点线为面，着眼传承宋韵文脉，整合历史资源，推进实施宋韵文化和南宋文化理论研究、宋代历史文化遗址考古发掘、宋韵文化遗址保护展示等六大工程，做好宋韵文化新时代的传承和传播，全面统筹服、饮、居、赏、游，向世界展现独具魅力的宋韵文化精神内核。杭州历来就有特色文化活动"西溪花朝节"，以及近年培育的"宋韵文化节"，倡议建设一系列可供市民深度体验琴、棋、书、画、诗、酒、花、香、茶、服的宋韵文化场景，营造宋韵文化氛围，革新走马观花地跟团逛景点，取而代之的是具有宋代美学品位的"衣食住行用"空间与历史交互体验。通过举办宋韵文化沉浸式体验、宋服盛典等活动，开发具有宋代美学的服饰文化产品，打造具有影响力的宋韵文化活动和宋韵文化 IP 品牌，一旦具有影响力，就可以沉淀下来成为宋韵文化符号，进而打造"一城一品"的宋韵文化"金名片"。

四、结语

宋代服饰既继承了传统文化，又蕴含宋代独特的创新与发明，无论是在服饰形制还是在制作工艺上都已臻成熟，其造物水平达到了新的高度，具有很高的艺术价值。宋代服饰是我国传统服饰史中的一颗璀璨明珠，在中国服装史上占据重要地位，对宋代以后的服装产生很大影响。

通过对出土实物、传世图像和古籍文献等史料的爬梳剔抉，提炼宋代岁时礼俗中的服饰文化价值——师法自然、备物致用等，以及重要的文化史方面的价值。循以宋代服饰的人文之美、精神之富足、时代之发展讲好"宋韵故事"的思路，本研究提出宋服文化资源的活化利用与传播、岁时礼俗与服饰文化的礼俗互动两大路径。以宋服文化为"基石"、以岁时节日为"纽带"、以礼俗互动为"突破口"，聚点为线、聚线成面，全方位、多层次推进文旅融合的创新发展，全面拓展与集中展现宋韵文化的独特魅力和时代风采。

当代"三孔"景区文化旅游开发研究

张先京[①]　魏傅平[②]

摘　要： 文化旅游，自诞生之时便拥有着两种不同的矛盾结合体，随着社会关于文化旅游的热度越来越高、人们对于文化传承的重视加强，政府也设立了专职机构，多次制定法规来加强对于古文化遗迹的保护与修复。但在一派欣欣向荣的繁华景象中，文化旅游产业所出现的问题暴露于水面：经营中出现了大量弊端且短时间内难以改变；文化旅游的景区特色挖掘不够，实际上是文化资源缺乏更广更深的发掘；宣传力度不够大，因为文化旅游产业的投入不足或者说是缺乏创新，导致不能形成严格的宣传机制，且宣传的角度缺乏新颖的创想，于是受众层面狭窄了许多。"三孔"经营模式作为一股文化旅游产业上的新势力，以其独特的创新性和强大的历史传承能力，为中国的文旅行业注入了新鲜血液，并且替中国文旅做了一个良好的范本，让孔子这一庄严而深厚的历史文化形象，更加地深入国人的心中，并深深扎根，也为行业提供了新的发展模式。

关键词： "三孔"景区；文化旅游；文旅产业

一、当代旅游行业三个社会趋势

随着互联网的发展，宣传方式变得更加多元化，人们可以从各种不同的网络平台中获取大量资讯，为文化旅游产业的强势崛起提供了先行条件，开辟了文化旅游产业发展的新局面、新趋势。

（一）当代产业融合的趋势

"旅游"及"文化"是当今世界趋势下重要的朝阳产业，这两个产业相互融合，在某种程度上极大地推进了我国的产业升级，对于以工农为基础的经济结构的转型起到了推动作用。早期旅游业作为第三产业中的重点扶持产业，因为缺乏文化内涵的加持以及社会经济发展的局限性，并未达到预期的发展目标。随着之后"黄金周"制度的确立，国家批准了大量国家级5A景区建立。再到后来，国家设立了中国旅游日，依托巨大的人口红利和丰富深邃的历史文化内涵，更加重要的是国家政策上的大力支持，中国文旅产业逐渐发展并且形成一定规模

---

① 张先京，云南艺术学院民族艺术研究院硕士研究生。

② 魏傅平，山东艺术学院艺术管理学院硕士研究生。

和基础。例如"十四五"期间，济南市将推动文化和旅游业发展方式从资源驱动向产品创新、绿色发展、服务提升驱动转型，产业形态从项目建设向集群发展、全域协调方向转型，实现产品、服务、管理、环境等全方位品质提升，2025年实现旅游年收入突破1700亿元，年接待国内外游客达到1.3亿人次以上。在一轮又一轮的产业更新和升级的基础上，文化旅游产业无论是在规模还是在效益上，为中国文化建设带来的促进和推动作用都是不可小觑的。旅游行业不再只是文化的衍生品，文化也不再仅仅是旅游行业的补充，文化旅游一跃成为国家发展的新热点，打破了各种产业相隔千里且老死不相往来的局面。

当前，文旅行业作为一个朝阳行业，极大地促进了旅游行业的发展，进而带动了区域性经济的迅猛发展。文化旅游行业不仅仅是自身的融合，更加带动了相关产业链的融合，在产业大融合的背景之下，为我国的经济提供源源不断的增长点。

（二）各种体验业态相结合的趋势

文化旅游产业强势崛起，各种各样新兴的体验方式在许多场景中被推广并大量使用。这一切依托于文化体验方式的革新，文化体验形式的多样化并不仅体现在文旅行业中，在其他多种业态也有大量的体现。例如用VR眼镜体验先进的体感捕捉游戏，还比如用更加引人注目的4D电影来加强观众的视觉感受，使观众体验到一种身临其境的感觉。文化体验实质上是通过不同的媒介方式，来获得审美上的愉悦感，进而丰富个人的精神世界。

在文化旅游业中，依托着这种时代背景，在多方面体验中的业态获得了切实加强。例如温泉旅游中有"温泉＋大型会议"及"温泉＋中小型会议"两种模式。如九华山庄敏锐地看到了北京地区庞大的会议市场，充分利用温泉的康体疗养价值与休闲整合效应，来促进温泉旅游行业与会议相融合、工作和度假业态相融合，实质上是在关注人们的文化体验之外，注重当今社会不同的体验之间的积极尝试。随着互联网时代的发展，科技水平急速提高，人们文化体验的方式也逐渐由当初单一的视觉听觉审美转变为现在全方位、多体感、沉浸式的体验业态，例如故宫就曾推出过"VR"游故宫，使人足不出户就能品味故宫悠久的文化历史。文化旅游行业也就是在这个时代背景下，呈现了强势崛起的局面。

（三）传承优秀传统文化的趋势

传承优秀的传统文化实质上就是从历史角度来挖掘当今人们对于不断增长

的精神文化需求。当今社会营造了继承优秀传统文化的社会氛围，"在发展中继承，在继承中发展"，保护优秀的传统文化也就是保护住民族之魂。各级政府也采取了倡导和尊重的措施，鼓励各个民族尊敬彼此的文化，也在加大对传承传统文化的经费投入。为支持"非遗＋旅游"的模式，国家投入了大量资金，例如对于曲阜"三孔"景区的全面修葺，国家先后拨款了3000万元人民币，对于景区旅游资源的修复起到了极大的作用，新老景点交相辉映，成为中外文化旅游的胜地。

当今，国家对于优秀传统文化的大力支持，以及全社会上下形成的继承发展的社会氛围，为文化旅游业的发展提供了新的动力。

二、当代文化旅游产业发展现状

2020年开始，国内文旅行业受到前所未有的巨大冲击。因为防疫的需要，线下游客的数量急剧减少，加上疫情之下全球经济的倒退化浪潮，我国文化旅游显疲弱之态。但在国家的良好管控以及政府对于文化旅游行业的补助和扶持下，国内旅游市场逐渐开始了缓慢恢复。在一年的大力恢复下，到2021年底，中国的国内游逐渐开始复兴。尽管如此，相较于2019年文旅行业如火如荼的发展，仍有不小差距。

（一）周边游出现火爆的业态

受到疫情的影响，出于社会健康保障的目的，游客选择出行的目的地随着防控的范围改变而改变。在寒暑假及节假日等旅游高峰期，中小学生以及成年人尽量选择近郊出行或者说是省内跨市旅行，国内游客的出行活动半径也大大缩减了。"两小时""三小时"的出行渐渐成为旅游行业的主力，都市清闲游、本地休闲游逐渐成为人们的第一选择。虽说成本并不高，但可以在一定程度上满足人们的文化需求和旅游欲望，人们对此十分青睐。

短距离旅行十分火热，它虽然对当地的旅游行业起到了一定良好的刺激作用，但许多问题也随之暴露出来：景区的创新力不足，多业态、多环境的行业整合力不足，旅游产品也逐渐地陷入了一种同质化严重的局面。相关产业负责人应该从顾客需求出发，以创新为主导，迎合当下大众喜闻乐见的文化产品需求，挖掘景区的市场潜力。

（二）文旅产业将和区域性的发展紧密结合

以江苏省为重点例子进行讨论，在2021年初，江苏省人民政府就已经发布了《江苏省国民经济和社会发展第十四个五年规划和二〇三五年远景目标纲要》。它在内容上明确为了深入实施国家区域的发展战略，推动协调长三角一体化发展，促进区域联动性发展，提出要大力建设发展"面向长三角地区的休闲旅游和康养产业，共建环太湖生态文化旅游圈"。在其他七大经济区中都提出了类似的发展战略报告，在这个过程中文旅成为推动经济发展的"香饽饽"。文化旅游产业的发展，实际上能加强区域的凝聚力，促进相关产业链的迅猛发展，缓解就业和经济发展瓶颈等问题。

（三）部分旅游资源存在开发不当的局面

我国因为文化悠久、具有多样性以及国土广袤的原因，拥有着世界上较为丰富的旅游资源。其中旅游景区的数量达到了数万之余，但现在已经具备接待国内外游客能力的景区，仍旧不足 1/5。旅游资源开发的不全面以及规划上的错误，导致了许多引人入胜的旅游景点仍旧呈现一种无人问津的状态。

例如山东省济南市的某风景名胜区，将美丽的峡谷改成了人造景点，原来原生态山路被迫修改成了水泥质地的硬质地面，看起来和整片风景区格格不入。后来该景区为了经济效益，放宽了进山开山取石的政策，导致了山体破坏、绿色植物资源破坏，如遇暴雨天气，裸露的山体极容易发生泥石流和塌方的危险情况。"啃山毁绿"状况实际就反映出了我国个别景区旅游资源开发不足，并且规划不当的问题，其实也包含了文化旅游配套基础设施极为落后的问题。交通不方便、酒店不卫生而且难以入住、相关的游乐设施较为落后，这都属于当前我国文化旅游资源开发不当的问题。若不及时进行解决，会对整个行业带来影响。此外，发展资金链的短链、融资渠道的单一、相关法律法规的不健全，都会引起文旅行业上的矛盾。"十一"黄金周期间，一游客在某地吃大排档，结账的时候发现大虾不是 38 元一份，而是 38 元一只。事后因投诉无门将此事发布到微博，引发全国舆论关注。众所周知的"38 元一只大虾"事件，实际上就暴露着相关法规不健全、行业中管理不当的问题，这些都必然导致该地区旅游口碑下滑，进而影响收益，严重来说也可能影响整个区域文化旅游业的长足发展。

三、"三孔"景区发展的优势劣势

"三孔"景区是世界级的文化旅游资源，该景区包含着孔庙、孔府、孔林，是历代纪念孔子、儒客朝拜的圣地。"三孔"景区作为山东旅游形象的宣传名片，对山东旅游资源的开发和宣传具有极为重要的意义。"三孔"景区拥有得天独厚的文化底蕴，拥有着省政府的支持政策，也拥有着通达的交通，被联合国教科文组织列入世界文化遗产名录。"三孔"作为一种文化的象征，如磁石一般吸引着各界人士来此进行观光考察，并且吸引各地的炎黄子孙纷纷来祭拜。虽然"三孔"具有先天的优势，可以获得很大的经济效益和知名度，但远远没有达到期望中的高水平。"三孔"景区面临一种名气与文化旅游资源极不匹配的尴尬局面，并在与其他景区的竞争上处于落后，管理水平和产品创新度较低，并没有摆脱传统景区的同质化效应。

（一）优势

"三孔"景区的良好发展，首先在于它独特并且深厚的文化资源，具有一种精神上的象征意义，这个独特的信仰上的加持是其他景区比拟不了的。其次是在于它良好的区域地理优势，交通运输较为发达，拥有较强竞争力。可谓是天时、地利具备。

1.四通八达的交通网

公路：曲阜全市公路通车将近 1500 公里，拥有四条高速公路：104 国道（起点北京，经济南、徐州、南京、杭州，到达福州，全长 2420 公里）、327 国道（起点为山东菏泽，终点为江苏连云港）、京台高速公路（简称京台高速，是中国国家高速规划中一条纵向主干线）、日兰高速（连接日照和兰州，曲阜为重要节点）。

高速铁路：京沪高铁是国家"八纵八横"高速铁路网络的重要组成部分，曲阜东站是京沪高速上的枢纽站。

航空：距离济南遥墙机场只有 160 公里，到济宁曲阜机场有专线公路相通。

从地域性发展来说，曲阜市位于山东省三大经济圈之一的鲁南经济圈腹地。它连接着华北和华东地区，也连接着沿海城市和内陆城市，周围拥有极为广阔的消费市场，具有十分巨大的消费潜力和经济优势。这一地理优势为曲阜大力发展旅游经济以及培养外向型服务型经济提供了无可比拟的优势。随着国民经济的快速增长，曲阜市也逐渐对文化旅游产业加强重视，扩大招商引资，优化旅游产业结构，并且对文旅相关产业的整合提供了便利。便捷的交通、发达的经济区带来的广大旅游市场，为"三孔"景区的长足发展提供了良好条件，吸引了世界各地的游客。

2. 对旅游资源有相当强的垄断性地位

孔子思想中理想化的道德体系建构和对个人的道德要求，恰恰适合于当下的社会语境，这一点也得到了世界各国有识之士的认同。从政治的层面上来说，孔子的思想对于世界道德的架构具有非常重要的意义。从民族精神层面上来看，孔子的思想对我国民族精神的凝聚，以及促进人民团结奋斗，发挥了至关重要的作用。

"三孔"景区中的孔庙，作为中国三大古建筑群之一，拥有粗朴的风格和威严的地位，又被称为"至圣庙"，是中国古代封建王朝祭祀孔子的礼制庙宇，也是一座具有东方建筑特色、规模宏大、气势雄伟的古代建筑群，被建筑学专家梁思成称为世界建筑史上"唯一的孤例"，在世界建筑史上占有重要地位。孔庙是中国现存规模仅次于故宫的古建筑群，堪称中国古代大型祠庙建筑的典范。

"三孔"景区中的孔府，又称"衍圣公府"，位于孔庙东侧，是孔子嫡系长期居住的府第，也是中国封建社会官衙与内宅合一的典型建筑。孔府因恢宏的气势、雄伟的建筑、深厚的文化底蕴、崇高的社会地位，获得了"天下第一家"的美誉，并且享誉全世界。

"三孔"景区中的孔林，源于一则传说。孔子的弟子子贡因为担心后人找不到孔子的陵墓进行祭拜，于是在该地种下了一片楷树，时间一久变成为了郁郁葱葱的孔林。历朝历代，孔林总有一些传说层出不穷并时常流传在人们口中，时间一长便成为历史文化中的一部分。

"三孔"景区作为儒客朝拜的圣地，对历朝历代都有十分重要的时代意义。以孔子为代表的儒家思想作为上千年中华传统文化的结晶，远播海外，为人们所熟知。曼汉姆先生作为诺贝尔奖获得者，在巴黎发出的报道开头第一句话是"人类要生存下去，就必须回到25个世纪以前，去汲取孔子的智慧"。这可以见得孔子的智慧与思想不仅是我国的宝贵历史文化遗产，更是世界的精神财富。"三孔"景区不仅是一座5A级景区，还是中国封建礼教文化的代表、中国正统的儒家文化精神的代表，也是中国园林艺术在古代时期达到顶峰的标志，更是中国传统墓葬礼仪文化的标签。作为无与伦比的集大成者，"三孔"景区在文化旅游资源方面上近乎有着垄断性的区域优势，形成了具有自我特色和魅力的文化旅游产业，成为中国不可或缺的文化符号，拥有着巨大的潜在资源，吸引着世界各地的人前来参观旅游。

（二）劣势

"三孔"景区的优势突出，劣势也十分明显，重点体现在景区缺乏对于年轻人的吸引力以及缺乏更合理的开发和管理。

1. 景区缺乏吸引力

"三孔"景区主要是以墓葬文化、古庙集群文化以及古代建筑风景园林区为主的文化著称。在景区中，呈现的是石碑、庙堂、古树等庄严肃穆的场景，虽然拥有极高的历史文化价值以及审美价值，但由于距今久远，所产生的年代的割裂感较为严重，一眼望去都是单调单一的景观，年轻人缺乏对于儒家文化的深入认识，特别容易产生审美上的单调感，并且难以理解真正的文化内涵，所以很难形成审美共鸣和思想上的共振。优秀的传统文化需要结合当今的时代特色，进行更加优质的历史传承，并且将孔子的核心思想"仁、义、礼、智、信"深深植根在每一位游客的心中。面对这种局面，更需要进一步的探索。

2. 景区缺乏更合理的开发

"三孔"总占地面积 234 万平方米。随着近年来孔子文化的复兴热潮，越来越多的游客前去进行参观，并在此驻足观赏。"三孔"景区并不像其他地区的文化旅游景区拥有十分广阔的空间，所以在节假日以及旅游的旺季，景区呈现一种人山人海的景象，人群摩肩接踵，对于两千多年的历史文化遗迹有很大的伤害。而且在这个拥挤的过程中，游客的观感比较差，对于景区内的名胜古迹的参观犹如走马观花，在文化审美感知层面上的获得也大打折扣。景区的千年石砖地也在游客的不停踩踏下下沉，景区内的树木也被游客乱涂乱画，对于千年石碑的反复抚摸也使得宝贵的文化遗产遭到破坏。随着人群的流入，景区内的观赏意境和呈现的文化氛围遭到破坏。

这个现象背后呈现的实际上是景区的管理不当和开发的不合理，首先应该率先保护历史文化遗迹，进行专项拨款来维护旅游资源，并且对于古建筑要精心呵护并隔一段时期派遣专业的文物修复人员进行维护。虽然"三孔"景区拥有着政策上的大力扶持以及得天独厚的优势，但在管理和维护上仍旧存在漏洞。例如有游客反映，景区有的服务人员专业素质并不高，会与游客产生矛盾，导致了景区旅游口碑下滑。有的讲解人员不专业，让景区游客难以理解和消化这源远流长的历史文化，旅游体验大打折扣。因此，提高景区工作人员的服务质量和文化素质也显得尤为重要。"三孔"景区要想实现实质性的开发与突破，需要从整体上挖掘和合理开发景区资源。

四、"三孔"景区的开发策略

当代,旅游产业的发展需要制定更合理且具有前瞻性的发展策略。这不仅需要文化旅游产品项目上的全面改革与升级,更需要在文化旅游的氛围上进行提升与改善。

(一)开辟线上"云旅游"的运营模式

当代"云旅游"并不是作为一种单一的文化运营模式而存在,而是在不同业态相融合的背景下进行的,实际上是利用互联网技术将"线上"和"线下"结合,使游客在数字化设备中随时随地获得感官享受和文化体验的过程。疫情,防控策略加强,文化旅游产业遭到冲击。在这种危机之下,催生了"云旅游"的游览方式。"云旅游"具有多元化、实时化、趣味化的特点。这些优势让它与传统文化旅游产业相比,具有一些竞争力。

"三孔"景区要想在互联网时代让游客得到更加深刻的体验,互联网与景区相结合的"云旅游"不失为一种良策。例如河南洛阳举办的"牡丹文化节",开辟了一种新兴的赏花模式:"云赏牡丹·花开满屏"大型直播活动,在将近二十个网站平台进行播放,游客可以在家中足不出户欣赏牡丹花与洛阳王城公园的风采。最近一段时间,也有不少的景区观赏活动也纷纷在抖音、快手平台进行,"云旅游"方式越来越火爆,也将更多的文化以便捷的方式带进千家万户。"三孔"景区可以借鉴这种模式,利用专业的航拍、轨道加摇臂、摄像师和设备,无死角地为游客呈现更清晰的视野,让游客加入互动使其更有参与感,让游客在家中就能游览伟大的古建筑群和历史悠久的碑林,还有威严庄重的庙堂;配上甜美的专业解说声音,可让游客沉浸在景区提供的文化氛围中,获得更多的精神体验。"云旅游"中也包含虚拟旅行、VR 游览、网络看展等活动,通过互联网和景区的结合,搭建长效并且传播性更强的平台,可适应更多游客的多元化需求,深入挖掘景区的文化资源优势。

(二)积极开发更加拥有娱乐性的产品

当代文化旅游产业不该是一味地进行文化上的说教形式,应该以简洁易懂,且具有娱乐性的方式吸引游客,因此推动文化旅游产业升级至关重要。曲阜"三孔"景区在近几年推陈出新,推出具有新奇样式和具有更强娱乐性的文化创意产品。例如在国庆期间,"三孔"景区开始售卖具有大成殿样式的雪糕,还有具有复古风格并且充满趣味性的孔府家书,这些传统文化产品满足了各个年龄阶段游客的文化需求，既让游客更好地了解"三孔"景区源远流长的文化历史，也增加了游客在旅途中的玩乐性，以达到更好的审美层面上的放松。在完善现在已有的文化资源的基础上，也应该充满人文主义的意味，将庄严肃穆的景区传统历史文化赋予新的时代意义和更深层次的文化内涵，尊崇优秀历史文化，也要在其中进行改革创新，这样不光能满足人们的精神文化的需求，也能加强人们对于民族文化的了解，以便更好地传承，并且在社会上形成优秀的核心价值观念。

（三）进行资源保护性开发策略

在文化旅游兴盛的当代环境下，曲阜"三孔"景区需要保护好现有的文化旅游资源，要尽可能地维护现状，不能进行过度开发，保持原有古建筑格局完整和体制完备是必要的任务。精心的维护景区内文物的完整性，防氧化，抗磨损，要全心全意守护这个人类文化的重要宝藏。

"三孔"景区的古建筑群是文化精神的重要载体，也是古代建筑艺术达到一个较高水平的标志，但因为其年代久远，千年的风吹雨淋容易将建筑结构磨损，尤其在木制的结构区，存在虫蛀和酸雨侵蚀的现象。在大量游客的踩踏下，脚下的石板路容易出现下沉而且土壤板结的状况，时间一长，千年古树深扎在土壤中的树根获取养分不够，容易干枯和凋零。个别游客喜欢在石碑和庙堂的墙上刻字来彰显纪念性，导致了墙皮脱落，墙体受损，对于学术的参考以及古迹的保存有很大影响。设立专门的考古修复人员，定期将石碑、庙堂、古树，以及路面进行有体系有规模的护理，利用相关专业人才，定期去修缮整个景区中宝贵的文化旅游资源。进行资源保护性开发战略，重点保护文化景区的完整性、真实性，也是吸引游客前来游览的策略。

（四）节日效应的强化

2021年，中国国际孔子文化节荣获"中国优秀当代节庆"荣誉称号。孔子文化节是一项集文化、政治、学术、经济为一体的重要节日，每年吸引上百万来自全球各地的儒学的信仰者前来进行文化旅游和圣地参拜，儒学发展应更好地服务世界安宁、服务人类和平，为解决当今世界的复杂问题难题，为构建人类命运共同体、开创人类社会美好未来而有所作为、有所贡献，也在一定程度上提高了民族的凝聚力，促进社会和谐稳定，以及对山东的经济文化建设起到了推动作用。中国曲阜孔子国际文化节的内容丰富多彩，为人们提供了更多的文化体验，比如举办孔子游学游、孔子拜师游，吸引各界人士踊跃参与，并且还有文艺晚会及多种民间艺术表演，在可玩性上更具有层次感，给人带来异彩纷呈的感官刺激。"孔子让世界认识了中国"，曲阜拥有着独一无二的文化节，且赋予了大量的精神文化内涵，使得文旅产业如虎添翼，如因为中国曲阜孔子国际文化节的顺利进行，济宁市政府承建了"圣都国际会议中心"、"大成桥"，促进了曲阜市旅游资源的完善以及公共设施的美化，提高了文化旅游产业发展水平，为该地的经济发展提供了更加优越的条件。

"三孔"景区相关负责人需要牢牢抓住这个节日效应，来开展多种多样的文化旅游服务，进而满足不同年龄阶段、不同文化水平、不同性别的游客的文化需求，促进消费进而增强经济优势。

（五）提高"三孔"景区的文化旅游资源整合能力

在当代，文化旅游资源的整合对于提高景区的核心竞争力至关重要。仅仅拥有文化资源，但缺乏旅游资源的景区是不能承受其文化容量的；仅仅拥有旅游资源，但缺乏文化资源的景区是缺乏内在价值的。所以将两点进行整合，并发挥出"一加一大于二"的功效，以文化旅游为统帅，将文化精神作为其内在纽带，把旅游资源当做文化载体，实现景区资源的最大化发挥。

"三孔"景区处于曲阜中心位置，周围街道穿过，人群熙熙攘攘，周边酒店旅馆林立，也有大量的饭馆酒店。"三孔"景区周边的旅游资源较为丰富，但缺乏一个全局方面的整合，杂乱无序的街道和饭店、拥堵的交通、天价的饮食以及昂贵的住宿，这些因素"劝退"了不少游客。虽说"三孔"景区有极大的游客吸纳能力，但当前景区相关旅游产业的发展并不能与庞大的游客体量相匹配。需要全局性考虑各方面设施：餐饮、住宿、小吃、周边，还有个别可以激发游客兴趣的娱乐点。将其最大程度整合起来，有规划和计划性地对多方面因素进行考量，是非常重要的任务。

（六）加大相关人才的培养

在当代社会各行各业的发展进程中，人才一直处于核心的地位，要促进行业的繁荣发展，需要重视人才的培养，在文化旅游行业也是如此。因此，要建设一支良好的人才队伍，深入坚持人才才是第一生产力，加快培养创新性的人才，坚持建设合理的人才队伍，注重高水平高层次的文旅人才对于产业的重要性。

曲阜"三孔"景区文化旅游服务有限责任公司近来在全社会发布招聘简章，以丰厚的薪水招聘收集和分析数据以及熟练操作平台的广告运营，以及熟悉网店的营运分析、制订促销策略、分析销售数据的全方位人才。还在社会上大量招聘汉语言文学系、历史系的高才生，来扩充文化旅游行业的人才队伍，大力宣传儒家传统文化，推动景区向高水平、高层次转变，提高景区的运营水平。在当代重视人才的背景下，提升景区运营人员的操作水准对于整个景区乃至行业的发展都至关重要。

五、总结

当代文化旅游行业呈现更多元化的发展，人们审美水平的大幅提高决定了人们对于高质量文化旅游的需求不断提高。越来越多的文化旅游景区正在寻找一条将自身特色和时代相融合的出路。在当下，改善自身缺点，实现全方位升级的道路、产业链的成熟化业态，将为文旅产业提供更加丰富多元的发展机会。曲阜"三孔"景区的文化旅游产业运营的优势和劣势，为国内的其他景区提供了参考和借鉴。实现文化旅游行业的长久发展，需要进一步提高文化产品的创新发展，加强对于文化旅游相关人才的培养，形成符合时代潮流的产业发展模式。

开放、自我和沉浸：

"云演艺"业态的新价值生成

韦　铀① 杜智瀚②

摘　要： 从发展来看，"云演艺"的兴起并不完全是疫情下的权宜之计。作为一种基于云技术下的网络文艺形态，"云演艺"具有跨时空性、去中心化、即时互动性和 AI 化的特征，正是这些特征让"云演艺"在虚拟空间下生成出与传统演出不同的新价值：超越时空开放型的新业态形式、凸显自我性的审美过程，以及以个体超沉浸为特征的观演新模式和消费新领域。

关键词： 云演艺；数字生态；业态价值

　　"云演艺"是指"将演出剧（节）目通过互联网（含移动通信网、移动互联网）实时传播或者以音视频形式上载传播而形成的互联网文化产品。演出剧（节）目包括但不限于音乐会、演唱会、音乐节、舞台戏剧（含戏曲、话剧、歌剧、舞剧、音乐剧等）、曲艺、杂技、脱口秀等演出活动"③。2019 年以来的疫情逐渐让"云演艺"成为大众关注的焦点。初始看来，"云演艺"或许只是疫情限制下的权宜之计，但从网络文艺生态的快速发展趋势和近三年"互联网＋演艺"模式的成熟度来看，"云演艺"开始进入学界视野并不是特殊阶段中的特殊现象这么简单，而是特殊事件所导致的新业态下新价值的生成。截至 2022 年 7 月，仅抖音平台数据显示，"我国现存的 348 个戏种中，抖音平台生态覆盖了 300 余种，其中 231 种已经开通直播实现'云演艺'"④。第十三届中国艺术节作为近年来规格最高、最具影响力的国家级综合性文化艺术盛会，在"2022 年 9 月开展的 158 场演出中，线下只有近 20 万人次走进场馆，而云演艺已超过 3.5 亿人次观看"。

---

① 韦铀，广西艺术学院人文学院党委书记、教授。

② 杜智瀚，广西艺术学院人文学院硕士研究生。

③ 文化和旅游部 . 关于规范网络演出剧（节）目经营活动推动行业健康有序发展的通知 [EB/OL].（2023-01-16）[2023-01-16]. https://zwgk.mct.gov.cn/zfxxgkml/scgl/202301/t20230117_938699.html.

④ 中国演出行业协会，抖音直播 . 网络直播文艺生态报告 [EB/OL]. [2022-08-10]. https://www.douyin.com/note/7135749/192076496142.

当前，"建设'互联网+演艺'平台，加强演艺机构与互联网平台合作，支持演艺机构举办线上活动，促进线上线下融合，打造舞台艺术演播知名品牌"①，并在这一过程中"推动文艺院团、演出经纪机构、演出经营场所数字化转型，促进戏曲、曲艺、民乐等传统艺术线上发展，鼓励文艺院团、文艺工作者、非物质文化遗产传承人在网络直播平台开展网络展演，让更多青年领略传统艺术之美"②，进而"发展数字化文化消费新场景，大力发展线上线下一体化、在线在场相结合的数字化文化新体验"③，已经成为国家发展文化产业的重要战略方向之一。

传播技术的迭代演进与演出艺术的受众拓展呈现出对称性发展的规律。与雕版对于宋元杂剧、刻套印本对于明清传奇、报纸对于晚清民国的戏曲小说、广播电视对于戏曲节目一样，演出艺术与媒体演进相伴相生的关系古来有之。当人类迈入数字时代，互联网新媒体与演出艺术的关系是一种新媒体转化下的艺术传播生态建构关系：演出艺术的发展延续和演化高度依赖观众的不断拓展和培养，而不同时代的"新媒体"成为演出艺术培育新观众的重要助力，并推动演出艺术形成不断延续发展的衍生转化形态，一道构成传播、延续、生存、发展的演出艺术"全生态"。演出艺术与它的媒体衍生形态相互影响、相互促进，在传播中不仅形成了新的媒体表现方式，如广播戏曲、电视戏曲，自身也在被新媒体的解构与转化重构中带来新的观众，以及生产与接受新价值。2022年，网络表演（直播与短视频）市场规模已经约为传统演出市场规模的8倍。④在疫情催化下，"云演艺"不仅自身业态规模迅速扩大，而且在一定程度上与传统演出业态形成了互促关系，促进演艺业"全面开启数字化转型，'网络演出+线下演出'模式融合发展"⑤局面的繁荣。抖音平台"谁说戏曲不抖音"话题与"戏曲"话题初始仅是各自独立并行发展，而在疫情后，话题热度指数波峰渐

① 韩业庭. 艺术之花为人民绚丽绽放 [N]. 光明日报，2022-9-30（9）.

② 文化和旅游部. 关于推动数字文化产业高质量发展的意见 [EB/OL]. [2020-11-08].https://www.gov.cn/zhengce/zhengceku/2020-11/27/content_5565316.htm.

③ 中共中央办公厅、国务院办公厅. 关于推进实施国家文化数字化战略的意见 [EB/OL]. [2022-05-22]. https://www.gov.cn/xinwen/2022/05/22/content_5691759.htm.

④ 2023年5月11日，中国演出行业协会发布的《中国网络表演（直播与短视频）行业发展报告（2022—2023）》显示，2022年我国网络表演（直播与短视频）行业整体市场营收达1992.34亿元。2023年4月7日，中国演出行业协会发布的《2022中国演出市场年度报告》显示，2022年演出市场总体经济规模达243.60亿元。

⑤ 中国演出行业协会、抖音直播. 文艺表演团体数字化发展报告：以文艺团体在抖音发展为例 [EB/OL]. (2023-05-11) [203-06-11]. https://www.sohu.com/a/682984455_121659815.

呈现出一致性，表明"云戏曲"与传统戏曲演出融合度的显著提升，展现出数字传播生态下"云演艺"新业态的生命力（见图1）。

图1　2021 年 1 月 1 日—2023 年 7 月 24 日
"谁说戏曲不抖音"与"戏曲"抖音话题热度指数趋势共现[①]（数据来源：巨量算数）

在互联网发展到算力时代的今天，"云演艺"已不再是简单地将演出艺术搬到互联网上传播的"互联网＋演艺"，而是数字时代人类演艺活动的网络文艺新业态、新生态和新需求的嬗变。一种新业态的出现是由于生产力出现了新的突破，进而让生产关系孕育和生成出了新行业生态所导致的，这不仅反映在劳动方式、经济关系、人文心理环境的变化上，也反映在出现了与原业态不同的本体特征上。而新特征的出现又会导致供需关系上呈现出新的价值。与聚集性、封闭性、单向性和人文化为基本业态特征的传统演出活动相比，数字传播的"云演艺"具有跨时空性、去中心化、即时互动性和 AI 化的新特征。跨时空性是指基于互联网传播的演艺活动能够突破传统的聚集性观演传播的地理时空限制，进入到一个更广大的、可随时加入的时空架构当中，同时演艺主体可以突破演出空间束缚，仅由数字带宽和存储承载来决定观演数量。去中心化是指演艺主体的专业性和职业性不再是规定性的中心式演出实体，而是加入了去中心化的演出个体所自在的参与。即时互动性是指观演体验出现了与传统集聚式观演现场面对面有限互动所不同的，以即时性、多渠道、多符号沟通为特征的虚拟式交互沟通新体验。AI 化是指人工智能技术越来越渗透到演艺的创作、表现、传播和接受引导当中，尤其是在"云演艺"的虚拟空间，"人机共创""人机共演"的超感官演艺景观打造更易于实现，让演出艺术突破传统的沉浸感（入戏）而呈现出数字新媒体下的超沉浸体验。由数字互联技术所带来的跨时空性形成了

---

① 抖音话题热度指数是根据话题相关内容量、用户投稿、观看、点赞、分享、评论等行为数据拟合计算得出的。

"云演艺"的去中心化格局，无论是演出主体、演出"场地"，还是演出观众都置身于一个开放性的虚拟跨时空架构下并发生联系。演出主体进一步模糊了由组织关系所带来的职业与非职业的界限，因为基于自媒体超链接的创作者或演出者既可以是组织内的人也可以是组织外的参与人。这一开放性的虚拟空间在带来更多演出艺术参与者的同时也形成了不同于传统演出艺术空间的新业态价值。置身于虚拟开放性演出空间的"云演艺"观众，利用移动互联终端所具有的即时互动性沟通方式，突破传统实体观演场所聚集所导致的群体效应影响，获取到更凸显自我性的审美体验价值，而随着观众自我性审美的进一步解放，在 AI 化的数字演艺场景所带来的"间离"与"体验"相融合的新观感中，以个体超沉浸为特征的观演新模式呈现出文化消费的新价值。

一、开放性：技术演进下的受众新拓展

从艺术生产论的角度来看，"一件艺术品——任何其他的产品也是如此——创造一个了解艺术而且能够欣赏美的公众。因此，生产不仅为主体生产对象，而且也为对象生产主体"[①]。当演出艺术的生产消费场景从人际传播空间转换到网络空间，作为连接生产与消费的媒介——光与空气，也被延展的网络媒体所替代，并进一步为创作主体生产出了更多新的观众对象。一种强势新媒介的更易在拓展创作主体与消费对象的同时，也渐次通过新媒介对原有艺术生产物质依赖的解除而生成新的生产场态。在"数字云"主导的生产场态中演艺产品突出"呈现出了一种不再受时空制约的符号交换关系"[②]，并凭借数据为主的新型生产要素对原有生产关系消解与重构，超越传统演艺中生产中心化与审美消费限制性的博弈关系，获得持续的开放能力。

作为诉诸人视听感觉的演出艺术形态，"在剧场、戏院、广场、体育馆等演出场所所进行的、面向大众的商业化艺术表演活动"[③]的传统演出艺术，其产业形态特征是提供面对面的艺术产品以固定时空的形式进行集中消费，并由此形成战略资源、业务系统、价值结构和顾客体验构成等一系列商业模式。在传统实体演出消费空间中，除了提供面对面鉴赏艺术作品的审美消费价值，也提供一种在有限空间、有限互动下场景身份认同的仪式价值，并围绕这一核心消费场景形成了一系列的观演消费文化惯习。由于传统演出艺术具有在场性，演

---

① 米海伊尔·里夫希茨. 马克思恩格斯论艺术 [M]. 曹葆华，译，北京：人民文学出版社，1960：207.

② 单小曦. 新媒介文艺生产论 [M]. 北京：中国社会科学出版社，2020：152.

③ 林凡军. 演艺产业生态学刍论 [M]. 济南：山东人民出版社，2017：12.

员与观众始终围绕着舞台演出的物理空间来进行艺术活动，所以场所的空间界限即是活动的范围，而且观赏方式不同的演出艺术形式也限制了空间大小和观演人群的数量。如一场交响音乐会演出的观众数量很难超过 2000 人，而像中国交响乐团在北京音乐厅举办的《2023 抖音新春音乐会》，剧场仅有 1024 个座位，而通过抖音直播吸引了 1515 万用户观看，观众容量被提升了一万倍。①2022 年全国专业文艺表演团体在线演出的观众达 57.3 亿人次，平均每场观众高达 47.3 万人次。②艺术审美的完整性和空间的局限性成为传统演艺业态的固有矛盾：坐在前排的总是少数。对于后排观众来说，仪式价值或许更为凸显。

演出艺术与绘画等在某一时空"凝固"的艺术形式不同，是一种"流动"的艺术形式，具有鲜明的唯一性，每一场都是此时此景的唯一发挥，每场表演都是演员在特定时空中心理与肢体的动态呈现，凝结有艺术唯一的历史价值。在传统演出空间中，除了场地设施的偶发影响，演出环境和演员发挥的不确定性实为常态。所谓最佳演出呈现大都难以再次实现和无法复制。如果根据观众对艺术的理解水平、喜好程度和入戏的能力不同，将受众分为"浅度观众""中度观众"和"深度观众"，那么依赖现场的传统演出艺术的不同观众获得的往往是或弱或强的不同演出效果和审美体验。这不仅客观上增加了满足深度观众审美需求的难度，也阻碍了浅度观众审美深度的提升，无形中也成为观众拓展的屏障。演出艺术的唯一性和观众审美的在场依赖性成为传统演艺业态的另一矛盾：真正获得演出预设审美体验具有不确定性。

与之相比较，"云演艺"是一种跨时空的开放性业态。存储与共享的云技术不仅让演艺产品在物理上突破了时空限制，也在一定程度上缓解了完整性和局限性的矛盾。"云演艺"的记忆可复制性，使得演出艺术在云端得以复制每一个唯一，可以给予每一类观众。虽然仍未达到最完美的艺术鉴赏场景，但对大多数人来说还是较好地解决了艺术细节鉴赏的问题。2022 年哔哩哔哩"最美的夜"跨年晚会，采用 4K60 帧超高清画质与杜比全景声制作标准，既能通过镜头特写与位移展现舞剧《咏春》的肢体细节，也有通过 Moco 拍摄技术创造四个周深同台演出的奇妙场景；中国国家话剧院推出的线上演播品牌"CNT 现场"的作品《英雄时代》在舞台呈现中，通过多机位实时拍摄与切换、数字内容渲染，进一步弥补了话剧在舞台呈现中语言单薄的天然缺陷，让过去大部分靠语言推动的警察排爆过程的紧张感，通过影像技术的细节放大来极大地增强了剧情效

① 界面新闻. 让线上演出成为一种生活方式，抖音想怎么做？[EB/OL]. [2023-02-25]. http://news.sohu.com/a/646314997_313745.

② 中国演出行业协会. 2022 年中国演出市场年度报告 [EB/OL]. (2023-04-07) [2023-04-12]. https://zhuanlan.zhihu.com/p/621279494.

果；《中国京剧像音像集萃》采用先取像，后录音、配像的合成方式，将传统京剧的最佳呈现状态进行保存和传播；张国荣《热·情》演唱会采用"光影焕新智能修复引擎"，使修复版演唱会的分辨率提升 6 倍。当前音乐发行几乎已经完全线上开展。从周杰伦《最伟大的作品》MV 发布当天 6 小时破亿的线上总播放量，以及刘德华 B 站播出的《十七岁》演唱会突破 3.5 亿人次观看量中已反映出这种跨时空的开放性业态所蕴含的强大消费价值潜力。依托网络平台开展的"云演艺"，已经形成了较为成熟的行业模式，主要有"免费观演 + 多渠道商业合作"和首播、试看、早鸟票等形式的"付费观演"两种，其盈利不仅有观众自发打赏和平台分成，还进一步开放出多种商业合作渠道，不断促进演艺生产与消费的扩大。歌手张杰在抖音的演唱会直播《未·你好吗》，直接带动了伊利金领冠奶粉交易额增长 61%。①2023 年，国家京剧院《龙凤呈祥》演播在"首日直播 + 点播回看"的多种付费模式下已产生 140 余万元的收入，其中文创衍生收入也达到了 18 万余元，而 2021 年最初视频点播也才收入 30 余万元。"云演艺"的开放性还不仅体现在专业或职业演艺机构的展演上，更在于演艺主体的去中心化特征：专业个体、职业个体、爱好个体在自媒体时代均可以成为演艺主体，就如京剧青年演员果小菁，通过变装、卡点、戏腔翻唱等多种流行方式宣传京剧文化，凭借扎实的戏剧功底和"接地气"的形象，在短视频平台上坐拥数百万粉丝。汕头电台节目主持人黄斌开通微信视频号"童谣里的潮汕"传播汕头童谣非遗，截至 2022 年，其网络表演（含直播与短视频）"累计主播账号 1.5 亿，2022 年新增开播账号 1032 万个"。②开放的时空、开放的主体进一步诠释了"心有多大，舞台就有多大"的云技术演艺业态价值。

媒介技术的发展总是伴随新受众的产生。新媒介不仅在技术的使用便捷程度上为浅度观众提供准入门槛，而且新媒介环境赋权产生的生产型观众也为创作主体拓展观众，并将进一步建构生成新的交互性主体关系。而"云演艺"受众评论字符携载的信息量一定程度上能够反映不同梯度的媒介受众。以豫剧"云演艺"为例，浅度观众的数量正逐渐占据最主要地位，形成在观看和互动中不断丰富自身审美认知的趋向；对于中度观众，不仅表现出对演出细节的进一步评价，表达审美感受，还积极为进一步创作提供反馈建议；而在评论区发表大量专业化评论的深度观众，在带来专业指导的同时，也为演出鉴赏带来了良好的引导氛围。观演中不同梯度的观众通过评论中介产生"虹吸效应"，致使观众艺术欣赏层级不断由浅入深递进，从而达成一种由观众自发的传统文化认同

① 巨量引擎营销观察. 2023 抖音演出行业大会举办，促进线上线下协同发展，共创美好现场 [EB/OL]. [2023-02-24].https://www.marketing.com/detail/24065.

② 中国演出行业协会. 中国网络表演（直播与短视频）行业发展报告（2023—2023）[EB/OL]. (2023-05-11) [2023-05-23].https://www.sohu.com/a/678075091_407401.

和传承效果。截至 2023 年 3 月 31 日，"河南演艺类直播在过去一年累计观看人次同比上涨 75%，且豫剧在全国所有剧种中被观看次数最多"①，其中"豫剧人李树建"涨粉近 10 万（见图 2）。

一级编码	二级编码	三级编码	参数
666、[玫瑰][赞][鼓掌] 等表情互动、剧目名称、剧情概况、李树建、询问剧目名称、好听 / 易懂等等	单一网络用语及表情、演出内容描述、表达对名角喜爱、提出疑问、好听 / 好看	浅度观众（20 字符内）	531
后继有人、音色美、服装靓丽、台风稳、韵味十足、点播、建议唱整段	"表情符号 + 感受"、细节评价、提出反馈建议	中度观众（20-40 字符）	307
普及演出信息、推荐名家代表作、祝福与内心感受、对表演名家进行比较性评价、呼吁购票支持、传承有望等	"多种表情符号 + 感受"、解答疑问、呼吁传承、表达激动与热爱、比较性评价	深度观众（40-200 字符）	162

图 2　基于 NVivo 软件的受众类型及参数②（数据来源：抖音平台）

二、自我性：审美自我性的再强化

从现象学的角度来看，"一切客观存在、一切真理，都在先验主体性内有其存在基础和认知基础，而且如果真理相关于先验主体性本身，那么它就正好在先验主体性内有其基础"③。作为人类本质力量的对象化体现的美也不例外，即回到日常生活中关照自身对审美感受的真实体验。对于个人的审美生成来说，"自我生命中美的感受力的诞生在本质上是一个深刻的社会化过程，是人生一个逐渐习得的发生过程，是一个审美主体与审美客体互动连续的建构过程"④，而"自由地倾向一件伟大的艺术品，探索它的无穷无尽的丰富性"⑤也就如李泽厚所探讨的自我审美意象超越理性那样，"'艺术'指审美体验的层次，包含自我层次和客观现实层次"，而"审美指向主观象限"⑥，意味着艺术审美体

---

① 抖音直播 . 2023 抖音演艺直播数据报告·河南篇 [EB/OL]. [2023-05-9].https://www.douyin.com/note/7232218343128829240.

② 从抖音平台获取"豫剧人李树建""中原豫剧哥""玲玲（豫剧院一团）"等自媒体博主"云演艺"视频截至 2023 年 6 月 28 日的完整评论数据，总样本量为 1000 个，并利用 NVivo 软件执行分析的结果。

③ 胡塞尔 . 胡塞尔著作集：第 1 卷 [M]. 李幼燕，译 . 北京：中国人民大学出版社，2012：232.

④ 张应杭 . 审美的自我 [M]. 济南：山东人民出版社，2007：3.

⑤ 贡布里希 . 贡布里希文集 [M].范景中，杨思梁，译 . 南宁：广西美术出版社，2018：139.

⑥ 肯·威尔伯 . 整合心理学：人类意识进化全景图 [M]. 聂传炎，译 . 合肥：安徽文艺出版社，2015：147.

验中自我性越强其体验越丰富。当演出艺术的观演互动场景从公共实体空间转换到独立虚拟空间,演出场地和环境所决定的观演间特殊的审美互动过程拓展出强化的自我性审美空间,观众能够更加主动地进入到一个"自我生成语境",并在这一语境下实现自我审美价值。审美是人与世界互动后形成的情感关系状态,是一种认知的生成。人在什么样的信息空间环境下互动,直接影响了人的认知以及审美状态的生成方式。虚拟世界出现后,人的审美状态生成便发生了与传统实体世界不同的趋向:如果说人在实体世界的认知体现了生物学意义上身体组织所综合塑造的具身性,那么在虚拟世界,人的认知则转捩为更聚焦到视听触等神经组织的具身性上。这一转捩的出现不仅是由人的审美自我性的内在所造成,更是由虚拟世界的空间传播特性,诸如成本构成、文本形态、接收方式的嬗变所促发。

传统演出艺术观众在审美过程获得的是公共演出空间聚集下自我性被弱化的审美,进而阻碍自我审美价值的实现。一方面,在公共演出场所中,个体观众易受周围观众所暗示,自我性的审美过程常被打断。鼓掌、呐喊等由周围观众发起的互动行为,"很容易受人暗示,最初的提示,通过相互传染的过程,会很快进入群体中所有人的头脑,群体感情的一致倾向会立刻变成一个既成的事实"[①],能够快速被个体观众感知,而个体观众进入自我感受的时间节点却各不相同。另一方面,在演出艺术的观演仪式下,观众在剧场空间和剧场礼仪中的精神压力会影响自我的感知力。与之相对应,"云演艺"的观众在 IP 下拥有独立的观演空间,观演的审美过程拥有完全的自我,或许完全的自我反而会三心二意,但又何尝不是考验一场演艺是否是真正引人入胜的契机?2020 年荷兰乌诺戏剧节《死亡象征》演出在 Zoom 视频中进行,观众与演员通过摄像头实现"共同在场",每位观众又处于各自的独立观看空间,互不打扰。演出中观众得以完全放松,有人跟随音乐律动,有人和同伴边喝酒边看边聊天,状态不一。避免了公共观演场所中人群气氛的暗示,跳脱了观演礼仪对观众感知机能的限制和群体内的精神压力,同时让语音连线、弹幕互动、云打 CALL 等自由开展,才是一种"自由地倾向一件伟大的艺术品,探索它的无穷无尽的丰富性,我们就能发现自我超越的真正价值"[②]的状态。因为"真正看戏,审美感知机能大抵

① 古斯塔夫·勒庞. 乌合之众:大众心理研究 [M]. 冯克利,译. 北京:中央编译出版社,2005:24.

② 贡布里希. 艺术和自我超越 [J]. 邹荧,译. 新美术,1986(4).

出于一种放松状态，而一旦离开这种状态，也就很难真正的看戏"①。从内容选择角度，"云演艺"的 AI 推送方式会不断推送类似内容，进行自我意识再强化，而这一方式可能带来更多的"茧房效应"。即所谓的自我选择变得越来越重复而让自我更多地陷入了自我束缚。抛开这一传播伦理的顾虑，从艺术审美上看，自我性仍然是得到了不断强化。

　　个人审美的提升既是自身与社会的互动过程，也是一个美的意识水平提升的成本投入过程，包括时间成本、精力成本、经济成本、机会成本等。而媒介的使用率与成本支出成反比。毫无疑问，对于个人来说，现场的演出观摩相较于"云演艺"的大众传播方式是一个投入成本更高的方式，如果将个人变化较慢的艺术审美技艺的习得成本作为一个相对的固定值，那么媒体成本的投入对于自我审美强化的提升则是最大的变量，也是大众化的美育普及最大的变量。为此，"云演艺"在一定程度上为自我的美育提升提供了一个更低成本的选择，为文化传承提供了一个更大众化的方式。当前，"碎片化时间看碎片化内容"已成媒体主要的发展趋势。"碎片化"既是后现代语境下的媒介生态惯习，也是大众追求信息接受高费效比的内在动因外化。"截至 2023 年 6 月，我国网络视频（含短视频）用户规模为 10.44 亿人，较 2022 年 12 月增长 1380 万人，网民使用率达到 96.8%，继续保持在高位的增长态势，几近成为全民化应用。"②在全民网络视频"倍速化""碎片化"观看趋势下，加入了字幕、配图、评论、声音效果等大量集成式的"云演艺"信息被浓缩、衍化，直播、短视频、微短剧等形式的演出不仅让普罗大众在个人任意生活场景的碎片时间观看，大大降低获取成本，而且也使观众在获得较高审美刺激的同时提升信息接收成本，并潜移默化地积累习得经验。在哔哩哔哩平台播放量超过 340 万的线上京剧《同光十三绝》，有 3.6 万条弹幕和 11 万的收藏量，反映出大众对这一"名场面"的反复观看，衍生出自制音配像、4K、杜比全景音效、历史解读、单曲循环、倍速等 30 余个版本，全平台翻唱版本不计其数。2023 年 8 月 28 日，中央广播电视总台文艺节目中心的戏曲科普类短视频节目《了不起的戏曲》之《同光十三绝》在 CMG 戏曲 Tab 页上线，利用动画讲述十三位戏曲大师的人生故事，进一步打造青少年的"优质偶像"。更低成本的自我美育追求需要更低成本的媒介业态，更广泛的文化传承需要更高效的文化表现形态。让更多喜好演出艺术的大众以更低的成本提升自我的审美是演艺产业数字化文化与社会价值的重

---

　　① 余秋雨. 观众心理美学 [M]. 北京：现代出版社，2012：81.

　　② 中国互联网络信息中心. 第 52 次《中国互联网络发展状况统计报告》[EB/OL]. [2023-08-28].https://www.cnnic.cn/n4/2023/0828/c88-10829.html.

要体现。

审美自我性的再强化不是封闭的，而是开放互动的，"云演艺"的弱社交特性为不同艺术鉴赏能力受众间缩短"品位区隔"提供了新的路径。与传统演出艺术观演中人与人、面对面的强社交场景不同，"云演艺"不仅提供了一个更自我的社交互动空间联系，还由于虚拟空间开放性的特性为专业或行业的艺术批评群体提供了更为广阔的评论影响舞台。2023 年 2 月 11 日，作为中国实验性先锋现代舞团的"陶身体"在国家大剧院古典音乐频道及多家网络平台演出了颠覆性作品"数位系列"，通过创始人陶冶、段妮在演出前解读"陶身体"对身体艺术的诠释，帮助观众来理解先驱舞蹈理念。"云演艺"与朋友圈、群聊等社交场景的连接，减轻了观众对观演环境的不确定以及人际社交的心理焦虑的影响，降低了对观众社交能力的要求，为用户基于分享诉求转发演出，引发更广泛的"同情共振"提供了条件。

三、沉浸性："间离"与"体验"融合的超沉浸

沉浸指个人全身心投入在某种活动上，"犹如在惬意的水流中不受打扰的状态，忘记时间的流逝"①的具身性体验。在演出艺术中，从传统演出到现代沉浸式演出，给予观众充分且自由的沉浸"入戏"始终是演出艺术的内在要求，一定程度上观演体验的革新史也是观众获得沉浸体验的迭代史。虚拟空间中"云演艺"的沉浸感，既不同于传统舞台演出，也不同于当下的沉浸式演出，是一种"间离"与"体验"融合的超沉浸体验。它是通过虚幻性的影像形式、去中心化的文本叙事产生的"间离"与 AR/MR/VR/XR 等多种技术形式的智能穿戴设备加持下产生的"体验"相融合的沉浸，超越了传统物理演艺时空方寸间的沉浸，让观众能够在虚拟空间自由穿梭，并且进行充分广泛的主体间虚拟交互，建构更能展现情感、意蕴、忘我的移情艺术体验场景，造就欣赏艺术的体验所转化的新的存在状态。契克森米哈赖在《心流：最优体验心理学》中认为沉浸的"心流"是人所面临挑战与技巧的关系，即人在沉浸体验中"为了达到改善体验品质的目的，必须迎接更大的挑战，应用更高层次的技巧。……所有受访者都指出，乐趣会在活动中某个特定点出现——行动的时机跟当事人的能力恰好相当的时刻。……所有其他活动也是一样：演奏技艺娴熟的人，太简单的曲子嫌乏味，过分复杂的曲子却造成挫折感。乐趣仿佛是无聊与焦虑中间的藩篱，在此，

---

① 米哈里·契克森米哈赖. 心流：最优体验心理学 [M]. 张定绮，译. 北京：中信出版社，2017：61.

挑战与行动能力恰好平衡"①。在面对演出艺术的"入戏挑战"中，浅度、中度与深度观众审美素养的不同，也就导致了他们沉浸体验程度的不同。因此，从个体获得最优体验上来说，不同审美层次的观众应分属于不同的沉浸演艺空间。"云演艺"的超沉浸体验，在为不同层次观众提供了"自选货架式"观演消费新模式的同时，也为演艺产业带了更加开放、自我的沉浸消费新领域。

"云演艺"的沉浸与沉浸式演出的沉浸既有联系又有区别。演出艺术发展的基本特征是通过不断融合"忘我"与"自我"来优化观演的沉浸体验。"从古希腊以来，演出艺术总体上都是以亚里士多德所提出的'模仿'为自身任务，自然主义戏剧更是强调艺术再现（Representation，也即德波上文中的'表象'）的逼真。而在当下的景观社会环境下，戏剧的再现常常被迫使要么突出自身'景观'更加逼真，要么营造一个令人惊诧的幻象。……但无论何种选择，这种'景观'被要求是越可感越精细越好的。"②演出艺术追求对营造景观体验所带来的沉浸，沉浸式演出还演化出具有碎片化文本叙事的特征。"在沉浸式戏剧的叙事过程中，由于观众无法一次性体验所有支线故事，因此他们得到的均为碎片式线索，通过主线故事的引导，结合自身体验过的支线碎片，最终形成观众心中完整的故事体系。传统剧本的文本创作思路一般为设立故事背景、创建人物关系、确定故事框架、创意剧情。而沉浸式戏剧由于需要'去中心化'，所以每一位角色都需要有特定的剧本，并且需要预判出观众的选择，从而做出多个版本的剧情推进。"③在假定性前提下通过"虚构的情景"以感性形象刺激观众产生美感。这就要求作为一种由观众身体感官感知演出信息而感兴的过程性体验，演出艺术既要利用幻象营造来让观众"忘我"而入戏，又要通过"间离"来使观众在入戏中充分的"自我"超越。而除去单机位的演艺直播或录播方式，"云演艺"可以在技术上实现一种更"自我"的在景观精细和碎片化文本叙事下的超沉浸体验。

纵观演出艺术观演模式的发展，传统演艺、沉浸式演艺与"云演艺"观演的"入戏"沉浸呈现出"间离"不断融入逼真精细幻象的发展趋势。传统演艺是幻象与间离相分离下"忘我"与"自我"皆朦胧的沉浸。斯坦尼斯拉夫斯基与布莱希特代表了幻象和间离的两种极端追求，尽管布景技术和镜框式舞台有效地提升了幻象与间离，但观演空间中不同的观演位置和不确定的环境还是会

---

① 米哈里·契克森米哈赖. 心流：最优体验心理学 [M]. 张定绮，译. 北京：中信出版社，2017：130.

② 韦哲宇. "沉浸式"的消费与革新：当代戏剧观演关系批判 [J]. 戏剧艺术，2021,(01):82-92. DOI:10.13737/j.cnki.ta.2021.01.008.

③ 胡子希. 沉浸式戏剧的文本特点研究 [J]. 戏剧文学，2023,(06):95-99.DOI:10.14043/j.cnki.xjwx.2023.06.011.

让观众有可能获得的是朦胧的"入戏"体验，纵使演出如此的引人入胜。相对而言，演出艺术中演员经过夜以继日的信念感训练，可以在"入戏"与"出戏"之间来去自由，但不经训练的普通观众获得"入戏"本就是困难的。而且凸出仪式性的传统观演，在"第四堵墙"的限制下，又一定程度上限制着观演的互动，尤其是对于高度程式化的戏曲新观众来说，非但没有增加"入戏"体验，反而成为和演员交流的屏障。沉浸式演出是幻象与间离接近下"忘我"与有限"自我"的沉浸。观众与演员在演出空间的自由移动，打破了传统剧场台上演、台下观的观演模式，拉近了观众的心理距离，并在演出环境渲染、场景打造以及数智技术等手段下的幻境营造下使观众"忘我"地沉浸其中。而在"去中心化"的多线叙事与空间叙事结合下，大大提升了观众的自主选择性，又使其能够"自我"地游离其中。但这一"去中心化"只是在实体剧场空间内去传统舞台关系的中心化，而不是完全打破实体剧场空间，在一个更开放的时空中重构舞台与观众存在关系的"去中心化"，幻境下的自我依然受制于时空限制，而不能完全实现更开放的、更自我的沉浸。毕竟在实体剧场演出下过度的自我会破坏表演，过多的观众也会破坏表演和影响沉浸性，因此沉浸式演艺的幻象还只是"忘我"与"自我"的接近。与传统剧场演出沉浸体验相比，沉浸式演出将传统观演的仪式性削弱，强化了游戏性与互动性的元素，一定程度上凸显了初级群体式的强社交导向，而"云演艺"则是在弱社交下进一步凸显出幻象与间离融合下"忘我"与"自我"融合的超沉浸。虚拟空间中以数字影像形式呈现的"云演艺"，一方面不仅镜头的剪辑、切换延伸了观演视觉，直接抹杀了观演间的距离，让数字仿真影像的介入进一步塑造的虚幻景观让观众"忘我"地沉浸；另一方面，具有拟象性的影像符号以"超真实"又带来了身体超脱下的间离感，在虚拟观演"镜中镜"的环境下，与即时的虚拟形象插入共同构成了"去中心化"的文本，让观众在虚拟幻象的沉浸中保持着"间离"。即便这种幻觉下的沉浸可以随时被自我所刻意打断，但"幻觉与打破幻觉之间的来回切换既不会让观众分心，也不会让观众聚精会神。我们可以将这些时间性的切换与电影中的正反打镜头做比较，将其理解为一种新的缝合机制。观众积极主动地定期参与到互动文本中，从而使主体被插入到文本中"[①]，构成既在幻象中"体验"又在幻象中"间离"的新沉浸。

"云演艺"的超沉浸体验感的实现建立在 AI 技术，以及虚拟孪生下人机共生的元宇宙生态构建之下。目前，"探索观众与表演区新型互动方式与适合线

---

① 列夫·马诺维奇. 新媒体的语言 [M]. 车琳，译. 贵阳：贵州人民出版社，2020：211.

上观演的原生线上演播内容，打造虚实融合的'超级现场'沉浸体验"①，主要趋向于在"云演艺"虚拟时空中利用人工智能搭建充斥于多维生活的沉浸式演艺审美情景，并借助智能穿戴设备，使观众进入自我导向的梦幻"间离"幻象沉浸，为其带来人机共创、人机共演的超沉浸体验。一方面，人工智能生成内容（AIGC）、跨尺度采集重建、数字人生成与驱动、虚拟空间三维引擎等关键沉浸技术的布局，为超真实演出内容自动化、低成本生产提供了重要基础。尤其是 AIGC 作为新生产力引擎在"云演艺"模块化商用，个体仅通过数字创意就有实现"云演艺"的可能。2021 年，第十五届音乐盛典咪咕汇升级打造了全球首场"元宇宙交互时空·云演艺音乐盛典"，集合了 AI 技术生成的数智人及太空虚拟场景。演出现场周杰伦与虚拟粉丝橙络络同台互动，以及太空航站全景舞台给人以多重空间的视觉沉浸。此外，"星瞳""鹤追"等虚拟演员层出不穷，观众个体亦可生成虚拟演出形象。另一方面，根据 2023 年 9 月 8 日，工业和信息化部办公厅、教育部办公厅、文化和旅游部办公厅、国务院国资委办公厅、广电总局办公厅印发《元宇宙产业创新发展三年行动计划（2023—2025年）》中的技术产业培育发展和元宇宙产业生态布局，"拓展元宇宙入口，加速 XR 头显、裸眼 3D 等沉浸显示终端的规模化推广"② 正在打造出沉浸交互的生活消费新场景。基于"云演艺"的虚拟沉浸式终端设备走入家庭，包揽所有感官的设备观演模式将大大增强沉浸式的"入戏"体验，对于个人来说无疑提供了另一个明智的选择。因为既然屏蔽了四周，观众又何必一定要选择聚集？在全身心浸入中"做媒介融合，在梦幻中映衬媒介自省，在自我迷乱的过程之中时刻保持独立而清醒的人格认知"③，正是将演出艺术发展引向更深层面的征兆。未来，随着多模传感技术，手势与眼动追踪技术，甚至脑机接口技术等感知技术在交互设备的普及应用，"云演艺"的观演能够在人机连接环境下更多地调动人的视听触感官通道，让其在观演中获得更为自我性的沉浸体验。新技术激发了人的自我性审美需求在新技术生态中的新表现，新的需求表现孕育出新的消费业态，并与传统演出消费业态构成迭代共生。

就虚实世界的不同艺术审美体验来看，"云演艺"沉浸消费与线下沉浸消费是相辅相生的关系。弱社交、更开放、更自我的"云演艺"线上沉浸式幻象

① 中华人民共和国工业和信息化部、教育部、文化和旅游部、国家广播电视总局、国家体育总局. 虚拟现实与行业应用融合发展行动计划（2022—2026 年）[EB/OL]. [2022-10-28]. https://www.gov.cn/zhengce/zhengceku/2022-11/01/content_5723273.htm.

② 工业和信息化部办公厅 教育部办公厅 文化和旅游部办公厅 国务院国资委办公厅 广电总局办公厅. 元宇宙产业创新发展三年行动计划（2023—2025 年）》[EB/OL]. [2023-09-08]. https://www.gov.cn/zhengce/zhengceku/202309/content_6903023.htm.

③ 姜申. 新媒体艺术观念的传播与裂变 [M]. 北京：中国纺织出版社，2023：172.

体验与强社交、相对封闭、客我的演出艺术（含沉浸式演出）是一对相互建构、相得益彰的审美综合体，也是具有主体间性的体验感知结合体、数字消费业态的联合体。2022 年，上海文广演艺集团旗下的沉浸式演出戏剧《不眠之夜》在线上开展了"番外"直播，以 2 元票价和线上新沉浸式体验吸引了近百万人观看，并推出相关数字藏品。据主办方及各大票务平台数据显示，自 2023 年春节后，《不眠之夜》上海版平均单日售票量较 2022 年整体上涨 130%。基于演艺产业在元宇宙虚拟现实场景和商业模式的探索，上海文广演艺集团进一步推出了中国首个演艺元宇宙平台"戏剧元力场"，试图以戏剧 IP 内容为核心，集剧目观赏、游戏体验和社交互动建构数实交互体验戏剧样态，给观众以虚拟和现实两个平行空间交互的超沉浸新体验。"云演艺"业态的生成对于个人，是实体空间与虚拟空间不同演艺形态所带来的可以交融互补的审美体验；对于行业，既可以是一场超越时空的"云演艺"爆火带动相关演出艺术的消费，也可以是某地域的演出艺术"出圈"而引发"云演艺"的超时空"破圈"。

四、结语

一个新生事物的出现常常伴随着偶然性，且偶然的出现也往往处在技术发展的量变阶段。具有跨时空性、开放性、即时互动性和 AI 化特征的"云演艺"为传统演艺业态带来的冲击是一个渐推渐强的过程，这是互联网技术向人工智能阶段不断发展成熟所引发的。人工智能与虚拟仿真技术生态的成熟度又决定了作为人类古老视听感觉意象塑造者的演艺行业形态的演进方向。如同电视、电影技术催生传统舞台演艺进化出新业态一样，"云技术"的普及和浸入生活正在不断催生出演艺行业的业态新价值。就当前而言，"云演艺"已呈现出业态所具有的规模性、行业性和需求性特征，但实际来看，运营主体的主动意识呈现出强弱不同的意愿趋向。有"试水的"、政策性参与的、临时性举措的，也有以此为主营的、线上线下并行的，以及全面转型的。传统演艺机构单位、互联网文化传媒平台和自媒个体对于"云演艺"形式的意愿差异，既体现出运营主体自身在生产要素结构、经营模式、竞争优势和发展理念上对于"云演艺"有不同的适应度和成熟度，也折射出其作为一种网络生态下的新兴业态需要进一步激发价值潜力和加强行业培育。对于行业个体来说，进行运营模式的创新发展是顺应网络生态，实现文化传播价值的社会效益最大化和经营边际效益合理化的必由之路。对于宏观管理主体来说，培育"云演艺"新业态不仅能够培育新的经济增长点，加强网络文明建设，而且将进一步促进完善文艺创作的知识产权保护体系，探索出文艺产权保护的新理念、新举措和新规范来保护创新。

文化传播视阈下的沉浸式旅游演艺：
空间再造、叙事运输与具身体验

宋　泉① 刘文军②

摘　要：沉浸式旅游演艺是一种融合了环境设计、叙事和体验的旅游娱乐方式，它打破了观众与演出之间的界限，通过空间再造、叙事运输以及具身体验达到对在地文化传播的目的。目前，沉浸式旅游演艺还处于初步发展的阶段，部分景区的演艺内容缺乏对文化内涵的深度挖掘，过度依赖技术制造感官刺激，使观看体验停留在炫目的光影而难以沉浸于其中的文化精神以达到文化认同。在重塑旅游文本的路径上，对空间生产、叙事运输及具身体验三者理论参与沉浸式场域建构的分析有助于艺术生产者进一步改进沉浸式旅游演艺的生产方式。

关键词：沉浸式旅游演艺；空间再造；叙事运输；具身体验；文化传播

　　沉浸式旅游演艺是一种融合了环境设计、叙事和体验的旅游娱乐方式，它打破了观众与演出之间的界限，通过空间再造、叙事运输以及具身体验达到对在地文化传播的目的。近年来，"知音号""只有河南·戏剧幻城""长安十二时辰"等为代表的沉浸式演艺项目有效地拓展了文化旅游空间，推动了文旅融合的创新发展，成为在地历史文化的艺术化再现的新方式。目前，我国沉浸式旅游演艺还处于初步发展的阶段，部分景区的沉浸式演艺内容缺乏对文化内涵的深度挖掘，过度依赖技术制造感官刺激，使观看体验停留在炫目的光影而难以沉浸于其中的文化精神以达到文化认同。从传播学的视角来看，"沉浸"式旅游演艺通过空间生产、叙事运输及具身体验三个维度完成了对在地文化的输出，在重塑旅游文本的路径上，对以上三者理论参与沉浸式场域建构的分析有助于艺术生产者进一步改进沉浸式旅游演艺的生产方式。

一、沉浸式旅游演艺：在地文化的重塑与传播

　　沉浸式旅游演艺作为一种重要的文化传播媒介，具有文化体验、故事传达、

　　① 宋泉，华中师范大学文化传播学博士，广西艺术学院人文学院艺术管理系主任，副教授。
　　② 刘文军，华中师范大学文化传播学博士，广西艺术学院影视与传媒学院影视编导系副主任副教授。

身体互动等特性，为在地文化的传播、保护和再塑提供了独特的平台。作为旅游演艺最具创新性的组成部分，沉浸式旅游演艺的传播助推了在地文化的艺术化呈现，成为艺术生产中的"热词"。而在现今的旅游市场中，被商业所裹挟的艺术生产也致使"沉浸"概念的泛化，使得部分所谓的"沉浸式"旅游演艺徒有光影的外表，疏离了文化的精神，这也让我们重新审视沉浸式旅游演艺在文化传播中的来处与去向。

（一）何为沉浸："沉浸式"的概念与艺术传播

沉浸式概念的由来可追溯至美国心理学家米哈里·契克森米哈赖（Mihaly Csikszentmihalyi）。他在英文原文中将"沉浸"这一感官体验定义为"flow"，这指的是个体被吸引并陷入一种体验模式，其意识受到限制，局限于特定的框架之内，屏蔽了其他不相关的思维和感官体验，而只对特定事物产生回应和反馈。通过这种体验，个体获得对环境的控制感。此概念强调了个体在这一过程中的主观参与和主动性，即"沉浸"是一种自发发生的体验。[①] 奥利弗·格劳（Oliver Grau）也对"沉浸"进行了定义，将其视为"大脑的刺激过程"，他认为这一过程导致个体与环境之间的视觉距离缩短，加强了对对象的情感投入。[②] 这一观点进一步强调了沉浸式体验是与个体和其周围环境之间的互动过程相关的。在中国语境下，"沉浸"一词具有双重含义。一方面，它指涉客观存在物在实体空间中的"沉浸"，即物体被完全浸没于某种媒质或环境之中。另一方面，"沉浸"还指涉主体认知在意识空间中的"沉浸"，即个体陷入一种深度的思考或感知状态。涉及沉浸式艺术传播时，这一概念的双重含义仍然具有重要意义。首先，沉浸式艺术的核心是要创造一种让观众沉浸于艺术作品中的体验，使他们感到自己被带入一个全新的环境或情境中，类似于"物体在实体空间中的沉浸"。观众在这一过程中完全沉浸于艺术作品，忘却了周围的干扰，与作品产生深刻的情感联系。其次，沉浸式艺术还与主体认知在意识空间中的"沉浸"相关。观众在沉浸式艺术中可能经历一种全神贯注的状态，其心智被吸引到特定的叙事世界中，类似于"心流体验"。这种体验强调观众的心理状态，包括投入、参与、情感共鸣和认知控制。因此，"沉浸式"这一概念在沉浸式艺术传播中同时具有客观和主观的涵义，它既指涉了观众被艺术作品所包围的体验，也涉及观众在思想和情感上的深度参与。综上学者对"沉浸式"的阐释，沉浸式艺

---

① Csikszentmihalyi M.Finding Flow: The Psychology of Engagement with Everyday Life[M]. New York: Basic Books，1998：23.

② 奥利弗·格劳．虚拟艺术 [M]．陈玲，译．北京：清华大学出版社，2007：9.

术需达到对受众沉浸式的传播可从三个维度进行，即传播主体的空间营造——传播内容的情感叙事——受众的心流体验。

（二）沉浸为何：沉浸式艺术的传播本质

关于艺术的本质与功能的问题，古今中外多有哲人阐释。黑格尔认为："美就是理念的感性显现。"[①] 把艺术的本质归为"理念"或者"精神"，认为"理念"是内核，"感性显现"是表现形式，二者在艺术中是和谐统一的。中国古代的"文以载道"的思想也同样认为文是道的表现，道是文的本源，文艺创作的根本目的是对精神世界的表现和传达。因此，艺术既是对客观事物的生动再现，也是精神文化传播的重要媒介。从传播的视角来看，"沉浸式"是一种艺术的表达手段，一方面，沉浸式为艺术创作的表达提供了新的技术条件和交互形式；另一方面，艺术作品又成为沉浸式传播的重要载体之一，二者共同推动着对在地文化传播主体地位的重塑。沉浸式艺术强调了文化的多元性和复杂性，艺术家、艺术传播者与欣赏者（受众）相互融合并达成一致，体现了人与社会之间的互动关系。沉浸式艺术由于特殊空间体验和情感传达方式，成为在地文化传播的"热宠"，除了光影技术，虚拟现实技术、增强现实技术等科技的融入极大地拓展了艺术表达的空间，使受众能够更大程度地调动感官，在超时空的剧情中获得身心震撼的体验。而正由于技术迭代的速度远快于艺术创作灵感的获取，加之商业资本的裹挟，一些文旅项目借以"沉浸"之名作为营销传播的外壳，实则魔幻的光影炫技或粗劣的仿古再造，在形式上做足了"沉浸"，但受众在体验后除了即时的视觉刺激，却在情感上无法触发文化认同。因为真正能够带来沉浸式体验的不仅仅是空间气氛的营造，还有各种艺术媒介对文化的隐喻[②]，人们沉浸其中的动力不是仅仅因为那些光影如何真实，而是因为艺术符号背后特定的文化意蕴，是除了"凝视快感"之外的"特定文化体验"。因而，在对文化的重塑上，"沉浸式"即为"道"的外在表现，艺术家或艺术传播者在进行艺术生产的时候仍须更深入地洞悉其文化源流与文化精神。

（三）沉浸何为：沉浸式旅游演艺的文化表达

沉浸式旅游演艺作为沉浸式艺术的分支，在地性和商业性是其区别于其他沉浸式艺术的重要特征。在地性决定了观众需要位移至旅游目的地，全身心地感受新环境的风土人情，观众对异地文化猎奇的诉求成为观看旅游演艺的心理动因。因此，旅游演艺本身就具有对在地文化传播的重要使命。同时商业性又

① 黑格尔. 美学（第1卷）[M]. 北京：商务印书馆，1979：142.

② 方楠. VR视频"沉浸式传播"的视觉体验与文化隐喻[J]. 传媒，2016（10）：75-77.

驱使沉浸式旅游演艺要下沉到大众，在运营管理、艺术手段和情感表达上都需要获得受众的接受，才能最终实现内容传播的根本目的。相较于传统的旅游演艺，沉浸式旅游演艺将传统故事、习俗、民间传说和历史事件通过叙事重构融入在科技营造的场景之中，观众可以通过身体体验或角色扮演将"他者"的身份进行转化，以文化主体的视角亲身感受和参与在地文化的流变。空间与角色的转换，使观众（游客）体验不再是一个"异乡人"的观感，反而成为在地文化共同的见证者和推动者，获得身心与在地文化的高度融合的认同感。因而，沉浸式旅游演艺，之于旅游目的地而言，不仅是拉动在地文化消费促进经济发展的手段，更重要的是塑造在地文化认同的艺术空间。在沉浸式旅游演艺的打造上，创作主体的核心工作是对在地文化精神的深掘与领会，而创作的逻辑起点是对受众的文化心理的审视，再借技术手段进行场景空间的营造、情感叙事的重构将受众带入文化场景之中。

二、空间再造：文化空间的再生产

空间实践包括空间生产和再生产，列斐伏尔认为"当代社会已经由空间中事物的生产转向空间本身的生产"，空间实践确保连续性和某种程度上的内聚性。空间再造是沉浸式旅游演艺中的外化组成部分，它包括建筑和环境设计以及虚拟现实和增强现实技术应用，如通过精心设计的环境，观众被引导进入虚构的文化世界，这不仅提供了视觉和感官上的体验，还传达了文化信息。不同文化的空间再造可能会依赖于不同的符号、色彩和建筑风格，以满足观众的文化期望。观众的文化背景和受教育程度可能会影响他们对环境的感知和解释。因此，在设计空间再造时，需要考虑如何传达文化元素，同时避免误导或冲突。此外，技术应用在不同文化中的接受度和使用方式也可能存在差异，这需要在空间再造中进行审慎考虑。

（一）空间生产的实与虚

先进技术对空间进行氛围的营造，通过互动性的叙事手段，以多元化、多感官、多视角的方式使观众获得视觉的震感和情感的共鸣。大卫·哈维（David Harvey）认为，人们的"空间意识"是通过媒介，如地方游记、小说、杂志、影视作品等来构建的，这些媒介帮助人们塑造了对地方的理解。在演艺产品的生产过程中，剧创者将原始的真实经过符号转换，通过模仿、呈现、复制等不同方式再现在演艺、文学作品、电影等不同的文本中，而成为外在的真实。[①] 基于哈维"想象地理"的思想，文本再现的过程，既是地方信息删减的过程，更是地方性想象与建构的过程。沉浸式旅游演艺虽然落脚点为旅游目的地，但现代空间氛围并不满足历史叙事的需要，虚构空间的再造设计是为了引导观众进入"沉浸"的环境之中，"沉浸"是一种结果性的感受，要产生这种感受就需要营造包裹式的空间使游客自主产生出探索感。

（二）空间生产与文化输出

沉浸式旅游演艺的目标之一是将目的地的文化传达给观众，使观众在空间中通过情感共鸣来与文化元素和故事建立联系，走进目的地的历史、传统和价值观。空间具有表达叙事的特点，沉浸式演艺的叙事形式一般多为交叉分布的多线叙事，观众在陌生的幽闭的环境中，跟随不同角色的身体动作和剧情发展体验历史文化。空间生产不仅是剧情的助推器，更是受众感受在地文化的沉潜的环境。在沉浸式空间中，受众的感官认知不仅通过视觉单一渠道来获取，而且通过嗅觉、听觉和触觉等多维感官体验达到对情感的共鸣。观众在剧场中的"场地感同身受"和"漫步"会唤起自身的生活历史和经历，改变自身的意识、感知模式，获得更深层次的内心回响。空间在文化输出中被视为情感传达的媒介。创作者通过艺术符号将情感注入空间，创造具有感染力的场景，使空间成为情感传达的平台。这一情感传达的空间可以通过多种媒介和语言符号激发观众的情感共鸣，增强他们与文化元素和空间的情感联系。艺术家通过创造有情感感染力的空间，增强了观众与文化元素和空间的情感连接，从而加深观众对文化的理解和认同。对于在地文化而言，沉浸式旅游空间的再造，是文化输出更为生动化和活态化的方式；对于受众而言，对沉浸式文化空间的体验，不仅是获得视听上的刺激与震惊，更多的是从"他者"身份到"当地人"身份的一种重塑过程，而成为在地文化构建的"共同体"。

三、叙事运输：文化故事的重构

叙事是一切传播的基础，所有形式的人类传播从根本上可以看作是故事，是对客观世界周遭事物的流动性记录。叙事运输是沉浸式旅游演艺的核心，它通过故事情节和角色扮演来引导观众参与并体验虚构的文化世界。叙事结构和情节设计决定了观众的情感投入和参与度。不仅如此，叙事还是传达文化价值观、传统和历史的重要手段。沉浸式旅游演艺的叙事不应该过多停留在对舞美技术的升级，而应该让受众更多地体悟到表演艺术身后的文化精神。因此，基于叙

---

① 大卫·哈维. 地理学中的解释 [M]. 高泳源，译. 北京：商务印书馆，1996.

事传输理论，在旅游演艺的叙事传输中，沉浸体验与意义体验将共同对游客满意度的形成产生影响，且基于故事内涵、文化符号等元素的意义体验是旅游演艺叙事传输的重要内核。不同文化之间的叙事方式、文化符号和价值观可能存在差异。因此，在叙事设计中需要谨慎考虑文化元素，以确保观众能够理解和共鸣。此外，观众的文化背景也会影响他们对角色扮演和叙事情节的接受度，这需要在演艺中进行灵活调整。

（一）叙述运输理论与沉浸式内容构建

传播学早期对"传播"与"交通运输"之间的关注可追溯到芝加哥传播学派启蒙思想家查尔斯·库利提出的"传播是思想的交通运输"观点，强调了传播与信息从一个地方到另一个地方的运动关系[①]。库利认为各种语言、文字和记录手段都具有交通运输的功能，与社会过程有密切关系。[②]这一观点反映了传播学早期"传播"（Communication）与"交通运输"（Transportation）之间的天然关联。目前，关于"叙事运输"（Transportation）最权威的定义来自格林和布洛克，他们将其定义为一种特殊的心理过程，涵盖了关注、悬念感、心理意象、情感参与以及对周围环境的意识缺失等主要维度。[③]由于"叙事运输"与"吸收"（Absorption）、"心流"（Flow）、"卷入"（Involvement）、"沉浸"（Immersion）、"认同"（Identification）、"参与"（Engagement）、"临场感"（Presence）等概念存在相似和重叠之处，也被定义为读者对一个故事的吸收程度。[④]在沉浸式旅游演艺中，精神上的叙事运输机制影响了旅行者的思想意识，使其产生叙事认同。当旅行者认同一个角色时，他们沉浸在故事中，将自己想象成这个角色，产生情感同理心和认知同理心，从而建立联系，价值信念受到叙事世界的说服。[⑤]叙事运输是一种从现实世界到故事世界的时空旅行体验，通过物质和精

① Cooley C.The Theory of Transportation[J]. Publications of the American Economic Association，1894(9)：9.

② Simonson P. Refiguring Mass Communication：A History [M]. Urbana：University of Illinois Press，2010：103.

③ Green M C, Brock T C. The Role of Transportation in the Persuasiveness of Public Narratives[J]. Journal of Personality and Social Psychology，2000（5）：701.

④ Green M C, Brock T C. The Role of Transportation in the Persuasiveness of Public Narratives[J]. Journal of Personality and Social Psychology，2000（5）：703.

⑤ Tal-Or N, Cohen J. Understanding Audience Involvement：Conceptualizing and Manipulating Identification and Transportation[J]. Poetics，2010（4）.

神的说服性信息，对个体的信仰或态度产生影响。这种从现实世界进入故事世界的时空位移，是一种脱域、从物我到无我的过渡状态。①在沉浸式传播中，人成为信息交互的界面，通过激活感官共鸣来营造身临其境的体验，这样不仅增强了交流的真实感，也为人与人之间创造了更加自然流畅的互动。通过身体"浸入"传播场域的沉浸式传播方式，重构了口传时代面对面交流的虚拟环境。叙事运输通过弱化符号介质的功能，强调人的即时参与和感官共振，重新搭建了口传时代的"声音叙事"交流拟真情景。这有助于还原个体在信息交流中的形象，从而促进与历史文化的对话和共鸣的产生。

（二）沉浸式场域文化故事的叙事重构

2014年，欧洲市场营销学者汤姆·凡·拉尔（Tom van Laer）等设想了"扩展的运输——意象模型"（ETIM），不仅提供了一个包括叙事运输前因与后果的综合模型，而且提供了一个多学科框架，认知心理学和消费文化理论交叉赋予该研究领域新的创造力。②沉浸式场域中叙事的深度，决定了观众参与文化故事的程度。观者与作品主题之间的关系会影响沉浸的程度。在初始阶段，观者仅仅是进入了作者构建的空间和场景。随着时间的推进和支线情节的铺开，观者从最初的视听体验，逐步对故事产生兴趣和参与感。到后期，观者已然成为故事的主导者，完全沉浸在作者构建的虚拟世界中。叙事的深度和观者的体验深度是同步的，随着心流状态的达成，观者最终突破现实世界的界限，全身心地融入作品空间。

演艺产品旨在将原始的真实经历通过符号转换，成为外在真实，从而构建地方性想象，"是地方性想象与建构的过程"③。旅游演艺"千古情"系列，在叙事内容上看似完成了地方性的建构，但在叙事结构和舞美上的同质化消解了受众对文化差异性的体验。在一小时之内完成景观符号、历史及地方性的言说，使符号承载了过多信息，以至不堪重负，而且观众的有限解读也使得意旨被削减。这种对文化碎片化的抽取必然产生大量扁平化的表征，使得演艺的价值流于形式而消解了表征。在叙事运输中，通过增强角色相似性，可以增加观众的认同

① 陈先红、杜明曦. 叙事运输理论：隐喻、模型与运用 [J]. 南昌大学学报（人文社会科学版），2021（5）：85.

② Van Laer T, Ruyter K D, Visconti L M, etal. The Extended Transportation-Imagery Model: A Meta-Analysis of the Antecedents and Consequences of Consumers' Narrative Transportation[J].The Journal of Consumer Research，2014 (5)：797.

③ 陈志刚. 文本再现、空间表演与旅游演艺生产者的地方性建构 [J]. 思想战线，2018（5）.

与共情，从而促进积极认知。因此，可提炼文化故事人物角色与外国故事人物角色的共同特征，进行类比叙事，以增加叙事角色的相似性。此外，情节应具有共创性，促使观众共同创造和赋予故事意义，并应基于具有一定的合法性与合理性的具体历史事件，避免虚无感。通过沉浸式场域故事的参与，参与者与叙事者便在故事的交互中实现融合，成为一体，故事交流模式从符号主导的话语实践向身体实践回转，传播活动重新回归至以人为单位、植根于人类天性的在场交往形式，达到"你中有我，我中有你"的沉浸式体验。

四、具身体验：文化情感的渗入

在沉浸式传播中，故事通过虚拟现实技术进行中介化、符号化的模拟叙事，还原出承载着"身体—空间"关系的故事现实场景与叙事空间，让受众得以在拟真化的环境中存在，为其提供在地化的身体实践机会，到另一个时空去探索价值、寻找认同。与传统的非具身化叙事相比，虚拟现实技术的应用为"身份旅游"带来了更逼真的实体空间感，这种基于身体感官体验的开放性空间叙事不仅能让受众在接受视觉、听觉、触觉等多种感官刺激后对环境形成更为强烈的心理投射，还能对所感知到的故事文本进行自主性意义诠释。通过参与演艺并与虚构的文化世界互动，观众能够深入体验文化情感，而情感投入涉及观众在演艺中的情感表达和投入程度。观众的文化背景和价值观会塑造他们对演艺中情感和表达的理解和体验。不同文化可能赋予情感不同的含义和表达方式，这使得在跨文化沉浸式旅游演艺中情感传达变得复杂而富有挑战性。因此，了解不同文化背景下观众的情感需求和体验方式至关重要。格罗塞指出："艺术具有宣泄的特征，艺术宣泄具有群体性，传播者和受众从不同的途径得到类似的补偿。"[1] 因此，传播者只有得到受众者的积极反馈，才会达到其艺术目的，艺术家在创作和整修传播过程中一定要主动地寻求受众的共识。

（一）具身理论与受众反馈

媒介发展背后的基本动因就是身体的需求，用户在沉浸式传播空间中产生的感官共振是生理、心理层面与环境互相塑造、制约的一种具身体验。具身理论（Theory of Embodiment）是一种诠释性的理论，旨在探究个体如何获取外部世界的知识并构建内部概念系统。该理论强调模拟、情境性行动和身体状态对个体的心理和行为产生影响。[2] 具身理论认为个体的知觉和判断取决于他们的身

---

① 格罗塞. 艺术的起源 [M]. 北京：商务印书馆，1984：78.

② Barsalou L W. Perceptual Symbol Systems [J]. Behavioral & Brain Sciences, 1999. 22(4): 577-609.

体与外部世界的互动。① 个体的认知、判断、行为总是发生在具体的情境中，受到个体身体和客观情境的共同限制，在特定情境中，受众的身体和客观情境及其之间的互动和作用共同造就个体的认知。② 在沉浸式的体验中，受众对情境的体验构成了具身理论的核心。有研究发现沉浸式旅游演艺的市场认可度不高，游客对高规格硬件与科技配置反馈平平，甚至部分演艺产品被观众评价为"视觉上的地毯式轰炸与四面楚歌式的情感围剿，丝毫没有深度回味"③。这不得不使人反思：沉浸式旅游演艺中是否真正从受众接受与文化的深度叙事出发，达到了直击个体内心的效果？观者语境下的介入，除了协同创作者共同升华作品的内涵，与作品空间中的媒介相互作用产生心流的状态之外，更重要的是，媒介只是提高观者沉浸倾向的手段，互动不是简单地与媒介的互动，是为了使演艺作品中观众与演员、观众与观众彼此作用、共同参与的相互碰撞，由视听感觉到情绪产生进而到情感交融的过程。因而，受众的情感的共鸣是沉浸式表达的终极目标，当沉浸式体验结束的时候，"人们仍然珍视它，因为它的价值就在他们心中，并且经久不衰"④。

（二）沉浸式传播与感官共振

在沉浸式旅游演艺中，互动性扮演着至关重要的角色，它不仅激发了观众的参与，使其成为故事的一部分，而且为观众提供了一种更深入的文化体验。这种互动性将观众带入故事情境，让他们在其中融入，而不仅仅是被动地观看。沉浸式传播环境通过激发用户的感官共振体验，将观众与文化精神世界联系起来。然而，值得注意的是，感官体验和身体的活动、交互是不可分割的，它们直接影响了用户在沉浸式传播场域中的体验方式。具身性认知理论强调认知过程是与感知运动的身体紧密相连的。用户的感官体验在沉浸式传播场域中受到身体的物理属性的影响。这些感官的物理构造决定了用户在沉浸式空间中的体验方式，同时，它们也与基于文化的精神世界产生联系，为沉浸式传播空间赋予内涵和意义。因此，身体的结构不仅影响了感官的感知方式，还影响了文化信息的理解和接受。夏皮罗认为，人类的身体特征会赋予人类心理学一套与众

① Goldman A, Vignemont F D. Is social Cognition Embodied? [J]. Trends in Cognitive Sciences, 2009, 13(4): 154-159.

② 吴俊，唐代剑. 具身认知理论在旅游研究中的应用：以跨学科为视角 [J]. 商业经济与管理，2017(6)：71-77.

③ 黄晓波. 旅游演艺游客沉浸体验和意义体验的影响及作用机制研究 [D]. 成都：西南财经大学，2021.

④ B. 约瑟夫·派恩，詹姆斯·H. 吉尔摩. 体验经济 [M]. 夏业良，等译. 北京：机械工业出版社，2002：19.

不同的基本概念，它们继而影响熟悉概念的意义，那个熟悉概念继而影响了更为抽象概念的意义 ①。因此，观众在沉浸式传播环境中的感知和认知过程是受制于身体的物理特性的。身体特性不仅赋予了技术发展的逻辑，还在与虚拟环境的互动中产生了心流的状态，将观众的感官体验与情感连接性更加深化，帮助他们更好地理解自己。此外，互动不仅仅是观众与媒介的互动，更是观众之间的彼此作用和共同参与。这种互动加深了观众与自我的感知，帮助他们更客观地解读自己。观众与观众之间的情感连接性也更加强烈，这有助于个体主动探寻真实空间与虚拟空间的精神价值，进一步深化他们对自我的认知。因此，在沉浸式旅游演艺中，互动性不仅丰富了体验，还促进了文化与观众之间的情感共振，使文化传播更加深入和有意义。

五、结论

"传播的过程不仅仅是行动，一种有目的的活动，一种符号的建立，通过它我将我的意愿传递给他人……这是一个生活共同体得以实现的生活过程" ②。文化传播的意义内核在于传递价值观念、传承文化精神、构建文化认同。空间再造、叙事运输和具身体验三者共同影响着游客的体验与认知，空间再造不仅可以通过独特的场景设计来营造出特定的文化氛围，还能够通过与叙事运输的有机结合，使得游客更加深入地理解文化的内涵，获得情感共鸣；叙事运输则可以通过生动的情节和表现形式来增强游客的参与感和获得感，从而进一步丰富具身体验的内容和形式；具身体验则可以通过真实的感受和情感互动来强化游客对于文化的认知和理解，进一步促进文化的交流和传播。在文化传承的过程中，沉浸式旅游演艺应该在科学技术与在地文化的交融中达成对人类文明的重塑。

① 劳伦斯·夏皮罗. 具身认知 [M]. 北京：华夏出版社，2014：95.

② GADAME R H-G. Truth and Method[M]. New York: Crossword Publishing，1982：404.

北京舞蹈创意营销市场培育发展趋势研究①

颜　煌② 李汝琦③

摘　要：本文围绕北京舞蹈创意营销市场培育，对其发展趋势、剧院团空间进行研究，从公共文化服务视域下剧场文化空间的转型方面进行阐述，针对数字技术在公共文化传播领域的变革给予总结，从受众角度研究舞蹈市场的惠民模式。随着政府管理方式由管理向治理的转变，社会治理结构由一元向多元发展，建立政府主导、公众参与、市场竞争、有机结合、多元共治的公共文化服务模式，是公共文化服务体系的应有之义。本文根据当前舞蹈文化背景及市场观众培育发展趋势，创新性提出"项目型舞蹈社群结构"，提升民众的舞蹈参与度，影响舞蹈演出市场、培训市场等领域，达到建构市级惠民模式的目的；深入研究公共文化服务体系中群众舞蹈市场培育发展的全局性、战略性和前瞻性问题，形成市场主体自己的声音；通过对当今国内大中小剧院团线上与线下的展现形式的观察与研究，对不同体量的舞蹈创意营销形式提出建议。

关键词：舞蹈行业；舞蹈演出市场；剧场艺术

中国舞蹈演出市场虽是小众市场，但其建设牵动着整个社会的力量。在舞蹈演出的观众培育领域里面，"项目型舞蹈社群结构"基于项目管理经验，通过整合艺术和商业的相关要素来实现舞蹈演出的产业性，用于解决舞蹈社群参与者拓展问题。

---

① 基金项目：2023年大学生创新创业训练计划项目北京城市学院"专业与大众戏剧优势资源互补机制研究——沉浸式创意戏剧舞台策划与实践"阶段性学术成果。项目团队成员：王雅津、刘妍、付冰、张埼童、刘子阳。本文依据该实验项目、成员舞台组织策划等内容进行团队撰写。

② 颜煌，男，博士，北京城市学院经济管理学部讲师。

③ 李汝琦，女，硕士，北京城市学院讲师。

一、北京舞蹈创意营销的发展趋势

（一）舞蹈行业与舞蹈市场

1.行业概念划分及特征概述

不管是在田间、地头的参与性舞蹈，还是在剧场空间的表达性艺术，无外乎利用身体这一特殊媒介进行表达，有的是为了自己的生活，有的是为了别人的观赏。当发展到一定程度，具备了艺术表达能力的时候，舞蹈艺术就成为一种特殊的舞台艺术类型。

舞蹈产业指的是以职业舞蹈生产为核心的产品主导型的艺术产业，是一个复杂的、高风险的并且市场较为狭窄的产业类型，其生产主体是各级各类的舞蹈团体或机构。在舞蹈行业这一个大的范畴里，至少存在两种最基本的情况。其中，大家最熟悉的一种是"剧场舞蹈"，即在较为规范的演出空间里展开的专门供人进行文化消费的舞台艺术作品，如杨丽萍的《孔雀》。但是在现实形态里面，其实还存在着一种更为广泛的舞蹈，即"参与性舞蹈活动"。而这两种情况有时又有着一定程度的交叠，杨丽萍舞蹈中的有些演员其实不是从小受过科班训练的职业舞蹈演员，舞蹈对他们来讲就是日常生活活动之一。不仅在边远地区的少数民族有自己独特的参与性舞蹈活动，而且在城市里也存在出于健身等目的的广场舞等自发的参与性舞蹈活动。

演艺产业，是以演艺产品的创作、生产、表演、销售、消费及经纪代理、艺术表演场所等配套服务机构共同构成的产业体系。演艺产品具体形态，包括音乐、舞蹈、戏剧、戏曲、芭蕾、曲艺、杂技等各类型演出。演艺产业包括文艺表演团体、演出场所、演出中介机构和演出票务等。

"舞蹈行业"按照性质和形态，可以划分为舞蹈演艺业、舞蹈教育培训业、舞蹈休闲娱乐业和舞蹈社会行业等四个种类。其中，舞蹈演艺业以剧场舞蹈艺术的创作和演出为主，从属于舞台表演艺术；舞蹈教育培训业以舞蹈人才培养为主，也是整个舞蹈行业里面，产出最大、效益最好的一种；再有，就是以参与性的舞蹈健身和娱乐为主的舞蹈休闲、娱乐业和以舞蹈为工具的舞蹈医疗及其他社会慈善机构。

2.北京舞蹈行业演出市场现状及环境分析

除了剧场舞蹈艺术，我国舞蹈行业内还自然形成了不同的业态，其中各种业态交互影响，共同构成了一个复杂的"织体"。国外探讨这一范畴时，用"Dance Industry"，一般会译作"舞蹈产业"，但实质上谈论的是整体的舞蹈行业。不同的业态在互相影响、共同发展。在这个复杂织体里，我们看到文化产业和文化事业不可分，还有剧场舞蹈艺术和参与性舞蹈活动不可分。这就是我国舞蹈行业的实际状态。在经济高速发展的推动下，在宽松的文化环境下，北京舞蹈事业呈现了普遍繁荣局面：（1）北京舞蹈更为个性多元的发展，极大地丰富了舞蹈艺术的舞台，并强化和巩固了北京在业界的引领地位；（2）北京以一个更加开放的国际大都市形象日益自信地走向国际舞台；（3）北京舞蹈的普及性发展，尤其是校园舞蹈与群众舞蹈的发展引人瞩目；（4）北京舞蹈市场在经济发展背景下有了长足发展。

当下舞蹈演出市场的制作，应当关注市场的规律与发展趋势，得到最大的信息反馈，形成一个文化艺术生产有效循环。那种高成本、大制作的所谓"大手笔"的舞蹈演出，势必会在票价上高于观众的实际消费水平。在我国由于体制、机制等因素，剧场舞蹈艺术和参与性舞蹈活动长期以来处于一个脱钩的状态，由此而带来了舞蹈行业发展的诸多问题。舞蹈的"大众化"和项目式舞蹈群集管理的可能性，也是未来的趋势。

（二）北京舞蹈创意产业部落集群

1. 北京舞蹈创意产业部落集群

从20世纪80年代起，北京周边形成了许多区域性艺术机构和艺术空间的发展群落。它体现了当代艺术机构的一种新的生存方式，同时也形成社会结构中一个相对独立的艺术场域。这些艺术机构随着北京国际性大都市化的进程而不断扩大和蔓延，根据其所处地理位置，周边环境逐渐演化成具有独到特点和面貌的艺术发展区。

城市通廊、展演广场可以体现在活动空间的人文层面上，在设计艺术设施时，不是追求其物理空间的"座位"数量，而是注重其无形空间的活化开放程度。这是一个创新，在我们周边将会有更多的艺术活动展示与作品分享空间契口。剧场，不能再是单纯演剧的地方，更应将观剧体验融入进来，应当有造剧、留剧的过程，在剧场外围可以增添微型美术馆、文艺书店、温馨咖啡室等，有形基础上的空间则可以不断地无形化，例如展演作品、艺术节事活动等。

在艺术学领域，应重视艺术的社会功能研究。艺术总是跟社会需要联系在一起，如果不与社会发生关系，自发性无法导致作品的产生。舞蹈参与的活动，具有社会整合功能，以最简单的方式、用最普世的价值，与更广泛的受众群体沟通与交流。

2. 舞蹈产品的艺术营销法则

很多人认为艺术营销相当于是在销售一件产品，简单归类于产品销售行为。即使推广活动与服务，都依然视为最容易、最直接能够得到结果的营销手段，艺术观众拓展并不等于普通产品的销售，艺术营销应当包含针对项目型的社群结构建设，很多艺术机构在项目型整合营销方面应当做到如下层次：

形象建立。在一个特定的社区中，有效地进行艺术经营，建立好品牌，来增进艺术机构的实力与服务能力。如果艺术机构创造出的"公众形象"是持续有功效的，社区居民、文化艺术参与者自然而然会投注信赖、参与、支持，艺术机构才能够推出各项文艺活动。这里面需要关注的是项目型节目的操作方式，如在演出形态与内容上，可以选择较为人知的作品等；演出品质可以尽量提升，选择熟识度高的舞蹈家等，这是观众考量是否参与项目的重点；降低距离感，在宣传观众参与演出活动时，避免用太正式或太严肃的方式；弹性调节票价，由于票价的高低与否，会影响到参与者的活动参与意愿，弹性票价的实施是一个可尝试的模式；便利的购票渠道。

大众教育。通常大部分的人，比较熟悉主流的艺术家和传统艺术。而大部分的艺术家也都想在这种主流和更具挑战的艺术创作之中，寻求一个平衡点。艺术营销则可以用以教育观众，让他们更接近并熟悉艺术项目。为了让艺术机构能够发出有效、对位的通稿，负责营销、策划整合的管理者需要花大量的时间，深入了解所宣传的艺术家或项目主题内容。

观众培育。舞蹈市场观众的培育，不是数量意义上的增加。观众培育，应当了解被某艺术项目吸引的人群特征，并对其进行兴趣的持续培养。时刻知道一个关键点，通过项目型社群活动内容的开发与宣传，艺术项目管理者可以构建一个桥梁来链接参与者与项目。在这里需要介绍一些改变观众对于参与文化活动基本态度的方法，如提升观众对于演出活动的心理期待，增加演出活动的特别性，给观众提供充分的演出相关信息，让参与者感觉在项目的活动当日，可能会有许多好的且不确定的亮点；强调项目型社群活动的重要性，这是一种最基本的心理建设，必须长期维护；老带新形式，由经常参与活动的爱好者，激发对活动持观望态度的好奇者的参与热情，并以他们自己的参与经验，来强调参与项目活动的重要性；锁定特定群众，针对那些较有可能参与项目活动的群众多做一些宣传，并鼓励他们去影响周边的亲友；增加儿童以及青少年对于项目活动的兴趣，可增加青少年接触表演艺术的机会。

观众的形成，首先包含"入门点"因素——热诚、舒适、非强迫，在这些给新观众团体机会的安排下，来发掘艺术项目的好处。这里需要强调"体验"的关键性：通过项目型社群构建，观众的需要、潜能是极大的，通常的"传统艺术"追随观众是有限的，现在，艺术有了更广泛的定义，伴随着创意项目的适用，项目型社群结构完善之时，能够提供新观众更多艺术形式、举办地点，以及展现方式来体验艺术。项目型艺术营销研究能够深入探讨潜在观众的需求和习性，帮助艺术机构设计合意的项目节目、展览活动、体验服务等。

通过艺术机构或项目的计划来评估策略时，应当重视艺术营销的作用，因为其反馈可以告诉项目策划、执行者更多的信息，这些都远远要重要于营销本身的宣传等。艺术项目的营销基本着重于：（1）社区群众对艺术项目的直观感受如何；（2）社区或特定团体，对项目本身有何期望、需求；（3）项目活动内容品质是否符合参与对象的要求；（4）民众是否听到、看到艺术项目的营销讯息。

项目管理者对项目市场反馈的迫切性高于某个环节的产品销售者，项目管理者负责提供项目的社群公共关系策略。

（三）北京舞蹈创意营销政策导向

《关于加快构建现代公共文化服务体系的意见》指出，"要坚持改革创新，加快转变政府职能，完善管理体制机制，创新公共文化服务内容和形式，促进文化与科技深度融合，推动文化事业和文化产业协调发展"。近年来，公共文化和文化产业在文化强国建设道路上相辅相成。文件中提出"鼓励和引导社会力量参与"："进一步简政放权，减少行政审批项目，吸引社会资本投入公共文化领域。建立健全政府向社会力量购买公共文化服务机制。"这种政策就是一个明确的导向，构建一个良性的模式，开展政府和社会资本合作，从而促进公共文化服务提供主体和提供方式多元化，在有条件的情况下探索开展公共文化设施社会化运营试点。

范周教授认为，"公共文化服务通过票价补贴、剧场运营补贴等方式，支持艺术表演团体提供公益性演出；鼓励在商业演出和电影放映中安排低价场次或门票，鼓励出版适应群众购买能力的图书报刊，鼓励网络文化运营商开发更多低收费业务"。公共文化服务扮演起了文化产业生产和群众文化消费之间的桥梁角色。

在未来文化产业的发展中，政府首先应该做好文化服务的提供者，大力发展公共文化事业。文化事业发展是文化产业繁荣的前提，没有良好的文化事业做基础，文化产业的发展就只会是空中楼阁。一方面，借助国家或区域政府投资的大制作舞剧层出不穷，百姓自发的广场舞蹈也在迅猛发展，另一方面剧场舞蹈的观众群单一和群众舞蹈活动的管理体制陈旧、创新能力不足等问题也日益凸显。在一定程度上出现了艺术生产过剩、高雅艺术传播效率低下、艺术与社会良性互动不足等结构性问题，舞蹈艺术自身也呈现出艺术生态单一、艺术创造力不足等发展瓶颈问题。诸多实践问题，亟须理论关照。[①]

由北京市文资办举办的"北京惠民文化消费季"[②]可谓是打造了一个文化消费的新平台，至今已经成功举办两届。从北京市文资办网站了解到，在北京地区登记、注册，具有独立法人资格，具备相应组织策划实施能力和相关业务经验的企事业单位可参与推荐、报送相关活动项目。惠民文化消费季有着创新的工作思路及运作方式，秉承"政府引导，市场运作，节俭务实，惠及市民"原则，整合各界资源，进一步规范活动举办，提升活动品质，丰富活动类型，在文化企业和消费者之间搭建更为健全的文化消费平台，推动文化产品和文化服务在更广范围和更深程度上惠及广大人民群众。

二、剧场、剧团与新媒体营销

（一）剧场空间拓展及剧团剧目演出

剧场集聚群的形成非常符合低成本概念以及打造"品牌"的意义，而且我国正在慢慢形成更有集聚效益的小剧场群。繁星戏剧村正是利用这个概念而成的具有代表性的小剧场群，而正在计划由一变四再变多的天桥剧场群也是加入剧场集聚区建设的先驱之一。集聚群的好处之一就是资源的共享性，售票、演出信息、周边产业等都可以借此发挥。相近的空间，适合做不同类型的观众拓展活动以并获得他收益。除了一般举办的戏剧节、演出周，还可以将剧场创设以来所有剧目的台前幕后故事、花絮照片、主创人员手稿等做成回顾纪念册来进行售卖；再或者利用集聚群的公共空间做"剧友会"，让剧场内的演员、导演、编剧甚至舞台工作人员走出来，为戏剧爱好者从各个角度诠释小剧场剧目制作的故事。

---

① 北京舞蹈学院《舞蹈观众拓展与公共艺术教育创新机制研究》教育部科研项目申报书。

② 回溯首届北京惠民文化消费季特点：北京市各项文化活动总成交金额达 52.3 亿元，累计文化消费人次达 2654.3 万。线下成交 23.5 亿元，占比为 45%；网上成交 28.8 亿元，占比为 55%。这一数据说明未来文化消费将逐步向电子商务方向发展。回溯第二届北京惠民文化消费季特点：共有 3772.5 万人次市民购买文化产品和服务，消费总额达 101.8 亿元，较之首届增长了 94%。参与的网站数量由首届时的 10 家增加为 13 家，所推出的文化产品涵盖了图书音像、动漫游戏、艺术品交易、教育培训、休闲旅游等文化消费的多个领域，直接消费额达到 58.9 亿元，增长 104%。

（二）舞蹈项目制的平台化营销案例

对于舞蹈的文化创意产业而言，当务之急是建立一个具有一定规模的产业链，无论是舞蹈的创意环节还是舞蹈出品、营销环节都需要一个具有协同创新特征的合理的产业结构，利用创新能力提升项目的科研水平，在一线调研的基础上，构建开放获取、开放知识的信息平台。

周莉亚、韩真的舞剧《永不消逝的电波》，其题材、年代的选择是成功的支撑，而人物的情感线索却可以运用在当代人的生活、工作之中，是可以进行类比的，人们自然就感同身受了，因此形成舞蹈 IP。系列舞蹈作品《亚彬与她的朋友们》不断在国家大剧院上演，本身就是一种合作与创意的代表，也是舞蹈家的 IP 之作，这里的朋友似乎也包含了观众本身，陪伴了这部舞剧多年，人们自然就有情感赋予其中。因此，舞蹈 IP 应当具有良好的场景定义能力与情感联结功能。在这个复杂织体里，我们看到文化产业和文化事业是不可分的，剧场舞蹈艺术和参与性舞蹈艺术不可分离。[1]

传播的力量本身就具有一定的引导性，人们旧有的惯习需要跟随时代的审美而变化，当下，观众拓展、市场营销相互之间是不矛盾的，彼此之间也有着紧密的关联，突破边界与提升观众的参与度，这成为舞台表演艺术市场的目标。舞蹈观众本身具有审美习性，这是观众心理定势的一种表现，而这种表现是自然、直接的，并非受到强制、要求。

舞蹈观众的群体性特征形成因素比较多，总体来说这是对"观众共同体"的构建。从上述观众的潜在审美心理定势可以看出，舞蹈观众往往会有大体一致的民族审美需求与不同的个人情感追求，这是构成"观众共同体"的心理基础，是受内外因素、历史与当下的共同影响。对于舞剧而言，任何舞蹈者都会期望自己出品的舞剧将是人们日常生活中的一个"如雷贯耳"的品牌，成为受人们喜爱的文化产品。舞蹈观众的养成是一个长期的过程，涉及观众心理、审美水平、社会文化条件的支撑。这里的社会文化条件可以从两个层面理解，一个方面是文化平台的提供，这是舞剧展示与传播的渠道，当下的平台大小不一，但是有一个共同的特点，都在追寻品牌性与持久性，从而产生更多的作品，更多的人也会融入进来，这是一个时代的新风尚（诸如政府搭台、企业让利的形式，形成了不同的舞蹈季与消费季）；另一个层面，艺术管理、艺术评论的介入，

---

① 在诊断某些舞剧没有达到预期上座率的原因时，评估宣传渠道或是舞剧推广活动、讲座所获得的人群趣味注意力是很有效的。如果某位舞蹈家或舞蹈作品在市场中并未获得持久的关注热度，可能是在明星效应、作品编创上没有可以让观众产生兴趣的地方。

改变了过往"舞者—普通舞蹈观众"的体系,艺术管理、艺术评论的新构成促使普通舞蹈观众有了观剧的"帮手"或"引导",在形式上产生了更多沟通、互动的应用平台。

不论是剧场管理者还是社区艺术管理者,均可以将观众看做是艺术产品的客户,以客户全方位体验为基准,这符合商业演出的特性。"由于公众的规模(还有社会质量)为独立('纯艺术''纯研究')或从属('商业艺术''实用研究')于'大众'的需要和市场的限制以及不计利害价值的认同提供了良好的尺度,它无疑构成了在场中占据的位置的最确实和最清楚的指数。"①面对这样的舞蹈文化市场,舞蹈家也受到了舞蹈消费市场、舞蹈赞助方的影响。

在大环境基础上,舞蹈项目制是舞蹈艺术、市场发展的创作、推广保障,中国舞蹈产业现代化管理模式是可以逐渐构建起来的。项目可由目标、时间、预算、人员、内容、创意等要素构成,是系统性与临时性共在的一次制度性团队支撑。舞蹈项目多由项目负责人、项目执行人、项目艺术家(很多的时候身份会重叠)等,运用计划、组织、协调与控制等方式,实现目标管理与过程管理。舞蹈项目有如下的要求:(1)项目负责人制,由一个人来统筹,充分调动团队的力量,达到效率的提升;(2)遵循现代化管理理念与方式,这是对资源优化配置、行为规范化的保障;(3)以项目为目标管理而达成一套完整的运行过程。

在以拓展活动为中心的模式中,我们可以将创造性艺术、参与性公共艺术作为艺术的原点,而艺术家与观众则有了创意、开放的环境基础,这是舞蹈艺术社会拓展的基础,目的自然是构建创意共享的模式。所谓公共文化服务,就是为社会提供公共文化产品(展品、剧目等)、公共文化设施(免费开放)和公共文化服务(服务项目)等,以使某地人民群众可以共享文化资源,并深度参与文化的建设与体验。这就要求,我们必须通过各类实验研究、政策分析和理论思辨等方法,在供给主体能量动员、消费主体深度角度等方面探索。从舞蹈市场的角度看,由生产—消费决定,舞蹈也属于以艺术创意为核心的表演艺术产业,这适用于以拓展活动为形式的项目,这类拓展活动也被称为"活动行业",这类行业并非固定不变,如一些文化消费惠民季的活动,包含着一种集体狂欢性质的仪式文化活动,与特定的地点、时间紧密相关,具有一定的周期限制。

---

① 布迪厄. 艺术的法则:文学场的生成和结构 [M]. 刘晖,译. 北京:中央编译出版社,2001:265-266.

　　对演出观众的分析可以细化到观众的审美趣味层面,带动观众的观剧体验,培养观众的创新性思维。纯舞蹈艺术属于小众文化艺术范畴,对观众而言欣赏限制因素较多,如专业艺术修养、经济收入等,而引导型舞蹈观赏,则相对降低了不少限制。随着歌舞晚会、音乐舞蹈文化节等的兴起,舞蹈市场趋向表现形态多元化、交流性质较强的舞蹈语言。

　　随着经济信息化和全球化的深入、市场结构性变化的进一步发展,企业之间的竞争不再局限于产品、价格、渠道、促销等单一方面,企业需要找寻崭新的产品组合模式。例如,由于市场的刺激,舞蹈家更加关注、利用编创形式及演出周边的创作素材。在实践层面上,如何使用有限的演出资源创造更多的价值和效益,成为演出市场中项目经理、编导们思考的问题。例如,互联网的发展打破了演出产业、培训业、研学体验的地域限制,文化内容生产与文化传播渠道的关系发生了变革,也让更多消费者变换身份参与到文化产业的市场中。

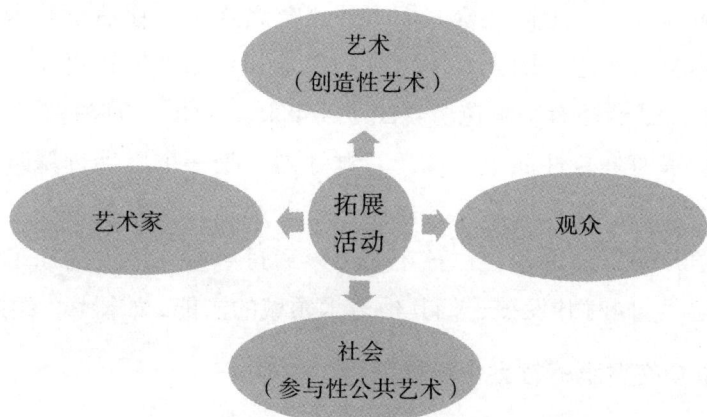

舞蹈艺术社会拓展的创意共享理论模型

　　就新媒体舞蹈项目的多重表意系统功能而言,此类项目的商业可行性延展可以通过若干市场试验阶段论证:计算机辅助编舞软件开发及其在游戏等新兴创意产业中的应用;记录型媒体舞蹈及其在提升舞蹈及影视本体生产力方面的独特功能;互动(非艺术表达目的)型媒体舞蹈及其在舞蹈教学、游戏等相关文化产业领域的作用;演出推广型媒体舞蹈在拓展剧场舞蹈市场营销、人才聘用、艺术管理等方面的作用;新媒体舞蹈艺术具有巨大的"软实力"作用。

三、完善"项目型舞蹈社群结构"的惠民模式

（一）艺术市场中的艺术消费者

谈到中国艺术市场，必须从市场主体——观众说起，所谓艺术消费者（Art Consumers），从艺术学角度而言，是指这样的一种个体，他/她通过感官系统（可以是眼睛、耳朵、鼻子的视觉、听觉、嗅觉，也可以是身体的触觉等）来接触艺术作品，在这个体验过程中，所产生的是感知、体验、理解、想象、再创造等综合心理活动，不断达成个体原始目标——获取精神满足和情感愉悦。面对艺术消费者，我们需要做到的是不断完善市场艺术消费者培育结构，才能够让艺术市场不断拓展。

其实我们都是艺术消费者或者潜在观众，如果能够通过得当的市场观众培育，是会不断巩固与扩大当下艺术演出市场的。而舞蹈艺术市场的拓宽，就需要谈到何种市场营销模式为最佳方案了。"惠民模式"让更加优质、更加便捷的艺术市场敞开大门，走向民众，而当务之急之路为：让热爱艺术的民众得到最大的艺术体验与实惠，因此必不可少的艺术观众拓展模式更加重要。为北京公共艺术作出贡献的还有中央芭蕾舞团。近年来，剧团一直坚持在国内举办"走进芭蕾"等一系列公益性演出活动。"舞计划"是一个以促进舞蹈文化普及为核心的公益计划，"城市流动儿童舞蹈艺术普及项目"系列活动，在北京市的打工子弟小学开设舞蹈课程，让孩子们可以通过讲座、放映活动了解和熟悉舞蹈这门综合艺术，同时开发孩子们其他艺术领域的潜能，如摄影、绘画、音乐等。

（二）群众性舞蹈的社会化发展趋势

对于艺术教育而言，政府要有政策导向，匹配资金支持，进行平台扶持。说起舞蹈艺术观众拓展的模式，不得不提及舞蹈艺术管理——面向舞蹈行业难度很高的精细化管理体系，需要处理的问题包括：人力资源管理、演出制作管理等等。对于舞蹈行业这样一个复杂的组织体系来讲，编导、演员，甚至包括一些活动的志愿者组织及操作手段、流程，都是很重要的，也是很难处理完善的一个命题。与其他表演艺术管理比较类似的就是演出制作管理，同样需要处理政治、文化、法律和财务方面的问题。

　　应当在优质舞蹈市场环境下培育新型舞蹈体验消费者群集。[①]在公共社区中，艺术家的引导与其行为文化理念构成的职业舞蹈群体走进普通人群，是舞蹈艺术核心价值体现的最大效能。提及培养舞蹈体验消费者，近些年，北京舞蹈学院、云门舞集等在国家大剧院进行舞剧与创意分享的时候，均是有编导现场授课的，这种边舞边演边讲授的形式，不是简单的汇报讲座，而是零距离艺术分享的过程，是一个实施现场。其他诸如课堂教育、社区艺术教育、兴趣社甚至在网上的各种艺术知识的普及活动，都为广大群众的艺术教育做到了最大程度的铺垫。在可持续艺术生态发展模式下，在自然环境下生成一棵"大树"，需要"根须"——艺术教育，如此方能有效汲取来自"泥土"的滋养。也只有这样，剧场才能够将现代艺术表演活动的商品属性与社会属性结合起来。

　　[①] 北京市朝阳区为北京市首个国家公共文化服务体系示范区。在空间项目管理方面，朝阳区设置垡头文化中心、798"玫瑰之名"艺术中心、世纪村社区文化中心、大排练厅等。从朝阳区的社会空间项目中看到其市场培育空间，如朝阳流行音乐周、国际文化交流活动、书画工作室、红半天女子鼓乐团、非职业剧团、新工人（民工）讲习所、快板刘曲艺队、援朝民乐队等。

"短视频 +"模式助力乡村振兴的
路径探究 [①]

张瓯宁 [②]

摘　要： "民族要复兴，乡村必振兴"。党的二十大再次强调新征程"最艰巨最繁重的任务仍然在农村"，明确把"全面推进乡村振兴"作为新征程"三农"工作的主题主线。据 CNNIC 发布的《第 51 次中国互联网络发展状况统计报告》显示：截至 2022 年 12 月，我国网民规模为 10.67 亿，同比增加 3.4%，互联网普及率达 75.6%。其中，城镇网民规模为 7.59 亿，农村网民规模为 3.08 亿，短视频用户规模首次突破 10 亿，用户使用率高达 94.8%。在中国，农民占人口的绝大多数是一个基本国情，而互联网的普及与短视频的传播为乡村振兴提供了新的发展工具，乡村短视频应运而生。乡村短视频是指以农民为创作主体，以乡村为创作主题，通过社交媒体平台展示乡村美景美食、日常生活、文化习俗或提供信息服务的短视频形式，在全面展现乡村特色生活、充分带动乡村经济发展、实现农民多元自我价值、助力乡村振兴等方面起到了关键作用。总结当下"短视频 +"模式在助力乡村振兴中的作用形式，厘清"短视频 +"模式助力乡村振兴的内在逻辑，探索"短视频 + 乡村振兴"的可持续发展之路，对于促进巩固拓展脱贫攻坚成果同乡村振兴有效衔接具有较强的现实意义。基于以上，本文的研究主要围绕乡村振兴背景下"短视频 +"模式的现实图景、"短视频 +"模式助力乡村振兴的内在逻辑与乡村振兴视角下"短视频 +"模式的可持续发展路径探究三部分展开。

关键词： 短视频；乡村振兴；"短视频 +"

引言：乡村振兴战略与"短视频 +"模式的兴起

　　"民族要复兴，乡村必振兴"。2017 年，党的十九大报告中正式提出了实施乡村振兴战略的总要求，坚持农业农村优先发展，努力做到"产业兴旺、生态宜居、乡风文明、治理有效、生活富裕 [③]"。2022 年，党的二十大再次强调，

---

　　① 本文为 2023 年浙江省大学生科技创新活动计划（新苗人才计划）"数字媒介助力乡村振兴应用研究——以乡村短视频为例"（项目编号：2023R445074）研究成果。

　　② 张瓯宁，杭州师范大学文化创意与传媒学院硕士研究生。

　　③ 习近平．决胜全面建成小康社会　夺取新时代中国特色社会主义伟大胜利：在中国共产党第十九次全国代表大会上的报告 [J]．党建，2017(11)：15-34.

新征程"最艰巨最繁重的任务仍然在农村",明确把"全面推进乡村振兴"作为新征程"三农"工作的主题主线。

据 CNNIC 发布的《第 51 次中国互联网络发展状况统计报告》显示:截至 2022 年 12 月,我国网民规模为 10.67 亿,同比增加 3.4%,互联网普及率达75.6%。其中,城镇网民规模为 7.59 亿,农村网民规模为 3.08 亿,短视频用户规模首次突破 10 亿,用户使用率高达 94.8%[①]。在中国,农民占人口的绝大多数是一个基本国情。随着乡村振兴的不断深入,农村网络基础设施得以不断完善,自媒体的创作门槛不断降低。以农民为创作主体,以乡村为创作主题,通过社交媒体平台展示乡村美景美食、日常生活、文化习俗或提供信息服务的乡村短视频应运而生,在全面展现乡村特色生活、充分带动乡村经济发展、实现农民多元自我价值、助力乡村振兴等方面起到了关键作用,也逐渐成为城乡主体相互认识彼此交流的新途径。

乡村短视频不仅呈现表达着乡村,随着其传播范围的不断扩大,创作内容日益丰富,"短视频+直播""短视频+传统文化""短视频+乡村文旅"等"短视频+"模式的应用场景也在不断拓展,在推动信息传播、助力精神扶贫、搭建致富模式、强化舆论引导、参与基层社会治理等方面发挥了重要作用,成为乡村振兴进程中不可忽视的重要力量与强大工具。

一、乡村振兴背景下"短视频+"模式的应用图景

乡村振兴战略提出的数年来,政策不断完善,振兴方式不断增加。随着移动智能设备的普及与网络基础设施建设提升,短视频的创作门槛逐渐降低,昔日处于"边缘"的乡村与农民逐渐拥有了主动权与话语权。"短视频+"模式将文化与商业糅合,充分发挥其作为媒介的信息传播力量,作用于乡村振兴的各个方面。

(一)乡村短视频的题材类型

乡村文化短视频以短小精悍、通俗易懂等特征持续吸引受众,不断拓展着乡村传播的空间。纵观当下乡村短视频的创作情况,常见的题材类型主要分为以下几类:

---

① 国家图书馆研究院. 中国互联网络信息中心发布第 51 次《中国互联网络发展状况统计报告》[J]. 国家图书馆学刊,2023,32(2):39.

1. 乡村景观呈现类

乡村是相较于城市概念而言的行政地理区划，在地理景观、经济条件等方面与城市呈现出较大的区别。费孝通在《乡土中国》中提道："从基层上看去，中国社会是乡土性的。"①

2019 年，李子柒被《中国新闻周刊》评为"2019 年度文化传播人物"，其短视频中运用大量的空镜描绘乡村的美好风光，云雾袅袅的山峰、夜间高悬的明月、院子内的藩篱、田间地头的野花、虫鸣鸟啼、流水潺潺的自然声响勾勒出田园牧歌式的美好生活画卷。在牧民达西的视频中，乡村或是无垠的草原天地，或是冬日里枯黄的芦苇与厚厚的冰层。而大庆赶海里，乡村则是海边的石头房与海滩沙地。来自不同地域的创作者通过短视频呈现出不同的乡村景观，以此打破了人们对于乡村落后的单一想象。

2. 乡村日常生活类

自春秋时代，《诗经》中的《硕鼠》《桑柔》《民劳》等就有对乡村风貌、乡村生产和生活场景的描述。至魏晋唐宋时期，陶渊明的《归园田居》、王维的《田园乐》、白居易的《观刈麦》、翁卷的《乡村四月》等等更是描绘与呈现出乡村生活与生产的艰辛或美好。

乡村生活也成为众多乡村短视频创作者们的创作重点。2021 年，一个名为"张同学"的抖音账号迅速走红，短短两年时间，其在抖音平台上的粉丝量达到了 1746.6 万，视频点赞量达到了 1.4 亿。与李子柒用精美的镜头画面呈现乡村不同，张同学的短视频用"流水账"的形式，毫无章法地记录着他的乡村日常：每天清早从炕上翻身坐起，拉开窗帘放进阳光，换上衣服去院里喂鸡喂狗……而正是这样的真实记录让观众感受到了一种纯粹简单、行动自由的低欲望生活。"民以食为天"，在中国人心中，食物有着重要的地位，承载着中国千年的饮食文化。食物制作也是乡村居民们日常中的必要活动。非洲媳妇 Rose 的短视频中常以为丈夫和儿子制作美食展开，靠木柴生火的老式灶台冒出的不仅仅是食物的蒸腾热气，更是乡村生活浓重的烟火气。

3. 乡村传统技艺类

中国自古以来便是农业大国，有着广泛的农民基础。在乡村的土地上孕育出了众多传统文化。据统计，乡村保存了我国 73% 以上的非遗项目，这些非遗兼具文化属性和经济属性，"短视频＋非遗"也成为助力乡村振兴的重要抓手。譬如，在"苗家阿美"的短视频中，阿美身穿苗族绣花服饰，带着苗族头饰、颈饰，居住场所极具湘西特色，讲着当地方言，将少数民族符号的元素贯穿视

---

① 费孝通. 乡土中国 [M]. 上海：上海人民出版社，2019：11-23.

频始终。短视频博主彭传明素有"男版李子柒"之称，在他的视频中，常常展现传统非遗的制作过程，其短视频《"一两黄金一两墨"古法徽墨制作》获得了805.8万次点赞。而拍摄这样一条时长不足8分钟的"古法制墨"视频，彭传明前后需要花费两年时间。"陌生化"的古法制作工艺满足了大众的猎奇心理。通过短视频，众多乡村非遗项目得以被看见、被熟知、被传承。

（二）乡村短视频的内容创作与生产模式

时至今日，乡村短视频早已发展为一种广受关注的视频创作类型，其内容创作与生产模式也发生了巨大的改变。

1. 个人—娱乐模式

乡村短视频诞生之初原是因互联网及短视频平台的下沉，昔日沉默的乡村村民们开始使用手机移动端拍摄记录他们的乡村生活以日常娱乐，以村民个人主导的模式充分激发了村民主体的积极性和创造力，为乡村短视频的创作提供丰富的视角和素材，呈现出乡村生活丰富多样的图景。

2. 机构—商业模式

随着乡村短视频不断发展，资本看到了乡村短视频背后巨大的商业潜力，短视频专业机构 MCN 公司开始介入，与用户协同合作，保障内容的持续输出。这是一种内容创作从个体工坊生产转化为规模化、专业化、系列化制作的资本运作模式，它最终追求的是商业上的变现。[①] 如抖音平台上潘姥姥主页简介中标注其账号属 MCN 机构：小灿灿新媒体。商业机构的主导有利于增强短视频内容生产专业化、规范化，可以帮助创作者个人或小团体在较短的时间内走上运营正轨，形成稳定的内容输出和流量变现收入。但商业化的同时也导致乡村短视频在乡村文化的传播上浮于表面。

3. 政府—宣传模式

不论是创作者个人记录抑或是 MCN 专业机构主导，乡村短视频的热度不断提升，让大众看到了乡村短视频之于乡村振兴的潜在力量。一些政府部门或是具有政府背景的机构，开始使用短视频宣传乡村，以期增加本地物产和旅游景观的曝光度和知名度。如2020年11月，时任新疆伊犁哈萨克自治州昭苏县副县长贺娇龙"亲自上阵"，为当地拍摄了旅游宣传短视频。视频中，她身披红色斗篷，在雪原上飒爽策马，气势如虹。视频一经发布，便火爆全网，贺娇龙成为不少人心中的"网红女县长"，拍摄地昭苏玉湖景区也被带火。如今，贺娇龙的短视频账号已经拥有500多万粉丝，直播带货农副产品销售额突破2.1

---

① 王颖吉，时伟. 类型、美学与模式：乡村短视频内容生产及其创新发展 [J]. 中国编辑，2021(11)：23-28.

亿元，带动当地直接就业 2300 多人。此后各地文旅局长们乃至政府纷纷运用短视频宣传当地。同时，各地政府也开设了官方账号，发布当地的美食美景等短视频。尽管各地县级融媒体中心建设的情况不同，但政府是确保乡村文化振兴顺利实施的基础，这些政府主导的短视频对于宣传地方特色，扩大当地影响，丰富乡村文化生活，引领乡风文明建设，保护和发扬乡村传统文化都具有重要作用。

4. 多元主体合作模式

随着短视频影响力的不断扩大，不同主体及不同模式之间也开始了优势互补、创新合作。如政府通过相关活动携手短视频创作个人与专业机构共同推广当地的文化旅游资源。多主体合作之下，不同主体的创作优势被整合起来，既能促进乡村短视频的内容质量提升，又能拉动整体行业效益的增长，最终发挥"1+1>2"的效果。

（三）多维度视角下"短视频 +"模式助力乡村振兴的应用梳理

1. 经济视角下"短视频 +"模式的应用

当下，"短视频 + 电商"与"短视频 + 文旅"的模式带来了强大的经济效益。以抖音平台为例，2023 年 4 月，抖音生活服务发布的《乡村文旅数据报告》中显示，截至 2023 年 4 月，平台内新增乡村内容数累计超 4.59 亿个、播放量超 23 901 亿次，同比增长达 65%。这些记录乡村美好生活的内容引发了网友 415 亿次的点赞，分享次数同比增长 126%，达 28.05 亿次。在抖音平台"山里 DOU 是好风光"活动的助推下，乡村文旅打卡点达到了 15.17 万个，打卡内容达 6046 万余个。[①]据抖音电商发布的《2023 丰收节抖音电商助农数据报告》显示，2022 年 9 月至 2023 年 9 月，抖音电商共助销农特产 47.3 亿单，平均每天就有 1300 万个装有农特产的包裹销往全国各地。同时，抖音电商通过"山货上头条"专项助力农产品产业带数字化焕新升级，投入了货品补贴、流量扶持、商家培训等，在渠道拓展、品牌打造、产销对接等方面不断助力，完善产业链条。[②]

当前，短视频业已成为中国农村经济发展中的一支特殊的新兴力量。随着短视频的快速传播，"短视频 + 电商"模式下的"农村电商经济"已逐渐形成一条完整的生产推广产业链条。短视频创作者通过视频宣传农产品，与潜在消费者建立直接的信任和情感联系，引导其购买，消费者通过视频的购物链接下单，

---

① 抖音生活服务. 乡村文旅数据报告 [EB/OL]. [2023-04-20].http://www.100ec.cn/index/detail--6626626.html.

② 抖音电商. 2023 丰收节抖音电商助农数据报告 [EB/OL]. [2023-07-21].https://trendinsight.oceanengine.com/arithmetic-report/detail/1004?source=m_etoutiao.

电商物流平台第一时间将产品送至消费者手中从而完成农产品的推广售卖。

在乡村旅游经济方面，创作者通过短视频拍摄乡村美景、民俗节庆等文旅内容，吸引游客观光，起到了潜在的推广、宣传作用，从而助力乡村旅游业蓬勃发展。

2. 政治视角下"短视频 +"模式的应用

乡村振兴战略作为顶层设计战略离大众的生活到底有多远？乡村短视频通过影像的方式展现乡村风貌与乡村生活，由各政府官方账号发布的乡村短视频更是让大众看到了乡村振兴的行动实效，也体现了新时代以来通过精准扶贫带来的乡村巨大发展，充分展示了在党的引导下乡村振兴战略的先进性与务实性。

同时，乡村短视频能够充分发掘地方资源禀赋，形成了各具特色的乡村振兴模式，充分展示了中国特色社会主义制度的巨大优越性。

部分农村地区在短视频应用中，也针对性地探索了一些新应用平台，如"短视频 + 基层党建""短视频 + 农村精神文化建设"等，在乡村建设与治理中，乡村短视频也是参与基层社会治理的形式之一。乡村短视频创作者能发挥其技术、人力等方面优势，为乡村"扶治"提供便捷和低成本的信息宣传、民众参与和有效监督等有利条件，[1] 为乡村治理提供良好的社会基础。

3. 社会视角下"短视频 +"模式的应用

费孝通先生曾指出："乡土社会在地方性的限制下成了生于斯、死于斯的社会。……每个孩子都是在人家眼中看着长大的，在孩子眼里周围的人也是从小就看惯的。这是一个'熟悉'的社会，没有陌生人的社会。"[2] 随着城镇化进程，都市高楼林立，一堵堵围墙隔开了人与人之间的交往相处。而大众媒介能通过信息传播的方式发挥社会联系与协调社会成员的功能，使得乡村短视频具有了实现社会要素功能性聚合的能力。

在众多乡村短视频博主的视频中，皆有邻里乡亲友好交往的美好画卷。譬如在李子柒的短视频中，每当其制作完美食，便会往村里的亲戚家送去。"蜀中桃子姐"更是在视频中展现了其与丈夫、婆婆一家人美好诙谐的生活图景。乡村短视频中蕴含着传统价值中长幼相扶、亲邻守望相助的伦理理想，呼唤大众对传统社会的温情记忆。

4. 文化视角下的"短视频 +"模式的应用

"文化是依赖象征体系和个人的记忆而维护着的社会共同经验。"[3] 当下，

---

[1] 曾润喜，莫敏丽．面向乡村振兴战略的"乡村短视频 +"可持续发展路径研究 [J]．中国编辑，2021(6)：23-26.

[2] 费孝通．乡土中国 [M]．上海：上海人民出版社，2019：30.

[3] 费孝通．乡土中国 [M]．上海：上海人民出版社，2019：59.

"短视频＋非遗""短视频＋科教"皆从不同领域助力乡村振兴。

截至 2023 年 2 月,在抖音,有 1557 个国家级非遗项目,视频播放量超 3726 亿。"短视频＋非遗"模式通过短视频展现乡村里的非遗文化,并通过电商实现非遗的商业价值,完善"展示＋消费"的闭环,让更多人了解非遗,帮助非遗传承人们获得经济收益,从而保护非遗。

乡村短视频中所呈现出的长幼有序、邻里乡亲也唤起了大众对优良传统文化的记忆与认同。当下,由短视频博主推出的技能培训、政策解释、科学文化教育等科普类视频的"短视频＋科教"模式,能够对贫困人群进行文化扶贫与教育扶贫,从而助力乡村文化振兴。

二、"短视频＋"模式助力乡村振兴的内在逻辑

(一)乡土文化中的内生力量

千百年来,一代代华夏儿女在中国乡村的广袤土地上创造出了美食、农耕、手工、民俗、曲艺等方面珍贵的乡土文化,乡村文化与农耕文明交织,呈现出传统文化、红色文化、旅游文化、康养文化、农耕文化等相融的多样文化样态。

以往的乡土文化多依靠报纸、广播、电视等传统媒介渠道,通过主流媒体建构起一套自上而下传播的话语体系。而正是这种自上而下的创作传播话语体系,消解了农村居民自发创造及传播内容的积极性。如今,得益于移动互联网的快速发展,短视频凭借创作门槛低、传播内容丰富等优势,使广大的乡村群众成为创作主体,充分挖掘乡村本土的文化资源,传播乡村文化特色。除了越来越多的手工艺者、非遗传承人开设短视频账号开展乡村传统文化推广外,许多政府部门、相关机构也纷纷开设了短视频账号,致力于本地区乡村文化的对外宣传。如福建省文化和旅游厅在抖音平台上开设的同名账号中,专门设有"乡村文化 e 起抖"的专题,鼓励广大乡村短视频创作者们创作出极具真实乡村特色且风格多样的文化作品。

现有的乡土文化成为当下乡村短视频的内生发展动力,通过连接,乡村短视频在输出乡村文化的同时,也在与外界多元文化碰撞交融,重新赋能乡村文化创新发展。

(二)技术变革下的话语权力转移

短视频作为一种新兴的视觉媒介,是各方主体对于乡村的自主表达,其本

质也是一种文化表征。在乡村村民主体成为短视频创作者之前，电影与电视剧中的乡村话语出自"他者"，伴随互联网下沉、短视频制作技术的进步，农民影像生产的壁垒几乎被消弭，各短视频平台算法技术的运用给予了普通农民更多被看见的可能，村民主体拥有了话语生产的主动权，农民开始以"主人翁"姿态进行自我发声。

乡村不再单纯由"他者"建构，多元主体的话语生产让短视频中的乡村形象更加全面立体，从而助力乡村振兴。

（三）互联网发展弥合数字鸿沟

数字鸿沟又称信息鸿沟，即"信息富有者"和"信息贫困者"之间的鸿沟，指的是不同国家、地区、行业、社区、人群之间，由于对信息、网络技术的拥有程度、应用程度以及创新能力的差别而造成的信息落差。[①] 2023 年，中央网信办等五部门印发的《2023 年数字乡村发展工作要点》中明确了工作目标：到 2023 年底，数字乡村发展取得阶段性进展。农村宽带接入用户数超过 1.9 亿，5G 网络基本实现乡镇级以上区域和有条件的行政村覆盖，农产品电商网络零售额突破 5800 亿元，多措并举发展县域数字经济、创新发展乡村数字文化。[②] 随着乡村数字建设，中国城乡数字接入机会趋向平等，数字鸿沟已显著缩小。

在数字鸿沟被弥合的基础上，乡村短视频创作者们还能够运用"短视频 + 直播"等方式填平注意力鸿沟，通过吸引受众的注意力，发挥意见领袖（KOL）对消费者的影响力，实现注意力经济，运用多种方式助力乡村振兴。

三、乡村振兴视角下"短视频 +"模式的可持续发展路径探究

随着"短视频 +"模式在农村地区的不断深入与普及，也暴露了一些问题，如何健康可持续发展"短视频 +"模式具有重要的现实意义。党的二十大报告强调："加快建设农业强国，扎实推动乡村产业、人才、文化、生态、组织振兴。"[③] 这为新时代乡村振兴工作指明了科学方向。对此，本文将围绕乡村振兴战略中五个方面的振兴对"短视频 +"模式的可持续发展路径展开探讨。

---

① 张家平，程名望，龚小梅 . 中国城乡数字鸿沟特征及影响因素研究 [J]. 统计与信息论坛，2021（12）.

② 中央网信办 . 2023 年数字乡村发展工作要点 [EB/OL]. [2023-04-13].http://www.cac.gov.cn/2023-04/13/c_1683027266610431.htm.

③ 习近平 . 高举中国特色社会主义伟大旗帜为全面建设社会主义现代化国家而团结奋斗：在中国共产党第二十次全国代表大会上的报告 [M]. 北京：人民出版社，2022：31.

（一）产业振兴下"短视频+"模式的可持续发展路径

产业振兴是乡村全面振兴的基础和关键。"产业兴旺"体现着人民对乡村振兴的美好愿景，是解决农村一切问题的前提。只有产业振兴取得佳绩，农民收入和农村发展才能稳定。

习近平总书记在河北承德考察时指出："产业振兴是乡村振兴的重中之重，要坚持精准发力，立足特色资源，关注市场需求，发展优势产业，促进一二三产业融合发展，更多更好惠及农村农民。"①当下乡村短视频凭借其成本低、覆盖面广、效果显著等优势，拓宽农产品及其关联产品的销售渠道，实现农业资源变现。但其变现方式相对单一，多半以短视频带货售卖农产品为主要的经济获益方式。而当下要推动乡村产业功能拓展融合，乡村短视频应适应城乡居民消费升级和多元服务需求，发挥短视频的媒介功能，促进短视频与农业、旅游、文化、康养、教育、体育等产业深度融合。充分挖掘所在乡村的自然资源、文化资源、产业资源，因地制宜打造具有当地特色的短视频，提升短视频助力乡村产业振兴能力。

（二）人才振兴下"短视频+"模式的可持续发展路径

乡村振兴，关键在人。中共中央办公厅、国务院办公厅印发《关于加快推进乡村人才振兴的意见》中指出：大力培养本土人才，引导城市人才下乡，推动专业人才服务乡村，培养造就一支懂农业、爱农村、爱农民的"三农"工作队伍，为全面推进乡村振兴、加快农业农村现代化提供有力人才支撑。②

当下"短视频+直播""短视频+电商""短视频+文旅""短视频+非遗""短视频+科教"等模式方兴未艾，首先，短视频创作者们应受到相关知识的培训以提升短视频创作、运营及面对风险的能力。其次，要提高创作者自身素养，规范短视频创作内容，对创作者进行科学的组织化管理，引导其短视频正向发展。再次，要加强对短视频创作者们新媒体技能的培训。如，开设免费的短视频拍摄技能培训班，邀请相关专业人士对短视频的拍摄和剪辑等技巧进行系统培训，联络优秀的乡村短视频创作者分享经验和收获。同时，还应加强农村电商人才培育。提升电子商务进农村效果，开展电商专家下乡活动，使得电商助农发挥最大功效。最后，乡镇政府部门应加强对人才的扶持政策，鼓励引导更多的短

---

① 彭建强. 产业振兴是乡村振兴的重中之重 [N]. 河北日报，2021-09-03.

② 中共中央办公厅，国务院办公厅. 关于加快推进乡村人才振兴的意见 [EB/OL]. [2021-02-23].https://www.gov.cn/zhengce/2021/02/23/content_5588496.htm.

视频创作者们前往乡村、留在乡村，助力"短视频 +"模式可持续发展。

（三）文化振兴下"短视频 +"模式的可持续发展路径

习近平总书记指出："乡村文明是中华民族文明史的主体，村庄是这种文明的载体，耕读文明是我们的软实力。"① 乡村孕育了众多优秀传统文化，优秀的传统文化是乡村短视频取之不尽用之不竭的创作源泉。长期以来，孕育在农耕文明中的乡村文化一直处于"低可见性"的状态，常常被认为是过时的、落后的。以乡村文化为内核，乡村短视频创作者们可深入挖掘乡村发展史上被忽视的文化记忆和历史痕迹，全面展现千百年来继袭而成的"乡风文化"，还能够将文化遗产置于其所生发的原汁原味的文化情境中，令受众如临其境，感受文化魅力。同时，还能够弘扬乡土文化精神。乡村社会在漫长的发展史中，发展出丰富的处理人与自然、人与社会关系的制度规约、风俗习惯和伦理观念，乡村短视频的传播重心应在于将中华传统社会的优秀思想价值发扬光大，这亦是构筑国家文化认同的题中之义。②

（四）生态振兴下"短视频 +"模式的可持续发展路径

乡村生态振兴作为乡村振兴战略中"五大振兴"的重要组成部分，是焕新乡村绿色活力、实现农村"农业强、农村美、农民富"的关键一环。乡村短视频能够通过影像充分展现乡村自然风貌。通过发挥"短视频 + 文旅"的传播优势，能够吸引游客前往乡村，助力乡村旅游业。因此，短视频创作者们应充分意识到"绿水青山就是金山银山"，在短视频创作的过程中以当地的绿色生态风光美景作为短视频的创作内容，并在创作中保护当地生态，做到保护促利用、利用强保护的良性循环。

（五）组织振兴下"短视频 +"模式的可持续发展路径

习近平总书记指出，"要采取切实有效措施，强化农村基层党组织领导作用"。组织振兴包括多方面的内容，其中最重要的是农村基层党组织振兴。习近平总书记谈乡村组织振兴问题时，始终突出农村基层党组织建设，凸显了基层党组织的重要性。

乡村短视频诞生于乡村之中，基层党组织可结合实际，制定规范乡村短视

---

① 习近平 . 论"三农"工作 [M]. 北京：中央文献出版社，2022：64.

② 吴占勇 . 发展传播学视角下乡村文化振兴短视频实践策略探析 [J]. 中国出版，2022(11)：26-31.

频发展的条约，监管其运营，确保其规范化创作。同时要加强思想宣传教育，鼓励优秀乡村短视频创作者或创作团队选用有价值、正能量的创作话题，如地方特色的民风民俗、非遗项目、自然风景等展开优质生产，引导乡村短视频内容始终与党的先进性相统一。

四、结语

当下，"短视频+"模式火热应用于乡村振兴的各个方面。关注乡村短视频在乡村振兴中的可持续发展可围绕乡村振兴的五个方面展开。也应建设面向乡村短视频的平台和网络，实现乡村资源的有效整合。同时，要充分发挥多元主体在"短视频+"模式中的主观能动性，实现优势最大化。未来，则需要完善、鼓励、扶持、制约其监管机制，切实提高短视频的内容质量，推进乡村特色短视频品牌建设，实现"短视频+"模式的不断增值，助力乡村振兴。

乡村振兴背景下畲族村寨的数字媒介仪式建构研究

——基于桐庐县莪山畲族乡调研

李慧娟[①]　金若琰[②]

摘　要：文化是民族的灵魂，少数民族文化是我国文化自信、统一团结的坚实底座，数字时代的少数民族文化的传承与创新发展对于铸牢中华民族共同体意识具有重大意义。莪山畲族乡作为中国畲族第一乡，拥有丰富的少数民族文化资源，在"八八战略"的引领下，不断盘活自身优势，而建构媒介仪式成为其打造"宣传窗口"的重要路径。这不仅推动了少数民族文化传播，还带动了相关产业发展，全面助力畲寨的乡村振兴。

关键词：少数民族文化；畲族；八八战略；媒介仪式；乡村振兴

一、研究背景

2003 年 7 月 10 日，时任浙江省委书记的习近平同志在省委十一届四次全体（扩大）会议上系统阐释了浙江发展的"八个优势"和"八个举措"，"八八战略"正式作为引领浙江省域发展的全面规划和顶层设计登上历史舞台，其中的第八条就是"进一步发挥浙江的人文优势，积极推进科教兴省、人才强省，加快建设文化大省"。2017 年，在党的十九大报告中强调的"实施乡村振兴战略"中，文化振兴作为重要的组成部分[③]再次得到了强调，这同样是浙江深化推进"八八战略"的重要内容。

在"八八战略"实施 20 年之际，万千农村已经发生了质的蝶变，桐庐县莪山畲族乡就是其中一道缩影。莪山畲族乡畲族人口占 28.4%，素有"中国畲族

---

① 李慧娟，浙江理工大学副教授。

② 金若琰，浙江理工大学研究生。

③ 曹立，石以涛. 乡村文化振兴内涵及其价值探析 [J]. 南京农业大学学报（社会科学版），2021，21(6)：111-118.

第一乡"之称，是浙江省 18 个畲族乡镇之一，作为杭州市唯一的少数民族乡镇和杭州地区的畲族文化中心，具有非常重要的地位。近些年来，桐庐畲族乡深刻领会"八八战略"精神实质，紧抓发展机遇、紧密结合实际，在"八八战略"指导下不断壮大文化实力，打造新时代少数民族文化高地，成为乡村振兴的排头兵。

二、政策引领：战略指导助力畲寨脱贫攻坚

桐庐县莪山畲族各村寨以坚持"八八战略"为核心理念，始终坚定文化发展为了人民、文化发展依靠人民、文化发展成果由人民共享的方针。在该战略的指导下，当地采取了一系列从线上到线下的行动，既调动起了原有文化元素发展与创新的积极性，又带来了更多的机会和资源，为乡村振兴提供全面的支持。

（一）搭建线上数字文化社区平台

为推进民族村寨高质量保护与发展，国家民委开展实施了"云上民族村寨"工程，依托此契机，2023 年 5 月 30 日，浙江省"云上民族村寨"工程在"全国少数民族 5G 示范应用第一乡"莪山畲族乡正式启动，畲乡由此迎来发展新动能。打造民族村寨数字平台，旨在围绕铸牢中华民族共同体意识主线，以数字赋能民族乡村振兴、民族村寨高质量保护、民族团结进步事业发展。比如"莪山畲乡"的官方公众号中设有的"云上畲寨"互动应用程序，通过建立虚拟的数字文化社区的方式提升当地群众的幸福感和获得感，也为外来游客访问畲寨提供了在线支持。

该程序以手绘地图的画面形式展现了各个民族村落以及标志性建筑的分布位置，用户可以通过点击屏幕的方式获得相对应的图文和视频介绍。在山哈广场、红街畲寨等当地特色象征地标中，该应用程序还接入了 VR 技术，将村寨风光以 720° 的全景空间展现出来，同时，传感器联动技术的运用使画面与手机的移动和旋转同步，可以促成受众全方位地了解畲族建筑、畲族文化，为受众带来更加身临其境的沉浸式体验。此外，用户在进入程序后还可以选择不同场景的入口打卡，以及采用分享、点赞和留言等交互式操作方式，提升参与感，增强互动性，从而增强黏性。

（二）开展线下畲族文化旅游活动

畲族文化的传播不是单打独斗，而是涉及各个领域系统的综合思考与全面部署，线上平台能够为线下活动引流，反之同理，因此，线上与线下相结合的方式能够充分发挥畲族文化底蕴深厚的优势，提升畲族风情，将"八八战略"

所指导的文化发展策略落到实处。

桐庐畲族乡拥有丰富的文化资源和文化载体：畲族馆、山哈风情大道、红曲酒馆、畲乡文创中心等 10 处民族特色地标，高山流水长桌宴、西金坞民宿、畲族彩带、钟杏秀等省级"五畲"，以及畲族彩带编织技艺等市级非遗项目，为线下畲族文化旅游活动的开展奠定了坚实基础。比如龙峰民族村以"畲味"为强大内驱力，在古色古香的传统建筑基础上注入当地畲元素，通过开设红曲酒非遗工坊、市场化运作"高山流水"长桌宴等，营造了独具一格的民族乡村旅游氛围，活动当天游客达到 2000 人，旅游收入超 8 万元。

同时，作为弥足珍贵的少数民族文化，在开展线下文旅活动时，保护其独特性、原生性、多样性以及与之相关的自然环境和生态资源成为重中之重。新丰民族村就充分利用现有古村落的优势引入了戴家山·8 号、云夕先锋书店等精品民宿和书店项目，将畲族特色和民宿经营、特色农产品销售结合起来，不但摆脱了"空心村"的困境，还推动了当地畲族文化的发扬，实现了村庄整体的产业发展。

三、媒介仪式建构：莪山畲族乡数字化传播的具体路径

少数民族文化是我国文化多样性的体现，是社会文化自信的坚实底座，数字时代的少数民族文化的传承与创新发展对于提高知名度，唤醒中华民族共同体意识，持续铸牢思想根基具有重大意义。

畲族文化作为中国南方游耕民族的文化，具有独特的少数民族特色、悠久的历史和深厚的底蕴。但由于自身语言、文字符号、民俗文化的特殊性，加之传统媒介在传播时效性、内容观赏性等方面存在短板，畲族文化对外传播受到一定限制，外界对此很难产生全面、深入的了解。此外，在时代长河中，随着自然环境与共同体及其成员生活方式的变迁，少数民族文化生存的物理空间被解构，被过度汉化、商业化等等窘境层出不穷。总的来说，少数民族文化在当下面临着传承、再生的现实紧迫性和必要性。而新媒体的介入，极大改善了少数民族文化传播的生态环境。[①]

仪式是一种相互专注的情感和关注机制，它通过形成一种瞬间共有的现实塑造出群体团结和群体成员性的符号[②]，即主体利用一套象征性符号体系进行展演，聚集起群体的注意力，在这过程中逐渐建立起与外界的壁垒以期达成意义

---

① 王哲，谭竺，孔荣娟. 新媒体时代苗族文化传播渠道探索 [J]. 贵州民族研究，2013，34(4)：79-82.

② 诸葛达维. 游戏社群情感团结和文化认同的动力机制研究 [J]. 现代传播中国传媒大学学报，2019，41(2)：102-108.

的一致。① 尤其在数字化浪潮席卷的当下，建构"媒介仪式"成为宣介少数民族文化的重要路径。经历凯瑞将仪式概念引入到传播学的研究当中和戴扬、卡茨提出"媒介事件"概念的两大阶段后，2003 年，英国传播学者尼克·库尔德里在《媒介仪式：一种批判的视角》一书中对"媒介仪式"进行了概念的界定，并将"媒介仪式"概括为三种主要类型：媒介报道的"仪式性内容"、媒介报道该内容的"仪式化方式"和媒介本身成为一种"仪式或集体庆典"。依据此划分，笔者将从三个方面讨论畲族文化数字化传播的"媒介仪式"建构：1. 畲族文化数字化传播中的仪式性内容；2. 畲族文化的线上仪式化传播；3. 数字化传播本身成为一种仪式或集体庆典。②

（一）畲族文化数字化传播中的仪式性内容开发

在不同文化频繁交流和政府组织推广的大背景下，为了进一步开发畲族文化的数字化传播，桐庐莪山畲族乡基于抖音平台打造了"畲味莪山"官方运营账号。以"畲味莪山"抖音号为例，该账号运营的内容主要有两部分，一方面是剧情呈现，比如获得了最高 7 万点赞量的短视频就是"母亲以做畲族彩带为营生供孩子上学"的故事，讲述性十足的短片增添了受众的观看意愿，陈旧的家门、母亲饱经风霜的双手、畲族服饰与画面的视觉冲击等场景，将畲族朴实又耀眼的意涵投射给了每一位受众，使受众在情节的推动中完成对畲族文化的接收。画面中主要的出镜人物均是来自民间的平凡畲族人民，个体的故事褪去了民族间的差异，这也拉近了与观看者的距离，更容易实现信息共享和情感共鸣。

另一方面是将畲族特色的竹竿舞、莪山年糕、迎客茶等等独特艺术与手艺呈现在受众面前，通过整体呈现、细节刻画、互动话题设置等，合力实现了用户在身临其境的体验中感知少数民族风采。例如畲族长桌宴的习俗，受众在新华社、浙江在线等提供的媒介产品的图文并茂间能充分感受到畲族人民的热情，填补了社会对于这一民风习惯的认知不足，从而促进认同。以及畲族医药繁多、资源丰富，在"畲味莪山"账号的相关媒介形象中，畲族人民在莪山畲医馆用中草药问诊的场景亲切又专业，"泱泱华夏五千载，畲医畲药济万民"的配文又唤醒刺激起受众久远的记忆情感，体会到一种民族间的"文化自觉"。③

网络媒体宣介的各类民族庆典活动中均蕴含丰富意义的象征性符号——绣

---

① 陈力丹. 传播是信息的传递，还是一种仪式？：关于传播"传递观"与"仪式观"的讨论 [J]. 国际新闻界，2008(8)：44-49.

② 曾一果，朱赫. 记忆、询唤和文化认同：论传统文化类电视节目的"媒介仪式" [J]. 现代传播（中国传媒大学学报），2019(3)：92-98.

③ 张兵娟. 媒介仪式与文化传播：文化人类学视域中的电视研究 [J]. 现代传播（中国传媒大学学报），2007(6)：18-20.

有各色花鸟图案的精工绣品、以凤凰图案贯穿整体的服饰、遍布畲族特色的墙绘、畲民们盛装载歌载舞等，建构起来的少数民族独特美感进一步促进文化的传播和一致意义的达成。①

（二）畲族文化的线上平台仪式化传播路径

1. 追踪网络热点，利用热门综艺 IP 吸引流量

畲族有许多独特的传统技艺和民俗文化，如织布、刺绣、剪纸等，作为不同民族间的差异化特征，在数字化传播中既要做到不固化、强化差异属性，又要能推动文化的创新、增添文化发展活力，最快捷手段便是搭载热点话题的东风。网络热点话题背后凝聚着众多的视线，对其利用能够以更低的投入成本加入流量池中，从而最大程度地推广少数民族文化，为受众接受。譬如网络变装热潮兴起时，畲寨运营的"莪山畲乡"发布了畲族特色服饰的变装视频，普通服饰与畲族服饰的强烈对比为受众带来了冲击审美快感，在平台的助推下，畲族文化进入了更多人的视线，其独特性使其广受好评。

就村寨的整体传播而言，2022年底，浙江卫视《我们的客栈》综艺节目落地杭州市桐庐莪山畲族乡拍摄，节目播出至今抖音合集累计播放量已达34亿次。依托该重要机遇及节目播出后的强大引流力和 IP 传播力，桐庐畲乡将节目中的相关片段剪辑成适合平台推广的短视频形式，建构起了与节目一致的轻松愉悦的仪式基调，并成功将节目的客栈打造成为第四届中国（浙江）民族服饰设计展演、第五届红曲酒开酒节等本土民族节庆活动的主战场、主阵地，莪山畲族乡的知名度、美誉度因此持续提升。

2. 完善互动机制，开发沉浸式旅游体验

通过完善互动机制，用户可以更加深入地参与到媒介仪式中来，在分享和传播有价值的信息和内容间形成共识，从而推动少数民族相关的信息在"回音壁"中愈来愈得到价值共鸣，传播主体也可以更好地了解受众的需求和反馈，反过来调整和优化畲族文化的传播内容。

一方面，有着很强社交互动性的短视频平台在畲族文化的仪式化传播方面起到了至关重要的作用。首先，用户获得了前所未有的"媒体接近权"②，可以更轻松地表达自己的想法和情感，"少数民族的传统服饰是真的美""这个啥子民族啊，真的很有特色"等话题层出不穷，传播畲族文化的门槛大大降低。其次，用户可以通过点赞、评论、私信等方式与其他用户进行交流和互动，这

① 覃爱媚. 融媒体时代少数民族文化传播研究：基于仪式化传播视角 [J]. 传播与版权，2019（5）：9-10+13.

② 沙垚，张思宇. 公共性视角下的媒介与乡村文化生活 [J]. 新闻与写作，2019（9）：21-25.

种社交互动不仅可以让用户更直接地了解畲族文化，也更容易将用户转换为参与者的身份，促进用户之间的协作，比如"萩山萩山"（乡村人文宣传号）、"古邑分水"（桐庐文旅号）曾发布多个共创视频协同传播畲族文化。

另一方面，数字技术也促进了传播仪式的建构。作为浙江省第一批乡村博物馆，萩山民族乡的畲族馆内不仅有着传统图文结合展品的阐释功能，还引入了数字化多媒体展陈形式：畲语互动答题、投影婚嫁短片、地图模型、数字试衣镜等，沉浸式体验为其带来了更加丰富的乐趣，参观者从"看文化"跃升为"体验文化"，在数字互动中不自觉成为仪式的一部分，这提高了传播效果。

3、搭建新媒体传播矩阵，拓宽宣传渠道

在大众传媒营造的媒介仪式当中，"虚拟在场"能够替代以往的"身体在场"，使"参加的仪式"变成"观看的仪式"，媒介平台成为一个非实体的传播空间。这代表着当下需要尽可能建立立体传播网，实现媒介产品的广泛覆盖、有效传播，变被动为主动，才能更大范围地建构数字媒介仪式，拓展文化共享的向度，被受众认可和接受。[①]

"村里办的活动很多，但村民对于文化类的活动参与积极性最高，所以村庄内举办这种活动的时候都会通过微信群的线上渠道发布，或者线下广播、公告栏及发传单家家户户邀请的方式，这样每次活动参加人数都是超出我们估算的。"（沈冠村村委工作人员）

"桐庐乡在进行各个村庄的宣传的时候，一方面活动内容主要由乡政府发布于'畲乡萩山'微信公众号（该公众号的运营由桐庐乡负责），另一方面活动会由政府出面邀请电视台、报社等具有一定影响力载体的人员以及县领导等名人出席，请他们帮助宣传畲族文化，提升村寨名气。"（萩山畲族乡政府工作人员）

比如在畲族规模最大、规格最高的民族文化活动"三月三"中，从传播主体的角度来看，《都市快报》（市级媒体）、桐庐融媒（县级融媒体）、萩山畲乡（乡级媒体）以及村民、游客，不论是被邀请还是自发，都参与到了活动的宣传中；从传播方式来看，不同平台对传播内容进行了差异化布局，抖音、小红书等呈现更加年轻化的特征，比如采用"本周末！把时间流出来感受桐庐畲乡的热情呀"这样的对话式标题，报纸、电视则更加的正式。

同时，畲寨也会在诸如"杭城迹忆"这样的旅行、文化公众号上发布招募令，邀请广大网友前往实地参观、了解当地文化博物馆，并要求入选的参与者在小红书、新浪微博等多个平台分享3条及以上的打卡逛展之旅，以期在具有很强

① 李少军．移动互联时代都市报融合转型的突围之路：以"红星新闻"的实践为例［J］．青年记者，2022(17)：75-76.

的仪式性和共享性的传播下实现数字化的二次推广。

（三）将畲族文化的数字化传播塑造为新仪式庆典

在媒介化社会中，媒介无处不在，像空气一样弥散于受众的生活场域中，数字化媒介可以拓展传播渠道、丰富传播手段、提高传播效率。更重要的是，媒介仪式将大众媒介的传播活动视为一场仪式，即数字媒介在记录的同时，不仅活动内容成为仪式，包括媒介自身、媒介传播等等在内的活动整体也成为一种仪式。[①]

各类民族特色活动根植于畲族人民的习惯中，在数字媒介进行预热、推动等介入行为后，升级成为具有更广泛意义的仪式性媒介事件。也就是说，呈现在受众视线里的事件是媒介记录、传播、再生产的外在赋予结果。如麦克卢汉所言：媒介构成了我们的环境，并维持着这种环境的存在。畲族文化的数字传播在过程中逐渐被打造为一种新的仪式庆典，满足了畲族群众的精神文化需求，建构起民族集体记忆和文化认同，促进畲汉同胞团结一致。

例如经过和传统媒体的跨界合作，莪山畲族乡通过搭建新媒体矩阵以及增强博物馆数字互动体验等一系列举措，吸引原本分散的群众集体进入到媒介营造的"仪式世界"中，进一步提升参与者对于数字传播的感知，从而激发情感共鸣和认同感，形成一种文化共同体认同，促进文化在群体中的传承和发扬。

"我们会不定期地为居民播放影片，包括一些畲族文化，居民们也都比较愿意参与，聚集到文化礼堂里面或者别的地方。我们在网上、微信群里，也会发布一些文化的东西，给大家看。"（沈冠村村委工作人员）

"每年三月三的时候，是最热闹的，手机上（发布的新闻）消息都很多的，很多人会在底下评论，我本地人么，看这么热闹也很愿意参与一下（网络讨论）的。"（当地村民）

四、数字赋能助推畲寨乡村振兴

乡村文化振兴需要三个核心条件的支撑：丰富的文化产品供给、传播渠道的有效传播、多元主体的积极参与[②]，在这其中，民族传统文化逐渐成为一种可供开发和利用的人文资源[③]，就桐庐莪山畲族乡而言，形式多样的畲族山歌、畲

---

① 郭讲用. 传统节日仪式传播与信仰重塑 [J]. 当代传播，2012(4)：29-32.

② 丁和根，陈袁博. 数字新媒介助推乡村文化振兴：传播渠道拓展与效能提升 [J]. 中国编辑，2021(11)：4-10.

③ 迟燕琼. 云南少数民族传统节日文化保护与开发的现状和困境 [J]. 云南艺术学院学报，2008(2)：90-94.

族节庆等丰富文化底蕴，为实现资源的转换、升级提供了便利条件。

同时，依托当地优质且丰富的文化，数字赋能为乡村振兴带来了不可或缺的动力。数字化既可以指新兴的数字化技术，也可以指数字化传播的介质，但毫无疑问的是，数字赋能能够有效地盘活资源，更新少数民族村寨文化的表现形式与创造潜力，创造出网络视听的独特传播形态，[①] 过程中释放出的强大文化生产力为民族旅游、民族文化产业的开发增添活力。

莪山畲族乡对于畲族文化的宣介推动了本地多元文化氛围的形成，通过接触不同文化的历史、特点和价值观，可以更好地理解和包容不同文化之间的差异，从而促进跨文化交流和理解。

数字赋能下的媒介仪式还可以实现个体与集体、群体内其他成员间的情感联系和团结互助的精神体验，这是少数民族文化在传播过程中的理想状态和最终体现。比如戴家山推动高端民宿发展，村庄内被评为市五花级优质民宿的"戴家山 8 号"在网络平台热度排名位于前列。而其在小红书平台的宣传以"逃离城市的喧嚣""向往的生活"等定位为核心，迎合了当代群体情感需求，从视觉和心理层面唤醒了快节奏生活环境下公众对于美好乡村田园景观、特色民族文化的向往，民族村将其转化为生产力、市场力和竞争力，带动了相关产业发展。

从受众角度来看，抖音、微信小程序等多个入口保障了多元受众的参与。通过数字化赋能的体验——畲族馆体验数字影像畲族婚嫁、短视频体悟畲族节日氛围等等，个体被拉入同一仪式空间内，在充分感知当地民族文化并共情后沉淀文化记忆，自觉激活民族共同体意识，形成集体认同感，[②] 促进了受众对于畲族文化从认知到认同再到实践，从而更深一步促进交流与合作，吸引投资。

五、问题发现与思考

畲族有着众多独特的民族特色和重要的历史价值、文化价值、经济价值，有了数字化技术的助力，在未来的少数民族文化推广和旅游资源开发方面将激活更多可能，但不可否认的是在目前的工作中，依旧存在团队力量薄弱、内容分发单一等等的问题。

首先，虽然畲乡各村庄都设有文化员负责相关宣传工作的顺利进行，但新媒体的快速变迁要求工作人员在媒体运营、内容创作、社交媒体营销等方面掌握更为专业的知识，这与村寨现有的人员技能不相匹配，由此带来的内容分发

① 王德胜，李康.打赢脱贫攻坚　助力乡村振兴：短视频赋能下的乡村文化传播 [J].中国编辑，2020(8)：9-14.

② 曾一果，朱赫.记忆、询唤和文化认同：论传统文化类电视节目的"媒介仪式"[J].现代传播（中国传媒大学学报），2019(3)：92-98.

模式单一等等的显著弊端导致了传播效果欠佳，致使民族特色的识别度不足，相关的标识尚未深入人心。比如畲族自古就有"稻鱼天养"的农法传承，而以"稻香沈冠"为定位的沈冠村因为团队力量的薄弱，缺少统一的目标与计划，设有的独立宣传平台账号并未形成稳定的输出，短视频平台更新的内容也难以体现出畲乡的独有特征。

其次，今天的少数民族村寨也逐步进入到一个"无主体熟人社会"[①]：调研过程中发现村庄大部分年轻人早出晚归，或是外出务工，更甚节假日才会"回巢"，村庄内日常只零星地分布着老年人，这意味着作为村寨活动主体和文化传承重要担当者的年轻人的缺失。[②]

最后，村庄内的畲族人民汉化严重，部分特色的传统手工艺技能只掌握在畲族老人当中，这对于当下新媒体传播的环境而言，是十分不利的。

因此，要注重培养民族文化传承人才。譬如通过建立健全民族教育体系和激励机制，培养更多的年轻人来传承和发扬民族文化，也可以通过与当地学校、社区、企业等合作，开展民族文化传承活动。同时在传播过程中也要强化数字媒介内容中的民族特色的识别度。例如，可以在账号中增加民族服饰、民族建筑、民族歌舞等具有代表性的民族元素，在尊重和保护少数民族的文化自主权、保持畲族文化的纯粹性、避免过度商业化或扭曲民族特色的前提下全方位展示畲族的特色，将其推向更广阔的市场，吸引更多的受众来感受和感知少数民族文化的魅力所在。

---

① 刘展."媒介化"乡村的"主体"在场：东北姜东村的田野研究 [J]. 当代传播，2015(6)：43-45.

② 孙信茹. 媒介在场和少数民族村寨文化转型 [J]. 现代传播（中国传媒大学学报），2016，38(11)：16-20.

审美价值视野下徽州地区乡村振兴的

拓展逻辑和文旅实践

汪霏霏[①]

摘 要： 古典哲学家经常问的三个问题之一是："什么对我们来说是有吸引力的？"这个基本本体论问题可以引申出一些更具体的问题，比如我们为何认为一些地方美丽、有味道或令人愉悦。美感关系到人们对一个地方的最原初体验，视觉审美是乡村审美的一部分，但是更多的是生活方式的审美问题。如果将徽州乡村当作一部艺术作品来看待，那么蕴含其中的自然要素、生产要素和生活要素才是其美学基础，比如山川走向、水脉资源、植被分布、生活路线等。只有当乡村主体对这些要素除了具有真挚的感性认识，还产生深刻的理性认识时，对乡村的人工改造才不会偏离恰当的美学轨道。乡村振兴过程中以人为本的原则要求乡村振兴的建设者和参与者抓住乡村资源和审美现象的本质，理解审美文化和文旅实践在乡村经济社会发展中的地位和作用，进而引导乡村振兴走上可持续发展之路。

关键词： 审美价值；乡村振兴；文旅实践

我们的祖先从农耕时代的最初就选择具备开阔平坦的土地、丰沛的水源等自然条件的地方发展农业生产，先民们对富饶的土地和美之间的天然联系有着朴素的认知。直到今天，当我们进入乡村的土地，会看到在其上进行各种农业劳动生产的场景共同构成的乡村景观，仍然给人以审美的愉悦享受。生产价值、生活价值和文化价值等多种价值构成乡村审美价值的基础，乡村审美价值同样需要做出价值判断，破败的村庄、荒废的土地、衰落的文化当然不能称为美，当乡村呈现正面和积极的状态时，它就具有了审美价值，同时这种价值和其他价值相互交织相互影响。当作为价值分析提炼时，就需要乡村主体建设者和参与者通过具有洞见的鉴赏力指出其审美特征，保留审美价值元素并且加以发扬，建设宜居宜业宜游的乡村。

一、乡村的审美风格和审美意义

城市化进程的加快使得人类生活中心加速向城市转移，然而日益拥挤的交

---

① 汪霏霏，女，安徽怀宁人，山东社会科学院副研究员。

通、污浊的空气、不洁的水源等城市病让我们遭受着生命气息的缺乏和生态审美的贫乏。罗尔斯顿在《哲学走向荒野》中表示："我们对于城市本身的爱，往往不如我们对大地的爱。"① 那么作为最贴近大地的乡村，有哪些审美价值需要我们去努力发掘认真体验呢？

（一）人与自然和谐共处的认识基础

人类为了生存发展，利用自然和改造自然的步伐加快，但与此同时，人类也认识到与自然和谐共处的重要。人类对自然的认识经历了"敬畏自然""征服自然"到"人与自然和谐相处"三个阶段。② 乡村审美对应的阶段则分别是"前生态审美""分析审美"与"生态审美"三个阶段。③ 而人与自然和谐相处的实质就是适应自然和改造自然达到最佳平衡点。作为人类与世界特殊沟通方式的生态审美，包括人的认识和人的实践。乡村审美第三阶段生态审美过程中人的意识和自然的互动是一个开放的可持续过程，两者相依相存共生发展。

（二）徽州地区乡村的生态审美风格

反映生态系统和人与环境审美关系的徽州乡村院落和农舍构成不同尺度的村落景观，其中包含自然要素和人文要素，各种景观要素交织成富有层次感的序列景观，这样整体有机的村落和环境形成风貌和谐又不失多样性的景观复合体。徽州延续至今的村落和自然环境天然默契，充分协调，这也反映出祖先在选择居住地和改造居住环境时的智慧。选中的村址常常山环水绕，适宜耕种，水土肥美。徽州村落追求藏风聚气、意境深远，最终达到"有限变无限，有界变无界""引人入胜，令人遐思"的审美诉求。这种诉求强调人与环境互为主体，充满天人合一的意味。这样的美学特征对徽州人的环境整体性认知影响延续至今。村落的空间是生产、生活和居住的有机结合，是多元素动态演变的整体。在传统农耕文明时代的生产力条件下，由于生产工具、交通工具的限制和生活方式以及文化因素的影响，徽州传统村落中以民居为主的居住生活空间，以及由居住生活延伸的公共空间，如祖堂、寺庙、戏台等，它们与晒场、磨坊以及

---

① 霍尔姆斯·罗尔斯顿. 哲学走向荒野 [M]. 刘耳，叶平，译. 长春：吉林人民出版社，2000：140.

② 沈珠江. 人与自然和谐相处：适应自然与改造自然的平衡 [J]. 南昌工程学院学报，2005（3）：1-4.

③ 黄焱，汪振城. 生态美学的概念与范畴界定 [J]. 武汉理工大学学报（社会科学版），2020（5）：30-35.

耕作田地等生产活动空间在距离上非常邻近。[①] 相对独立又有机统一的村落赋予其演化适应现实需要的功能，所以整体性和有机性成为徽州自然村落的典型特征。历史悠久的农耕社会背景下，徽州农业生产力水平相对落后，这样使得他们难以对自然环境给予大尺度改造。依赖所在地的建筑材料和乡土建筑难以复制的特点，徽州传统村落构成丰富多彩的空间形态。

（三）徽州乡村之于当下的审美意义

"相看两不厌，只有敬亭山。"人和环境互为主体关系，一方面是通过寄托感情将自然人格化，另一方面是表达生态审美体验和自然共情能力。今天乡村的生活环境和原住民的生活方式也延续了审美关系，乡村曾经的生产方式和生活方式已经式微，而当代城市生活方式正在乡村兴起，村落空间景观已经成为物质空壳。今天的乡村生产力衰败和生产关系陷入困境的现状难以避免，保存较完整的村落通过新路径能否重获新功能承担新角色？我们应该如何理解徽州乡村的生存方式和生产方式对于当下的审美意义和价值？

视觉审美是乡村审美的一部分，但是更多的是生活方式的审美问题，包括自然环境、公共空间、传统民居等，对于徽州原住民来说，这种有机融合、充满生命力的生活环境是富有情感和吸引力的空间和家园。很少有徽州村民对乡村建筑和村落保护的历史意义具有专门的知识，但这种知识的缺乏并不妨碍他们对于干扰破坏乡村的行为做出范围广泛的抗拒行为，虽然很多只是意识上的抗拒而已。[②] 乡村长期形成的价值观和信仰构成徽州村民审美观养成的基础，村民愿意保存和相信自己熟悉的事物，继续自己原来的生活秩序和生活方式，这也使得徽州乡村生活环境和审美观念得到保护和延续。

二、基于徽州乡村体验的审美新可能

我们往往容易忽略衡量地方的一个维度，即美感。对于文旅消费者来说它可能是所有维度中最重要的一个，因为它关系到人们对一个地方的最原初体验。古典哲学家经常问的三个问题之一是："什么对我们来说是有吸引力的？"这个基本本体论问题可以引申出一些更具体的问题，比如我们为何认为一些地方美丽、有味道或令人愉悦。研究乡村环境的审美体验能帮助我们理解一些更根本的问题，比如乡村游客是如何回应和改变乡村以及如何与他们周遭的环境互

---

① 杨贵庆. 我国传统聚落空间整体性特征及其社会学意义 [J]. 同济大学学报（社会科学版），2014(3)：60-68.

② 史蒂文·C. 布拉萨. 景观美学 [M]. 彭锋，译. 北京：北京大学出版社，2008：129-132.

动的。体验者从审美的角度来体验乡村与景观，而在一定程度上，如何能打动体验者也常常影响到乡村设计。可以通过三个维度来探讨体验、美感和环境之间的关系。首先，环境的设计以及人们消费它们的方式将直接影响体验者的体验和他们理解与定位乡村的方式。其次，作为一个体验者的身份将影响环境的使用者如何去体验它们，人们获得的体验将影响他们的审美判断和需求。最后，乡村希望打动体验者的这种愿望将塑造其环境的形态和外观以及美感质量。

（一）徽州乡村审美体验的超景观特质

乡村环境的审美体验也常指"消费""感知""设想"或"解读"。对很多人来说，那些带来美感愉悦的村落往往就是那些能激发人们"愉悦"或"感性"认知的村落。首先，环境在人们的感知过程中为人们提供了必要且重要的信息。其次，环境通过决定人们感知记忆的内容来影响人们的感知过程。最后，个人会选择、解读和赋予所接受的信息以意义，然后建构出一个超越原来客观环境的"表型的"或"表征的"环境。这也强调了环境感知的重要性——包括它的设计——以及认识到它最终的考虑，即个人对于某一环境的理解和设想。但是，仅仅考虑个人与环境之间的关系是不够的。徽州村落既是物质的和"表征的"实体，同时也是通过社会文化实践而产生的文化景观。

1970年《艺术范畴》一文中肯德尔·L.沃尔顿（Kendall L. Walton）提出"恰当审美"这一概念，1979年《审美鉴赏与自然环境》一文中艾伦·卡尔松（Allen Carlson）将其引入自然审美领域，试图建立一种"自然欣赏的恰当模式"。徽州乡村山水不仅是供游客欣赏的景观，更是为当地人民提供生态服务的具有本质特征的基础资源，即具有超景观生态功能。如果将徽州乡村当作一部艺术作品来看待，那么蕴含其中的自然要素、生产要素和生活要素才是其美学基础，比如山川走向、水脉资源、植被分布、生活路线等。只有当徽州乡村主体对这些要素除了具有真挚的感性认识，还产生深刻的理性认识时，对乡村的人工改造才不会偏离恰当的美学轨道。从这个意义上说，乡村规划建设首先要研究乡村山水的超景观特质即生态特质问题，界定可持续景观区域和序列，对于作为根基和脉络的可持续性景观需要无条件保留和保护。其次是对全体公民特别是主政者进行相应的科学知识普及，全面提升其自然审美素质和能力。

（二）"让自然成为自然"的审美观

卡尔松在《审美鉴赏与自然环境》一文中曾提出欣赏自然的3种不同范式：第一种"对象范式"（The Object Paradigm）把"自然的延展"视为类似于一件艺术品，就是按照"艺术形式化"的要求观照自然。比如将自然"看作"雕塑，欣赏其感官属性、突出式样乃至表现性等。第二种"风景或景色范式"（The Landscape or Scenery Model）则退了一步，将自然直接当作"风景画"。就好似用事前定好的"画框"置于眼睛与自然之间，将吸纳进来的部分看作是一种"风景"。西方 17 世纪以来的风景画遗产就是典型，它深刻地影响了欧洲人的审美观。第三种"环境范式"（The Environmental Paradigm），按照诺埃尔·卡罗尔（Noel Carroll）的解释将自然当成自然（Regard Nature as Nature）。将自然的延展（及其组成部分）与更广阔环境背景之间的有机关联当成根本，从而克服前两种范式的局限性。第三种范式的典型代表就是"大地艺术"（Earth Art）——"让自然成为自然"。"大地艺术"视域下既不是风景和装饰，也不是艺术属性的对象化。和折射"我"的前两种范式不同，大地艺术让自然就在那里，参与"同大地相联的、同污染危机和消费主义过剩相关的生态论争"[1]，掀起了反工业化和反城市化的美学潮流。"自然力的整体"而非视觉摄取的自然片段是第三种范式关注的重点。大地艺术认为"话语和岩石都包含一种语言"，作品随着时间进行持续创作，随着自然的变化而变化，凸显自然力和艺术力的动态相互作用。换成大地艺术家的话说，自然不能被改造，只能被呈现。观赏者在欣赏的过程中借助自然伟力合成作为"准艺术品"的大地艺术品。"艺术的发展将是对话的，而非形而上学的"[2]。所以大地艺术家认为人类的自然时空和生活时空随处可见艺术，艺术和自然、艺术和生活并没有严格界限分隔。大地艺术寻找一个审美新起点。一方面，悖反传统的艺术观念，从画架、画布等传统载体走向广袤的天地自然，在人与自然的对话之间终结艺术；另一方面，反对从主体性角度过度阐释自然，而从自然本身的意义上终结景观[3]。

（三）徽州乡村主体的审美观塑造

虽然在很大程度上审美是纯粹的先天能力，但同时审美也是人类在经验积累和教化培育中逐渐掌握的后天能力。即使大部分主政者和建设者对于审美没有先天能力，但是通过训练和熏陶我们相信可以提高这个群体的感受力、体验力和想象力，甚至提升智性方向的反思判断力。一旦社会精英和大众都不同程度提升审美品位和审美修养，审美也就不再意味着简单的美的欣赏，而可以上升为生产和生活的选择指南。徽州乡村建设营造生态环境的同时也是在营造人

---

① Jane Turner. From Expressionism to Post–Modernism: Styles and Movements in 20th Century Western Art[M]. London: Oxford University Press，2000：132-231.

② Robert Smithson. The Writings of Robert Smithson[M]. New York: New York University Press，1979：90，133.

③ 刘悦笛．当代"大地艺术"的自然审美省思［J］．哲学动态，2005（8）：12-15.

文环境。刘易斯·芒福德（Lewis Mumford）在《城市文化》一书中在描述了中世纪城市于听觉、嗅觉和视觉等方面给人的愉悦之后指出："这种耳濡目染的感官熏陶教育，是日后全部高级教育形式的源泉和基础。设想，如果日常生活中存在这种熏陶，一个社会就不需要再安排审美课程；而如果缺少这种熏陶，那么即使安排了这种课程，也多是无益的；口头的说教无法替代生动真实的感官享受，缺乏了就无以疗救……城市环境比正规学校更发挥经常性的作用。"①所以徽州乡村建设的社会功能还包括塑造乡村建设主体的审美人格。乡村建设是由有审美天赋的创造者和设计者以及经过后天训练的主政者和建设者一起探索一起承担的美好事业。徽州乡村建设的过程不仅是普及地质学、生物学和生态学等科学知识的过程，使得乡村建设的决策建立在科学基础之上，同时也是美丽乡村反馈涵养所有参与者的过程。

三、徽州乡村居、业、游功能的美学升华

乡村传承了人类生活的精神记忆和精神个性。乡村中的自然美和艺术美交相辉映，伦理价值和审美价值并驾齐驱。徽州乡村美在开放包容，既有系统的生态美又有多彩的艺术美，既有知觉体验又有生态审美体验。艺术美与自然美具有平等的审美价值，两者无法相互取代。但另外，应认识到自然美是审美的基础，人们对美丽的想象与自然息息相关。在很大程度上，艺术美的创造就是恢复或重建人对自然美的审美经验。②徽州乡村的选址、布局、风貌、公共空间、植物景观、水系路网、民居特色等都体现了乡村主体对家园的思考与感受。徽州村落常常既有自然审美价值又有艺术审美价值。

（一）生活审美化潮流和"反规划"理念

审美领域在黑格尔之后的美学转向是沃尔夫冈·韦尔施商务现实审美化或者说生活审美化，即美学融入生活各个角落。在生活审美化思想潮流中，格诺特·波默立足美学发展趋势提出"气氛美学"概念。波默认为气氛这一美学概念的可适用性已经可以延伸到几乎所有的审美领域，包括建筑、设计、舞台布景、音乐音响、艺术展览、电影电视乃至各类空间规划等等。波默提出气氛的可制造性，又指出气氛制造与一般物制造的差异。它是通过条件的设定，以实现气氛的显现。通过各种气氛营造元素的设计与规划，营造出独特的气氛之美，

---

① 刘易斯·芒福德：《城市文化》[M]. 宋峻岭，等译. 北京：中国建设工业出版社，2009：57-58.

② 李咏吟. 自然美与艺术美的区分及其价值反思 [J]. 文艺评论，2008(3)：4-13.

进而为审美主体提供更佳的审美体验。波默气氛美学概念的提出，始于他对人与自然关系的反思。他明确指出气氛美学的主要任务就是恢复被现代工业破坏的自然之美。在波默看来，自然审美是由人和自然共同完成的，应该以尊重"自然之美"为基础，通过人的审美活动，共建自然美。这也说明人们在高度工业化和都市化的生存状态下越来越渴望自然之美，希望拥有"采菊东篱下，悠然见南山"的乡村生活体验，但同时人们追求的乡村生活体验是立足于自然美基础之上的，而不是缺乏美感、泛滥加工和千篇一律的乡村体验。所以在保留自然美的前提下，挖掘乡村气氛元素，构建乡村气氛美感是提高乡村审美水平的关键。

生活审美化思想潮流和"气氛美学"概念的提出共同推动"反规划"理念的诞生。"反规划"秉持这样的理念：让城乡在最小干预的前提下获得最好发展；如果我们的认知不足以知道到底做什么，至少我们知道不做什么。"反规划"不是刻意规划，而是让城乡像自然一样生长演变，将生物保护、文化遗产保护、防洪、休闲等基本要素叠置交融，直到寻找到边界模糊的合适的城乡生长方式。一是保留原有的河流湿地系统等水网系统；二是保留和保护乡土文化遗产等历史文化遗产；三是保护生物廊道，维持城乡生物圈的完整结构；四是形成沿绿色廊道的人行系统等游憩系统。"反规划"意味着乡村规划将常规的"图—底"关系颠倒一下，先做底——大地生命本色底子，再做图——可持续发展的适应大地本底的乡村。

（二）审美体验需求和居业游的功能提升

马斯洛的需求理论告诉我们，社会发展和文明进步促使人们有更高的追求——精神需求的追求，其中就包括审美需求，而审美又需要通过体验来获得。所以从马斯洛的需求理论看，审美经济时代对体验效应提出了更高要求。所谓体验效应，按照卡尼曼的观点，它是反映快乐和幸福的效用。[1] 体验效应主要包括以下几方面：（1）不仅消费物质产品的物理属性，更是体验物品的美感和情感。（2）物质产品交易过程和环境的审美体验效应最终体现在服务审美和情绪体验上。大卫·罗伯兹在《只有幻象是神圣的：从文化工业到审美经济》一文中认为，在审美经济时代，商家出卖的重点往往不是物质产品，而是一种情调或氛围，一种梦想。[2]（3）精神产品消费除了审美体验和情感体验，还有互动式体验，

---

① Kahneman, D. Wakler, P, Sahn, R. Back to Betham: Explorations of experienced Utility [J]. Quarterly Journal of Economics, 1997（6）.

② Roberts David. Illusion only is sacred: From the culture industry to the aesthetic.economy[J]. Thesis Eleven, 2001（73）.

包括专业和专业互动、专业和业余互动、业余和业余互动。（4）体验化消费一方面表现在对物质产品的需求上，另一方面也表现在日常休闲生活上。经济的审美化与审美的日常化可以让我们获得更多幸福和快乐。（5）体验包括对自我能力的挑战与对自己喜欢的人和物的移情，前者满足体验者自我实现需求，后者满足体验者审美和精神需求。这种种体验都让消费者愿意为个性化体验经历消费。这种审美体验需求就对乡村的居、业、游提出了更高审美化要求。

居：生活便捷和生态安全是建设原则。一是尽量保护原生态环境。徽州传统村落原则上全面保护原有环境，新镇新村按照山水脉系适当改造。二是有机建构整体布局。利用在地文化主线统筹各种要素，空间开合聚散有序，分布韵律节奏适宜。通过文化主线有机串联不同功能建筑物，在重要节点设置公共设施和休闲场所。三是提升建筑物使用功能水平。历史建筑应保尽保，对外立面进行修旧如旧修缮，改造内部设施满足现代居住需求。新建筑物符合自然特征和地域文化。

业：生态型和创意型是建设原则。一是促进徽州村落传统产业转型升级。淘汰落后产业，保留有市场前景的特色产业并且提升产业能级。二是大力发展徽州村落创意经济。创意经济是4.0工业、后现代服务业、高效生态农业的核心竞争力。三是利用"+文旅"推动徽州乡村振兴。通过文旅落地生态农业市场，不断迭代推出特色农产品和高品质农产品。

游：原生态和源文化体验是建设原则。一是完整全面保护自然环境和徽州在地文化，以自然遗产和文化遗产为基础提炼旅游核心要素，做好展示和服务工作。二是通过大地艺术方式展示生态资源，规模化地创造自然要素和艺术表现有机结合的视觉艺术形象。三是注重挖掘原创性文化和源头性文化，通过真实展现徽州在地文化避免同质化。

四、徽州乡村审美价值的持续实现和文旅实践

马克思美学理论认为人的"内在目的"比"外在目的"更本质，马克思在矛盾中进行美的洞察，认为"内在目的的实现，是人作为一个完整的总体的人的自由而全面的呈现"。[①] 乡村审美过程需要外部力量介入，但是只有当介入式审美通过涵养浸润成为乡村主角的内生式审美，被动式资源开发通过积极生成转为主动式文化输出，乡村内在成长需要和外部消费需要统一融合时，或许才能实现乡村文化和乡村审美的永续性正向发展。徽州乡村资源具有十分丰富的经济价值和文化价值，这些价值形成的基础和前提是具有常常隐蔽起来的审美

---

① 江德兴，楼健. 论美是社会的最高价值［J］. 艺术百家，2012（5）：25-27.

价值。当需要乡村资源成为打通人与自然、人与审美的通道时，具有原始性审美意义的资源更有可能弥补乡村传统文化的缺失，实现乡村文化可持续发展和乡村振兴。徽州乡村振兴过程中以人为本的原则要求乡村振兴的建设者和参与者抓住乡村资源和审美现象的本质，理解审美文化和文旅实践在乡村经济社会发展中的地位和作用，进而引导乡村振兴走上可持续发展之路。

（一）徽州乡村内外生态环境的审美实现

遵循有机性、整体性、多样性原则，由自然环境和人工环境组成的徽州乡村空间，是地貌、街巷、溪流、水塘、院落、建筑等构成的空间，并且在不同组合形式中形成不同空间属性。最终在图底关系、界面关系、功能布局、规模、景观等方面保持个体特色和整体一致的平衡，形成徽州乡村空间秩序。空间形式代表乡村空间维度，而时间形式则显示乡村时间维度，相互独立而又渗透的二者共同构成乡村物质形态，是乡村审美的物质载体。作为徽州乡村人生活居住的场所，从历史的时间轴看，起源—发展—衰败—更新—废弃—消亡贯穿其中，从四季的时间轴甚至一日时间轴看，节气、气象、天光等因素产生丰富变化，这些都形成徽州乡村的时间形式。

乡村方式包括生产方式和生活方式。生产方式是乡村主体以生存为目标所进行的渔猎耕种、建造房屋、手工制作等活动，这些都是让乡村生生不息绵延生长的活动。生活方式是乡村主体利用乡村的公共空间和基础设施进行生活、娱乐、休闲、学习、康养等全方位生活活动，其中反映了价值观、生活态度、行为观念等，这是满足生存之后为了升华精神和传承文化所进行的一系列精神生活。

位于泾县桃花潭镇的查济村是中国历史文化名村、全国重点文物保护单位和中华写生第一村，是我国目前现存规模最大的明清古村落。查济村的生态环境、文化资源和建筑形制都保存完整，四山环抱，三河环绕，山环水抱的村落布局展示出先民对优美环境的向往。村内香樟树遍布，空气湿润，至今保留元明清建筑 200 余处，建筑类型包括祠堂、民居、古桥、牌坊和庙宇等。除了物质文化外，查济村的非物质文化遗产更加丰富，包括以宣纸制作技艺为代表的手工技艺和民风民俗活动，村落内的宣纸工坊保存完好，民俗活动的丰富度和参与度很高，这些活态文化传承为查济村的文旅产业发展打下了深厚的基础。查济村的乡村旅游规划结合查济村的水系、道路和历史建筑的空间分布，将之前缺乏系统性的旅游路线重新规划设计，定制"十里山溪体验路线""山林探险运动路线""古建文化参观路线"和"民俗文化体验路线"等大众和小众路线，满足不同爱好旅行者的不同需求。另外还设计出民居、祠堂、宣纸系列文旅产品IP，通过创新型产品增强辨识度和影响力，延伸一二三产业融合产品的产业链。

（二）徽州乡村审美能动性的价值实现

乡村的文化和艺术不仅仅是一件物品，更多的是一种审美行为，比如乡村民间非物质文化遗产不只是创作物品或者展示手艺，而是在不耕作的时间里与虚无对抗的手段，是自己与自己、自己与自然、自己与他人的交流手段，也是农民发现自我存在价值的体验手段，审美的形成和文化的孕育就在这个过程中。美国人类学家纳尔逊·格雷本认为，"艺术历来是一种重要的媒介，通过这种媒介，可以解读两种文化涵化之间的内容，这些内容不仅仅是审美的，同时也是经济的，技术的，心理的"[1]。文旅通过加强人与自然、人与人之间的联系，实现人的记忆和情感不断增长，这种主观能动性理念指导下的观点告诉我们，文旅及文旅产品能够塑造新的社会秩序，刺激新的消费，反过来又推动形成新的文化生产能动性。

费孝通先生在"西部人文资源的保护、开发和利用"课题中曾提出"人文资源"的思想，指出了人文资源的价值，认为这是我们未来文化艺术发展和重构的基础。[2]徽州在发挥乡村审美能动性的同时，也避免了过度涵化导致的过分市场化，即生产方式发生大的变化，进而乡村文旅产品的艺术性和本源性下降甚至消失，这样最终会损害乡村文旅所承载的审美价值和文化理念。所以徽州保护乡村传统审美文化就是保护乡村文旅发展的核心价值和主要功能。近年徽州乡村文旅在产业化过程中实现了不少经济价值，但是同时也削弱了乡村自然环境和人文环境的美学价值和历史内涵，长此以往就会导致乡村资源枯竭。如果乡村审美和城市审美趋同的话，乡村的资源价值在哪里？探索乡村文旅的本质特征、挖掘乡村文旅的美学价值和文化价值，更利于乡村文旅的可持续发展和生命力的延续。

坐落在新安江上游的卖花渔村被誉为"中国徽州盆景第一村"，至今已有一千一百余年历史，是徽州有代表性的重要古村落。徽派盆景就发端于卖花渔村，从南宋开始该村就有兜售盆景的传统。在徽文化影响下，卖花渔村的盆景显示出古朴、自然、遒劲的徽派文化风格，被列入第二批国家级非物质文化遗产名录，被业界人士赞誉为"无声的诗，立体的画"。徽州山川密布的自然环境和相对

① 纳尔逊·格雷本. 艺术及其涵化过程 [J]. 张晓萍，编译. 民族艺术研究，2002(1)：35-36.

② 中国艺术人类学学会，北京舞蹈学院. 文化自觉与艺术人类学研究 [M]. 北京：中国文联出版社，2015：106-109.

封闭的地理条件造就了徽州古村落依山傍水、民居聚集的特点。古朴遒劲的盆景记录了村民生产生活的发展历程，也将旧时好物通过新的方式带回到卖花渔村，重新激发村民对徽州文化的认同，同时还让游客感受到徽州古村落的文化传承的生生不息。卖花渔村的徽派建筑、江南风光和非物质文化遗产一起展现出的统一风貌，映射出徽文化的独特韵味和徽州人的艺术趣味，使得卖花渔村的乡村特色文旅产业迅速发展，盆景年销售额达到 3 万盆，年产值达到 2000 多万元，人均收入达到 3 万元，成为徽州地区名副其实的共同富裕村。

（三）徽州乡村审美生活化的回归实现

在农耕时代受文化水平限制，乡村知识性生产内容基本靠口头传播传承下来，发现这些隐蔽而"日用不觉"的知识除了需要具备科学素养，还需要具备审美直觉。色彩、造型、花纹等显性知识性内容看得见摸得着，但是材料、规律、象征等隐性知识性内容却常常在传承的过程中改变甚至消失，然而这些东西恰恰是乡村审美文化的核心。徽州民间染织匠在谈到扎染与自然的关系时说，在新月时准备蓝靛、满月时染色，便能得到美的色彩。而徽州扎染中那些不褪色的经典作品也是因为制作者遵循了自然规律，选择在八月的某一天漂染的缘故。植物染如此，其他民间手工艺也是如此，基于宇宙和自然法则的知识体系植根于此，真正的美也诞生于此。徽州扎染符合传统村落生活方式的审美诉求和物质诉求，在时间维度上它的审美性具有永恒性，但是在当下日常生活中它的物质性又具有局限性。这也是拓展乡村审美价值的难点和重点所在——如何让传统生产方式和生活方式回归现实世界，如何通过审美能动性重建乡村文化认同感，如何呼唤新农村社区内生动力？

陈景扬认为柳宗悦民艺运动[①]的成功之处在于，用"生活之美""传统之美""实用之美"为乡村手工艺和手工艺品正名，肯定其"美用一体"的美学价值、生活价值及经济价值。让"健康""合理""自然"的民艺品成为现代社会"美的生活"的一个选项，进而实现民艺品的现代消费形态。[②]遗产—资源—消费—生活的路径对乡村振兴中审美经济的发展和美学价值的挖掘有积极的启发意义。作为乡村振兴新理念和新路径的艺术乡建主要有三种类型：乡村景观修复性重建、乡村艺术节与民俗展演、候鸟式家园的建设。如果"艺术乡建"变成对乡村原生态环境和文化结构的野蛮闯入，这种一厢情愿的乡建凸显的是符号性，削弱的是真正的乡村文化内涵，城市审美对乡村审美的同质化会导致乡村忽视

---

① 柳宗悦 . 民艺论 [M]. 南昌：江西美术出版社，2002：前言 .

② 陈景扬 . 日本的民艺与都市消费：一个人类学艺术研究方法论与案例的考察 [G] // 周星 . 中国人类学基础读本 . 北京：学苑出版社，2011：211-215.

自身的本体性存在。

地处新安江畔的九砂古村是徽派古村落，这个依山傍水的小渔村村民出行主要靠船，村口的小港湾处家家门前停泊小船。2022年九砂村创新引入青年艺术，希冀通过以一场流淌在新安江的青年丰收艺术展，展现江畔古村、天然晒场九砂的独特秋光、民俗风情、农林趣事，为游客打造一场文化盛宴，探索徽州乡村文化振兴的路径。通过年轻化的艺术表达将晒秋民俗与青年创意融合，唤醒在地文化，激发在地艺术，延伸打造属于徽州古村和新安江的当代IP。九砂古村青年丰收艺术展难得的清醒之处在于它一直以乡村作为艺术节绝对的主角，艺术家创作的作品要与村落的乡土文化和民风民俗相结合。比如青年丰收艺术展上，在九砂村江边港湾，一只只晒秋艺术主题小船聚拢，从上空俯瞰，水面上映出创意"七彩花朵"图案。这是当日江上流动青年艺术展的一件青年艺术创意彩绘作品，寓意"丰收印记，给新安江插上一朵小红花"，表达古徽州的悠久晒秋历史和七彩新安江的秋收之美。在九砂古村，艺术只作为方式和手段，乡民的生活生产才是创作的核心。为了吸引更多线上年轻人关注创意的流动艺术展，关注九砂创意晒秋文化，特邀著名插画师梅野野创作一幅融汇"在地创意与当代艺术表达"的"新安江晒秋艺术插画"，同时邀请"Hi元宇宙"数字文创交易平台，公益推出全国首款晒秋主题NFT数字藏品。

五、结论

乡村所承载的生活方式和生活环境透视了村民和内外生态环境的审美关系，反映人类文明深处的一种有机联系。基于乡村体验的审美特征和审美本质反映了审美价值如何投射于现实。徽州乡村自然环境和人居环境借鉴"恰当审美"塑造"居"的诗性美、"生活美学"塑造"业"的本质美、"气氛美学"塑造"游"的体验美，从而拓展乡村振兴的美学范式。在发挥乡村审美能动性的同时，要避免过度涵化导致的过分市场化，从而使得生产方式发生大的变化，进而使乡村文旅产品的艺术性和本源性下降甚至消失，这样最终会损害乡村文旅所承载的审美价值和文化理念。所以徽州保护乡村传统审美文化就是保护乡村文旅发展的核心价值和主要功能。徽州乡村中自然和人文的原生性更具美学特征和美学价值，特别是未被现代文明完全同化的原生态村落，它们正以独特方式激发人们探寻人类精神家园，审美价值是乡村能够营建"诗意栖居"的拓展路径和实践途径。

文化产业赋能乡村振兴研究

——以淄博市沂源县为例

刘　强 [①]

摘　要：乡村文化产业本质上是乡村文化的现代转化，既是乡村价值观的重要体现，也是乡村文化建设的重要支撑。它可以满足农民对美好生活和精神文化日益增长的需求，激发农民对乡村文化的信心，激发他们的创造性和主动性。2021年以来，多项国家级政策中提到"文化产业赋能乡村振兴"，可见在农村发展文化产业对于农村、农民、农业的可持续发展具有重要意义。

关键词：乡村；文化产业；经济；现代化

一、文化产业赋能乡村振兴相关政策依据

2021年6月，文化和旅游部颁布《"十四五"文化和旅游发展规划》，提出要实施"文化产业赋能乡村振兴计划"，这是我国首次在国家级政策中提出文化产业赋能乡村振兴概念，并强调要引导文化产业机构和工作者深入乡村，对接帮扶和投资新业，解决乡村振兴人才不足的问题。

2022年2月，《中共中央 国务院关于做好2022年全面推进乡村振兴重点工作的意见》颁布，要求创新农村精神文明建设有效平台载体，"启动实施文化产业赋能乡村振兴计划"。

2022年4月，文化和旅游部等六部门联合印发《关于推动文化产业赋能乡村振兴的意见》，提出文化产业赋能乡村振兴要在创意设计、演出产业、音乐产业、美术产业、手工艺、数字文化、其他文化产业、文旅融合等八个重点领域发力，到2025年基本建立文化产业赋能乡村振兴的有效机制。从根本上来看，实现乡村全面振兴是一项系统工程，是国家推动区域协调发展，解决城乡发展矛盾，高质量实现中国式现代化，实现中华民族伟大复兴的重大战略步骤。落实好乡村振兴战略部署，要寻求文化艺术、文化创意、文化产业和经济社会协同发展，

① 刘强，齐鲁工业大学（山东省科学院）文化产业研究院办公室主任、副教授、硕士生导师。

要找到实现文化综合带动价值的思路与途径，发挥好实现好文化带动价值和功能。乡村文创发展以基层党组织引领为保障，以生态环保为优先，以乡村文创产业提质升级为抓手，以乡村人才汇集和培育为依托，以文创激活乡村文化生命力为核心，使文创赋能成为全面乡村振兴实现的有效新路径，助力实现全面乡村振兴目标。

2023年1月，国家文化和旅游部、教育部、自然资源部、农业农村部、国家乡村振兴局多部门联合开展文化产业赋能乡村振兴试点工作，并联合颁布《文化产业赋能乡村振兴试点工作方案》，提出2022—2025年，遴选两批试点县（市、区）共计100个左右，形成可复制可推广的典型经验做法，在全国推广，推动建设宜居宜业宜游和美乡村。

2023年2月，中央一号文件提出，要立足国情农情，体现中国特色，建设供给保障强、科技装备强、经营体系强、产业韧性强、竞争能力强的农业强国。文件强调，制定加快建设农业强国规划，做好整体谋划和系统安排，同现有规划相衔接，分阶段扎实稳步推进，实施文化产业赋能乡村振兴计划，并就2023年全面推进乡村振兴重点工作作出九方面部署。

二、文化产业赋能乡村振兴的理论基础

文化产业赋能乡村振兴是指以产业和市场为载体，引入创新、人才、技术和金融等要素，振兴农村文化资源，激发农村内部动力，增加农民收入，传承乡村文化遗产，改善乡村风情风貌，促进乡村振兴。

大力发展乡村特色文化产业，将其与乡村一、二、三产业和生态环境融合发展，实现"1+1>2"的综合效应。乡村特色文化产业以乡村特色文化资源为基础，运用市场管理理念，形成乡村特色文化旅游、手工艺、娱乐、设计、传媒等新型文化业态，构建现代农村文化产业体系，实现打通城乡发展空间、促进农村经济增长、促进文化繁荣的目标。

乡村特色文化产业的发展基础是乡村文化资源，发展目的是满足城乡居民的精神文化需求，且市场机制发挥主导性作用。在发展过程中，乡村特色文化产业呈现出以下四个特征：

1. 乡村特色文化产业的地域特色明显。乡村以生态和谐、传承有序、环境优美见长，其特色鲜明、魅力十足的自然和人文资源是文化产业发展的基础，乡村特色文化产业所生产创造的文化产品、举办的文化活动，乡土特色明显，都有着很强的地方性特征。

2. 乡村特色文化产业立足于传统民间文化的开发利用。传统民间文化包含

乡村祖祖辈辈流传下来的生产生活方式和民间风俗活动，是乡村精神财富和物质财富的集中体现。乡村特色文化产业在保护与传承民间文化的基础上，对乡村文化内容进行开发利用，通过创作、生产、传播、消费和展示等手段，使其焕发时代生机，本身属于文化传承、创新的一部分。

3. 乡村文化产业规模较小，大多采用传统经营方式，需要现代化转型。乡村中现有的产品创意设计和品牌经营管理能力较弱，不具备强大的乡村文化品牌传播能力，需要创新经营理念，通过科技提升和市场运作等形式打造产业链完善、拥有现代文化产业体系的乡村特色文化产业。

4. 乡村特色文化产业属于人力资本密集型行业，能够带动乡村就业。乡村文化传承大多依靠口传心授，人是其中的关键，乡村特色文化产业依然具有人力资本密集的特征。在乡村特色文化产业发展过程中，需要一批乡村文化传承者、基层干部管理人员、专业研究人才、文化创意人才和生产劳动者等参与主体，在将当地特色文化资源转化为经济发展内生动力的同时，为乡村居民提供大量就业机会，实现本地就业。

三、文化产业赋能乡村振兴的意义

乡村特色文化产业在满足人们文化需求并创造经济价值的同时，不仅对乡村振兴有重要意义，而且对传承中国优秀传统文化基因、建设社会主义文化强国也有重要推动作用。

乡村文化产业本质上是乡村文化的现代转化，既是乡村价值的重要表现，也是乡村文化建设的重要依托。发展乡村文化产业，就要发挥好乡村富有创造性和生产性的特色文化资源，抓住绵延千年的优秀传统文化和令人念念不忘的乡愁，回归乡土记忆和乡土意识，实现乡土文化传承与保护、产业创新与发展、生活和谐与幸福的复合效应，进一步赋能乡村振兴。

乡村拥有特色文化资源，因地制宜发展演艺、手工艺、乡村旅游、休闲农业等新业态，能打造亮点突出、竞争力强的文化产业体系。再加上文化产业的行业范畴广、上下游关联产业多，不仅成为乡村的新型业态，还能带动其他产业发展，起到推动经济增长的作用。

乡村文化产业可以带来以农耕文化为核心的创作、传播和消费活动，还可以将华夏礼仪文化在文化活动中寓教于乐，能增进家庭感情，促进家庭和谐，渲染乡村文明底色，为乡风文明建设注入历史特色和时代新声，满足农民日益增长的美好生活需求和精神文化需要。

乡村文化产业赋能乡村振兴不仅提升农民对乡村文化的信心，而且能让农民意识到乡村文化的现代价值，进而激发农民的创造力和能动性，完成从自在到自为状态的转化。一个有能力、有文化意识、有管理能力的新型农民也是乡村振兴的不竭源泉，通过参与文化产业的生产和传播，不断提高农民的科学文化能力和自我发展能力。

四、沂源县开展文化产业赋能乡村振兴的路径

（一）工作基础

齐鲁工业大学（山东省科学院）文化产业研究院（乡村振兴研究院）近年来积极开展乡村振兴研究，先后完成了"长清区孝里街道南黄崖村红色美丽乡村建设规划""长清区乡村振兴管理干部业务培训班"等项目，促使晶天控股投资张夏街道九重天文旅露营项目；完成济南市政府研究室"济南市数字技术赋能乡村振兴""济南市加快发展现代乡村服务业研究"等委托课题。

（二）工作方向

1. 设立"沂源文化旅游赋能乡村振兴发展智库工作室"

定期安排专家、教授为沂源文旅产业赋能乡村振兴发展提供专业指导。通过举行专题调研、举办专家研讨会等形式，对沂源文化旅游和乡村振兴发展提出战略性的指导意见，帮助解决发展过程中遇到的问题。

2. 打造沂源县文化产业赋能乡村振兴试点县

积极制定沂源县文化产业赋能乡村振兴规划，打造沂源县文化产业赋能乡村振兴省级试点县，条件具备申报国家级试点县，重点开展以下工作：

（1）全面推进"山东手造"乡村文化创意设计工程

推广"手造工坊"和"一村一品"产业模式。每年举办"沂源杯"乡村文创设计大赛。积极发展创意农业和特色农业。

（2）强化乡村音乐产业带动特色节庆活动

打造沂源乡村音乐品牌活动，提升音乐培训专业化水平，开展乡村振兴音乐创作活动，创作一批优质乡村音乐、原创歌曲，拍摄出优秀的乡村 MV 作品，唱好特色农产品、唱好农民故事、唱好乡村振兴故事，力争打造出"一村一歌、一品一歌"。

（3）发展乡村特色文化艺术服务产业

打造"文化＋赛事"模式，实施文化演艺进乡村活动，开展乡村振兴主题文艺创作，积极培育新乡贤文化，举办乡村文化活动。

（4）大力发展乡村数字文化产业

打造乡村文旅消费数字化场景，建设乡村文化振兴工程互联网平台，推动农村电商高质量发展，大力发展线上文旅产业，培养数字文化产业高端人才。

（5）大力发展乡村影视文化产业

打造沂源短剧（视频）城建设工程，招商引资短剧培训机构，打造影视 IP 品牌。

（6）做强做大乡村特色文化和旅游产业

培植一批特色文旅小镇和园区，培植一批景区化村庄，建设一批乡村文化旅游场馆，开发一批乡村旅游特色产品，实施乡村旅游后备箱工程。

（7）加强乡村文化和旅游人才队伍建设

实行乡村文化特派员（乡村文化振兴官）制度，制定文旅赋能乡村振兴扶持政策，强化文旅赋能乡村振兴人员培训。

（8）盘活乡村文旅和非遗资源

做好"好客沂源·乡村好时节"非遗传统技艺赋能乡村振兴工程。

（9）做好乡村文化和旅游品牌

打造乡村特色品牌，实施"五个一百"工程，加大品牌营销推广，加强对外交流推广。

（10）做好乡村文化和旅游产业配套措施

深化农村土地制度改革，探索宅基地"三权分置"，深化农村金融体制改革。

3. 数字与文化产业赋能乡村振兴示范项目工程

以齐鲁工业大学（山东省科学院）"造纸技艺""酿酒技艺"与"印刷技艺"三大文化产业为依托，借助数字技术为所需区域引进非遗体验，推进文旅综合产业发展，建立科普研学旅行示范基地，带动地方经济社会发展和优秀传统的继承与发展，为全国中小学、大中专院校的科普、科学研究等提供高级别的服务工作，通过数字与文化产业来赋能乡村振兴。

（1）依托沂源县某街道（镇）特色产品、旅游资源和区位等优势资源，创新打造"三个一"全域赋能工程，通过一个区域公共品牌、一套综合服务平台、一种利益分配机制，推出"企业 + 合作社 + 基地 + 农户 + 平台"五位一体的融合发展方式，将某市区全域范围内的特色产品和服务资源充分整合，通过"品牌共建"打造某市区产品和服务资源供应中心，通过"资源共享"的一村一店、一户一店，实现全街道（镇）资源助推村集体和农户的共同富裕目标，计划项目投资 100 万元。

考核指标：完成不低于 10 款产品的包装设计和平台详情页设计；全年参加

全国知名的展销会不低于 2 次；优化运营团队建设，1–2 年收回成本，后期每年销售额在 100 万元以上，利润在 20% 左右。

（2）结合山东省文化和旅游厅认定的齐鲁工业大学（山东省科学院）文化产业研究院山东省非遗研究基地，在沂源县建立非遗实践基地和啤酒酿造技术实验室，研究开发日产 500 升精酿啤酒技术。投资 30 万元左右，1 年内收回成本，后期每年销售额在 60 万元以上，利润在 30% 左右。

考核指标：在沂源建设日产 500 升非遗精酿啤酒技术生产线；负责研究开发出浅色 IPA、深色小麦、棕色爱尔、黑色世涛等系列产品配方；研究开发出水果西打酒（苹果、葡萄、杨梅、梨子、荔枝、草莓等系列）产品配方；负责解决啤酒生产中所遇到的技术难题，指导生产出合格的精酿啤酒，其理化指标应符合相关国家标准。

（3）以四大发明之一的"造纸术"开展非遗体验，推进文旅综合产业发展，建立古法造纸科普研学旅行示范基地，带动沂源县地方经济社会发展和优秀传统的继承与发展。

考核指标：负责将古法造纸与沂源县旅游特色融合发展。以沂源县为重点建设基地，总体上围绕"体验学习、快乐学习"的原则建立研学综合基地。

（4）以四大发明之一的"印刷术"在沂源县建立印刷研学营地，带动沂源县地方经济社会发展和优秀传统的继承与发展。

考核指标：负责将古法印刷与沂源县旅游特色融合发展，以沂源县为重点建设基地，总体上围绕"体验学习、快乐学习"的原则建立研学综合基地。

（三）具体路径

1. 创意设计引领乡村规划与乡村建设全过程

文化创作和设计服务在促进文化更新、文化产品生产和创新消费过程中具有巨大的价值。创意设计作为创意产业和生产服务的主要类型，要更好地服务乡村振兴，提高农村经济社会发展的整体质量。根值中国乡村传统文化进行中国化乡土设计，在更高层面上实现了文化创新，改善了乡村空间文化生产环境，也必将推动新型乡村的建设。

（1）创意设计激发和激活了乡村文化的复兴。农业文明是中华文明的根基，农村社会是中国的根基。乡村文明是一个复杂的综合体，不仅包括乡村的空间环境、地理和自然结构，还包括在特定空间中共存的各种乡村精神习俗、传说、手工艺品和其他文化群落。邻国日本自 20 世纪 60 年代以来一直在开展社区建设运动，以实现"重建美丽乡村"为目标，全面推进农村重建、产业振兴和社会振兴，激发乡村振兴的活力和活力。近年来，中国乡村振兴的实践也深化了这一领域的研究，吸引了建筑师、设计师和其他文化创意专家。他们带来了基于传统乡村建筑地方特色的现代设计理念，良好的设计保留了当地生活、娱乐和商业场所的特色，同时结合了历史文化遗产、当地特色和现代文明。

在考虑地理、历史和文化背景的情况下，设计师不仅需要考虑乡村建筑的整体风格和特点，还需要扩展和整合新的公共空间，为现代乡村社区的重建创造文化基础。同时，继续探索创造新的文化空间，如乡村博物馆、乡村景观群、农业遗产带等，激活了它们的文化价值，成为农村居民识别新农村社区的有形空间载体。例如，在乡村振兴实践中，北京市建设了近百家不同类型的乡村博物馆，成为引领新时代乡村文明、传承优秀传统文化的重要文化空间。将新的创意设计引入乡村规划，不仅振兴和改造了乡村文化，使文化生产机制永久化，而且提高了乡村文化建设的质量。更重要的是，文化黏合剂、催化剂般的设计因素为新时代乡村文化生产注入了新的活力。

（2）创意设计助力乡村新经济形态发展。乡村振兴没有产业兴旺作支撑，就失去了物质基础。今日乡村经济已经在市场经济洗礼下发生了结构性变化，乡村特色经济发展需要在更高质量上做文章，特别是各种新生农业经济形态需要文化元素和文化品质融入来提升价值，包含设计服务在内的文化服务业就成为农业经济形态提质增效的重要支撑。从国家政策层面来看，《国务院关于推进文化创意和设计服务与相关产业融合发展的若干意见》（国发〔2014〕10号）被业内人士称为"10号文"，给文化创意和文化产业的融合发展打开了一扇门，更是集中围绕创意设计发挥带动作用着力，其中一个重要途径就是强化文化创意和设计服务与农业的融合。各种新型农业经济业态、新型农林景观、新型乡村休闲旅游业，都离不开设计服务，就是单纯的农业生产也需要设计业融入，生产更具有文化内涵与魅力的高端农产品。比如代表农耕文化重要形态的民族传统手工艺，在新时期如何更好地实现创新转化可持续发展，如何与当下人们的审美趣味时尚取向相适应，如何真正服务与融入当代人的生产生活，都需要体现设计与创意营销。以服务设计促进民族企业品牌整合与推广，每一个方面都离不开设计服务的深度融入。

民族文化元素的激活与融合，不仅彰显了文化自信，也推动了中国传统文化创作体系转型与更新，这也是乡村振兴在民族文化复兴中的具体体现。只有将文化设计服务深度融入农村经济发展的全过程，才能提高乡村产业的质量。在公共文化服务方面，国家层面也在不断争取政策调整和制度突破，创新服务内容，拓展服务体系，这对文化发展与乡村振兴具有重大意义。《国务院办公厅转发文化部等部门关于推动文化文物单位文化创意产品开发若干意见的通知》（国办发〔2016〕36号）实施后，极大地鼓励了具有公共利益的国家文化机构创造新的文化产品和扩大文化服务领域，并直接融入包含乡村在内的待赋能空间，直接助力乡村振兴。

为了进一步加大文化服务的赋能效应，《关于进一步推动文化文物单位文化创意产品开发的若干措施》（文旅资发〔2021〕85号）颁布实施，传统文化与乡村生活的融合将进一步深入。总之，作为传统农业产业价值链的关键产品与赋能要素，将文化创意、传统农业产品服务置于"微笑曲线"的最前端，并成为提高传统农村产品价值的关键文化创意要素，与传统农业产业之间的有效融合必然有助于提高传统农产品价格。而只有将文化创意产品服务切实渗入传统农业振兴发展全过程之中，才可以实现有效推动传统农业的全面振兴和高质量发展的目标。

文创设计服务除了可以直接服务乡村产业振兴，还可以更好地服务新农村生活，塑造美丽新农村风貌，推动乡村文明生活变革。中国文联副主席潘鲁生教授提出了"设计为民生服务"的理念并付诸实践，推进了"厕所革命"和"设计助农"计划的实现。

2. 文创"IP"开发与品牌统一运营

随着城乡融合发展互动增多，美丽乡村往往成为城市人群闲暇休闲、精神游憩，乃至于情感消费的最佳去处，唯乡村自然才是都市人不断翘望的故乡和家园。为了满足外来人群乡村旅居生活需要，乡村社会需要准备特色文化产品，而文创产业发展不仅为乡村振兴提供产业支撑，还可以为区域品牌行销提供载体。

（1）乡村振兴发展要注重统一品牌塑造与传播。在乡村振兴过程中，实现产品、影响力、产业可持续发展，必须注重"产品"影响力传播，打造好品牌。中国台湾地区"社区总体营造活动"的经验就是推动形成"一县一品""一村一品"，无论是乡村住宿、特色风物，还是特色食品菜肴、乡风民俗文化等，政府都重视对其的培育发展。产品意识观照下，塑形乡村地区明晰区分度的鲜明个性形象，吸引注意力资源就非常紧要，"形象力是第四资本"，品牌也是生产力。如何传播区域内农村品牌价值和知名度，是一个必须持续发力创新的过程，不仅产品必须具有一定品牌意义，还要拓展各类品牌载体，无论是农产品还是文化创意产业，都需要始终贯彻整合营销传播意识，以顺应农村社会全媒介化传播的新媒介生态，结合资讯和社交融合媒介的新载体，特别是满足接受者对视频化形态信息商品的移动媒介需要，从而形成精准化营销的乡村产品品牌，并注重对农村文化的全过程经营管控。

（2）提炼开发乡村文化IP。乡村振兴可以利用文化创意与艺术元素，文化艺术行业往往直接成为形象塑造传播的载体，服务于各类农产品的包装设计。除却农产品包装推广含纳艺术设计内涵，更主要的是借助乡土人文资源进行创新产品开发，核心关键在于提炼塑造人文IP，从而更好地展示本土人文符号与形象，创造全新的人文场景与文化感受，给人们带来丰富多元的人文商品和服务感受。深圳市龙岗区的甘坑"客家小镇"，借助典型化客家文化资源进行提炼集中，创造了多重内涵，注入"客家凉帽"IP，并通过IP文创、VR内容产业、古村落生态观光和老城改造实现了产城游融合，跨界融合了餐饮、酒店、教育、培训、电影、动画、网络游戏等多个产品门类产业领域，以一批典型性的IP产品搞活繁荣发展了三个客家村落。这些基于文化IP深度开发的"文化消费内容"，不仅全品系传播了区域品牌形象，也在交流对话中实现了几何级增长的综合带动效应。日本熊本县，正是通过对日本国家吉祥物熊本熊形象的塑造和持续推广，借助文化IP的层层深入，带动了整个地方的经济社会发展，"熊本熊"让一个经济落后的小镇，迅速红遍全球。乡村文化IP提炼开发运营是一个高度创意化、专业化、系统化的知识生产传播链条，需要专业化团队持续跟进，因此需要公司化团队介入支持才能够完成。

文化产业赋能乡村振兴视域下
域牌形象提升路径研究

冯　统①

摘　要：在乡村振兴背景下，文化产业赋能乡村振兴已成为重要的产业振兴模式，在文化产业赋能乡村振兴的视域下，乡域之间的竞争已成为"流量"的竞争，打造独具特色、非同质化的"域牌形象"将是打开"流量"的密码，构建"在地性特色域牌形象＋特色文化产业"的模式将是产业振兴的关键因素。本文重点在区域品牌定位、形象标语构建、社区营造提升、品牌创意传播、乡村特色产品营造等方面来探讨域牌形象提升的路径，从建设乡村到运营乡村，用运营前置的理念构建"域牌形象"实现乡村运营的良性发展，共建"一乡一品"促共富的发展形态，通过域牌形象的提升助力产业的发展，实现乡村共同富裕。

关键词：文化产业；域牌形象；社区营造；品牌创意传播；乡村运营

文化产业赋能乡村振兴是指以产业和市场为载体，通过引进创意、人才、科技、资金等要素，盘活乡村文化资源，激发乡村内生动力，旨在增加农民收入、促进乡村文化传承、改善乡村风貌、推进乡村振兴的过程。

大力发展乡村特色文化产业，将其与乡村一、二、三产业和生态环境融合发展，起到"1+1>2"的复合效应。乡村特色文化产业是依托乡村特色文化资源，运用市场经营理念，形成乡村特色的文化旅游、手工艺、演艺、设计、自媒体等新型文化业态，通过构建乡村现代文化产业体系，实现打通城乡发展空间、带动乡村经济增长和文化繁荣的目的。

"域牌"是指通过规划、设计、打造而形成的区域形象的总概念、总概括、总设计，可以看作一个区域对外的"人设"，包含自然景观、文化精神、产业产品、民生社会等诸多因素。中国传媒大学国家广告研究院院长丁俊杰表示，"域牌"作为一个区域无形资产，既是区域对外宣传推介的重要名片，也是提升区域发展竞争力和居民幸福指数的重要因素。"域牌"的建构有利于形成精神内涵，唤醒人们区域文化记忆。文化产业的量化发展也建立在"域牌形象"提升带动下的产业发展模式上。笔者从以下几点提出"域牌形象"提升的路径探究。

---

① 冯统，山东艺术学院高级工程师。

一、营造清晰化可辨性强、独具特色、吸引力强的域牌形象

乡村"域牌形象"的提升首先要明确定位，定位就是"找魂"，就是明确"我是谁"的问题，以便在目标对象的心智中占据独特的优势位置。核心内容是梳理资源条件、分析当前形势、制定指导方针，并采取一系列连贯的行动。需要回答好"我是谁""我从哪里来""我到哪里去""我该如何去"等重大问题，为区域发展谋定方向与路径，实现区域发展价值与效率的最大化。

打造"一村一品"的域牌形象，要对区域进行在地性文化、真实的乡土性文化资源的充分挖掘，应立足战略视野，发挥地脉、文脉、绿脉和人脉优势，创新发展路径，努力"树立新标杆、共建新平台、营造新模式"，形成具有全国影响力的引领与示范效应，营造一个具有清晰定位、独具特色的产业体系、文化引导的乡村振兴模式的域牌形象。

（一）树立一个新标杆

以习近平新时代中国特色社会主义思想为指导，以生态为基、需求为本、文化为魂，深入挖掘区域内所蕴含的文化内涵与价值，推进现代阐释、创新转化和创意传播。

（二）共建一个新空间

即建设"三宜"融合、"四生"和谐、"五区"共进的理想空间。核心是依托区域优越的交通优势和良好生态本底，统筹围绕"宜居、宜业、宜游"三大功能，实现"生态保育、生命健康、生活慢享、生意交流"四大融合，打造"生态育区、产业园区、旅游景区、民宿住区、幸福社区"协同发展的多功能复合空间。

（三）营造一个新模式

即实践形成"文化引导的全面乡村振兴新模式"。积极发挥乡村生态、文化和特色资源优势，坚持党建引领，有效整合政产学研融媒等多元力量，以文旅休闲等绿色产业为突破口，不断提升老百姓的幸福感指数，推进乡村产业、人才、文化、生态全面振兴。

二、构建具有"情感链接"的可视化形象标语

在文旅时代，情绪价值是文旅项目创新突破的重要抓手，将成为新的掘金密码。当下，文旅新业态不断涌现，从围炉煮茶到围炉冰茶，从特种兵式旅游到淄博烧烤，从寺庙游到 City Walk，从村 BA、村超到多巴胺景区等，各种潮

流玩法花式出圈，在这些现象背后，蕴含着情绪价值。

在区域对外宣传和推广中，拥有一句独特而又响亮的口号非常重要。我们常讲，策划就是"一句话"的事情，这句话就是口号，就是一个区域的文脉灵魂和超级符号。这也是区域策划最大的亮点和难点之一。

淄博烧烤、特种兵旅游、村 BA、村超背后的逻辑是人间烟火中的情绪共鸣；City Walk、围炉煮茶、围炉冰茶则表现为情绪陪伴。在文旅领域，情绪价值是核心，尤其在新文旅时代，情绪价值已成为不可或缺的关键要素，能否为游客提供情绪价值，甚至关乎一个项目的成败。在第三届中国国际文化旅游博览会上，烟台市的宣传口号"烟台让世界微醺"七个字中，可以感受到以人为本的情感的融合，同时也隐喻了烟台独有竞争优势的葡萄酒品牌"张裕葡萄酒"，描绘了一个心之向往"诗与远方"的旅游仙境画面，"微醺"二字，具有很清晰的"情感链接"的代入感。将文化产品与旅游城市形象融合共生，能带动"流量经济"。

情绪营销成功点在于项目实施方读懂消费者的消费需求，以及更深层的内心需求，引起了消费者的情绪共鸣。因此利用情绪价值的第一步是捕捉游客情绪，并与其形成一种"情绪"上的互动关系。与游客之间的情绪链接无非是三种：共情、专属、精神归属。比如，奈雪的表情包，是共情；海底捞的 DIY 奶茶，是专属感；珮姐老火锅的"回家再晚，珮姐等你"、丛火锅的"你开心就好"，是精神归属。构建一个具有"情感链接"的可视化的形象标语，是构建"域牌形象"情感化定位链接重要的路径。

三、社区营造提升品牌价值

日本于 20 世纪五六十年代最早开始社区营造运动，平松守彦于 1979 年提出的"一村一品"的理念，突出强调了社区营造过程对本地区文化特色的挖掘与发展。[①] 日本社区营造专家宫崎清教授将社区营造分为"人、文、地、景、产"五个面向。"人"指人的资源，即满足社区居民的需求、经营人际关系、提高生活福利；"文"指文化资源，即继承和发展社区共同历史文化，开展文艺活动，对市民进行终身教育等；"地"指自然资源，即保护自然环境和社区环境，促进可持续发展；"产"指生产资源，即社区的产业与经济活动；"景"指景观资源，即社区公共空间的营造、生活环境和独特景观的创造等。充分融合社区营造的理念，通过社区创意营造的"人、文、地、景、产"等不同层面的途径与视角来提升区域品牌的形象及影响力。

如由全球青年艺术家共同体基金会、山东艺术学院打造的济南市长清区张

① 卜希霆，刘荣等. 创意营造学 [M]. 北京：社会科学文献出版社，2016.

夏街道"御道御杏"品牌，通过梳理"御道御杏"的历史文脉以及千年张夏的历史内涵，营造情景式、沉浸式的空间氛围场景，构建当地居民传统记忆的想象蓝本，同时重塑农耕文化记忆，发展乡愁经济；调动起当地居民的积极参与性，共同营造其区域的品牌文化系列衍生产业，如御道御杏民宿、御道御杏工艺品店、农耕体验园等。社区营造的开展既可以有效助力"御道御杏"品牌价值的提升，也可以增加产品的经济价值的溢价，还可以带动关注度从而增加销量。同时，在打破城乡二元结构上助力，为城市的发展赋能。

通过场景的创意营造，开展众多的节庆艺术活动，如日本北川富朗开展的地区振兴项目"大地艺术节 越后妻有艺术三年展"，将越后妻有这片760平方公里区域由人口过疏、因老龄化而凋敝的村落营造为全球大地艺术的发声场——"大地艺术节的故乡"。通过将本地的农产品进行网络公开征集包装设计，开展直播和网络营销以及自产自销的餐饮服务，培育出了强大的地方产业。经过四届艺术节，诞生了越后松山林食堂（农舞台）、产土之家等产业，商品、货物的营业额在第四届艺术节期间为8500万日元（全年1亿日元），到场人数375 311人；第五届艺术节间营业额为1.2亿日元（全年1.4亿日元），到场人数488 848人。[①]

通过"人、文、地、景、产"等不同层面的途径与视角来提升区域品牌的形象，最终营造一个具有场景力的情感共同体空间。所谓的情感共同体空间是一个"场"，游客进入其中，自然而然便会被激发出某种情绪，与此共鸣。场景氛围是提供情绪价值的基础，当然也离不开主题调性的呈现。例如，阿那亚的孤独图书馆的社区营造氛围，完美地诠释了"孤独"，一个海边的独立建筑，让人引起共鸣，面朝大海，享受孤独。基于人间烟火气的夜间经济、沉浸式旅游演艺等也正是通过场景来引起共鸣。将情绪价值融入社区营造的顶层设计当中，须将总体定位与情绪价值相结合，再落脚到主题调性以及最终的场景呈现上，实现"域牌形象"的场域营造的准确性。

四、品牌创意传播

具有了良好的品牌形象以及社区营造的实体场景，通过创意的传播路径宣传文化品牌，提升"流量"传播，从而实现"留量"的增加。北京大学新闻与传播学院陈刚在2008年第五期《广告大观》中发表的《创意传播管理（CCM）——新传播环境与营销传播革命》一文中首次提出创意传播管理和创意传播的理论，在新媒体时代下以人的智慧和数字技术结合为根本理论，提出了创意传播管理

---

① ［日］北川富朗，欧小林译. 乡土再造之力：大地艺术节的10种创想 [M] 北京：清华大学出版社，2020.

理论。① 陈刚教授在 2012 年出版的《创意传播管理》专著中详述了创意传播管理的理论和过程,他将创意传播定义为:"根据生活服务者的策略,依托沟通元进行创意构想,并将沟通元的各种表现形式利用相关传播资源展现,激活生活者,在分享、互动和协同创意中创造交流、创造话题、创造内容,进而创造传播效果的营销传播模式。"② 在创意传播过程中提出了重要的关键传播基因——沟通元。沟通元是生活者与生活服务者之间沟通的原点。③ 沟通元是创意传播的核心要素,是实现复制、延伸和不断传播的创意"元点"。沟通元具有明确单一性和共享性的特点,在数字生活空间中,沟通元作为一种文化单元或者说是文化基因,有极其丰富的表现形式。④

创意传播理论由我国学者陈刚提出,是在社会不断进步与发展,传播环境持续变化的背景下,创新性地总结出的关于创意传播的理论。在构建营销传播模式的过程中,"沟通元"发挥了至关重要的作用,它通过对自身的创意开发,促进了传播资源的更充分利用。利用新媒体短视频进行创意拍摄,将区域文化资源融入创意传播过程,这一过程就类似于"沟通元"的作用,通过对区域文化资源的再生与创新,充分展现创意传播的效果。⑤

如济南市长清区张夏街道开展《当御杏遇到艺术》旅游公益宣传片的拍摄,通过在 300 余年杏树王下开展一场音乐会,特邀请意大利著名策划人雅各布先生亲临现场作为男主角参与演出,同时邀请留法青年艺术家张博晨在树下写生绘画,宣传片的解说词是一首优美的诗,营造了一种心之向往的乡村美好生活,"诗与远方"的憧憬,让观众心旷神怡陶醉在这片土地中。宣传片没有提及御杏的品质,而是通过一场沉浸式的艺术活动,阐述在御杏园的美好生活状态。通过"沟通元"创意传播的形态,传播了一种创意的生活理念。

《当御杏遇到艺术》旅游公益宣传片的拍摄,通过创意传播手段,将中国文化精神通过网络传播至意大利、法国、英国等国家,讲好中国故事,传播中国乡村声音,提升国内农产品品牌的国际影响力及有效推动了民间文化艺术交流。

① 陈刚. 创意传播管理 (CCM):新传播环境与营销传播革命 [J]. 广告大观(综合版),2008(5):23-28.

② 王慕然. 博物馆文创产品创意传播策略研究 [D]. 南京:南京林业大学,2018.

③ 李唯倩. 玛丽黛佳的创意传播策略分析. [D]. 北京:中央民族大学,2019.

④ 陈刚. 创意传播管理 [M]. 北京:机械工业出版社,2012.

⑤ 王月和. 创意传播视角下县域民俗文化资源的再生研究:以山东商河县为例 [D]. 北京:北京印刷学院,2022.

2023 年济南市第二十届杏花节在山东广播电视台举办，提升了域牌的影响力。《御道花开》微电影在现场播放，线下、线上同时观看人数达 30 万人，通过运用"穿越"的时空线索，融入"虚拟人"技术，以"情感"为链接，构建了一场"艺术＋科技"的视觉盛宴，从形式到内容的创新呈现，颠覆了人们对张夏街道原有的"域牌"认知，更加具体清晰地营造了以"御道御杏"演化出来的"杏花仙子"的拟人化、可爱、有文化底蕴的张夏街道新"域牌"形象。激活生活者，在分享、互动和协同创意中创造交流、创造话题、创造内容，进而实现了创造传播效果的营销传播模式。通过创意传播的形态，据张夏街道办事处旅游办主任介绍，2023 年杏花节游客人数比往年翻了数倍。

整个过程中，从品牌名称"御道御杏"，标识"张夏御杏"logo 设计，形象的象征故事情节设计，由意大利著名策划人、艺术家雅各布作为代言人及形象人物，"党建引领·乡村振兴·千年张夏·杏好有您"的口号提炼，形象宣传片、包装及标记、节庆活动等方面对"御道御杏"品牌进行了全方位策划。同时，通过开展"中意艺术家御杏友谊之树"揭牌等系列活动增加品牌国际传播力与影响力。对"御道御杏"的品牌进行全方位的塑形，通过创意传播形式使"域牌"的形象也更加的具体清晰（如下图）。

五、以农产品品牌提升为小切口，运营乡村产业发展

农产品是乡村振兴中产业振兴的关键，品牌农产品是乡村文化传播的载体，农产品品牌的提升是助力区域品牌形象提升的关键路径，品牌农产品也是乡村文化创意产品的重要组成部分，具有承载区域形象符号化内容的使命。将区域在地性文化符号属性附着于农产品品牌上，进行创意文化形象提升、定位，有助于消费者对这个区域的品牌属性进行认知、定位，为游客沉浸式到乡村旅游"种草"，实现"吃、住、游、购、娱"的经济效益。在建设乡村到运营乡村的过程中，运用运营前置的理念去开展域牌形象提升的计划，以农产品品牌提升为小切口，实现一二三产融合发展的产业形态，促进乡村产业的发展。

如全球青年艺术家共同体基金会与山东艺术学院通过对山东省济南市长清区张夏街道"御道御杏"品牌进行深入分析与探讨，得出助力乡村振兴的农产品运营销售路径：立足传统文化，讲好中国品牌故事；联动高校资源，构建企业智库，探寻产教融合品牌提升新路径；打通国际资源通道，提升品牌国际影响力；提出"艺术＋国际化＋中华文化故事＋产教融合＋立体化渠道"的农产品品牌提升及销售运营解决方案，助力乡村振兴的产业发展。同时，为进一步

御道御杏

御道御杏酒包装袋

御道御杏酒瓶、酒盒

杏与酒礼盒·杏运酒九系列

十瓶酒礼盒·长清泉系列

感谢信

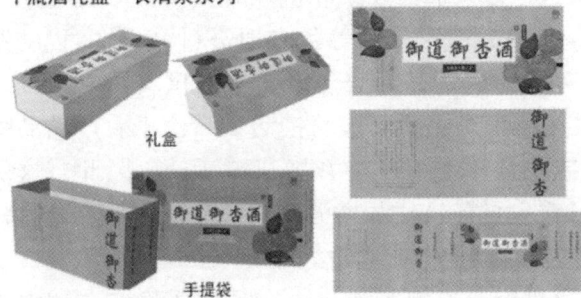

礼盒

手提袋

设计说明：

　　"御道御杏"品牌商标已经注册主形象采用宋朝风格与现代插画相融合的"古今结合"的设计绘画理念，字体"御道御杏"采用乾隆字体，相传"御杏"二字是乾隆帝所赐。主形象四周手绘线描源于张夏街道真武阁洞中石碑周围恰好类似杏花的图案，为"御道御杏"的历史品牌价值提供了设计元素。

御道御杏——山东手造乡村振兴类设计作品

优化"御道御杏"的品牌价值，在多元化资源的支持、社区场景的营造、产业形态的转型等方面进行分析并提出建议，让农产品品牌与城市的公共文化空间实现双向赋能。

（一）构建政府、企业、农业行业组织（协会）、农户协调发展共建模式

据济南市长清区张夏街道办事处公共文化服务中心主任房玉峰介绍，政府在"御道御杏"品牌的建立与支持销售等方面做了相应的工作。目前"御道御杏"的主要销售主体是焦台村的农村合作社，主要形式是农村合作社向农户收购御杏然后统一包装销售，并没有形成关于"御道御杏"品牌的专业农业行业组织（协会）及规模化的公司来统一对农户生产的产品质量进行把控，对生产环节进行量化监督，以及协调各方资源充分发挥其优势，常态化开展相应的营销活动的模式。

对农业企业而言，建设农产品品牌是其可持续经营的有效保障，能够为企业带来长久利益，因此他们愿意积极投入到农产品品牌建设中去，所以农业企业是农产品品牌建设中主要和基本的主体。而政府、农业行业组织（协会）和农户（专业户）则是农产品品牌建设三个主要的参与主体，他们参与并影响农产品品牌建设的行为。

政府在农产品品牌建设中主要承担农产品质量标准的制定、农产品品牌注册的管理、企业农产品品牌建设政策和法规的制定等任务。

农业行业组织（协会）负责实施集体品牌的申报与管理，支持行业内农业企业品牌建设。农业行业组织（协会）为其成员收集和汇编有关供求等各方面的数据资料（包括农产品生产成本、价格、生产规模等各方面资料），最大程度发挥其人才资源优势、桥梁资源优势等为农产品品牌建设企业提供支持。并且，农业行业组织（协会）帮助品牌农产品生产企业开展营销活动。由于农产品品牌具有较强外部性，一般农业企业或个体不愿意积极开展营销活动。因此，这份责任就落到了行业协会身上，并且它也具备这样的资源优势。农业行业组织（协会）还能加强行业自律，维护品牌农产品经营企业利益。

农户提供了农产品品牌的原材料，决定了初级农产品的质量安全。农产品品牌的原材料源自农户，农户在农产品生产过程中的行为决定了初级农产品的质量安全。在缺乏相关道德和法律约束的情况下，农户往往倾向于为了经济利益而放弃质量安全，政府和企业应当采取有效措施来引导和督促农户生产符合消费者需求的农产品。[①]

农产品品牌的经营需要借助多方力量支持，构建政府、企业、农业行业组织（协会）、农户协调发展的共建模式，进而提升品牌综合价值。

---

① 张天柱. 现代农产品品牌建设与案例分析 [M]. 北京：中国轻工业出版社，2021.

（二）"互联网 + 六次产业"模式推进产业立体化

2021 年 9 月，商务部发布的《关于进一步做好当前商务领域促消费重点工作的通知》提出，顺应居民消费升级趋势，发展新业态新模式新场景，促进线上消费健康发展，促进品牌品质消费。据此，要把提升消费体验作为行业发展重要内容。面向历史文化街区复兴、城市公共空间活化、景区升级与产业提升、城市消费和夜间经济激活等，构建线上线下协同的文旅消费新模式。

"六次产业"理论概念最早由日本学者今村奈良臣在 20 世纪 90 年代提出。他认为，六次产业是以地域单位为主导，发展农业生产后续的综合加工、开发和销售以及农村观光的复合型方式推动的产业，其目的是农村农民增收。20 世纪 90 年代末，日本开始新一轮的农村振兴实践。2010 年前后，日本政府将发展六次产业作为乡村产业振兴的核心，并随之建立起一套对应的扶持体系。2011 年，日本设立《六次产业化法》，确立产业融合政策的法律地位。截至 2015 年，日本六次产业的年均增长率一直保持在 3%—5%。其中有家名为"AquaIgnis（汤之山温泉）"的六次产业案例（有人翻译为"水与火温泉度假村"）较为典型。度假村内，有精品民宿，有甜点店，有面包铺，有日式餐厅，有草莓采摘园。一年到访游客 100 万人，年营业额突破 100 亿日元（约 6 亿元人民币），人均消费 1 万日元（约 600 元人民币）。

"火山村荔枝"品牌也通过"六次产业化"在被打造成"全国荔枝第一精品品牌"的前提下，开展了荔枝深加工观光项目，打造了荔枝精酿啤酒厂、荔枝干面包坊、荔枝冰激凌加工坊，同时营造了荔枝主题产品直销中心、荔枝主题民宿、荔枝啤酒餐厅等乡村体验式消费场景。通过六次产业化的道路，整体提升了海口火山荔枝的价值，让农民有了更高的收入和更有尊严的生活。

著名三农问题专家温铁军教授在《从农业 1.0 到农业 4.0》书中讲道，农业 3.0，又叫"农业三产化"，即把农业和现代服务业结合起来，搞生态农业、景观农业、养生农业，发展休闲旅游、乡村民宿，把城里人吸引到乡下来居住、消费。要落实中央一号文件说的"促进农村一二三产业融合发展"，我们就不能把对农业的理解停留在 1.0 版本，而是要推进到 2.0 和 3.0 版本。在 3.0 版本上再加入"互联网 +"这个工具，就是农业 4.0 版本，实现真正的"社会化生态农业"。简单说就是把互联网作为媒介，同时从农民和市民、农村和城市出发，满足双方需求。在"农业 4.0"中，一个农村在生态建设方面有成效，会因为网络而广泛传播，由此引发生态旅游、农产品的销售，甚至市民的长期租住。

"御道御杏"品牌的打造，应充分借鉴"六次产业"模式，开展围绕"御道御杏"为主题的深加工产品，如御道御杏酒、御道御杏果汁、御道御杏奶茶等系列产品，以及民宿、观光园、大中小学生劳动教育社会实践基地、情景式的游戏体验区等乡村沉浸式、体验式的农村消费场景。围绕土地打造生态系统，让土地发挥出除农业生产以外的功能，保护生态环境、维持多样性，借助"互联网+"，让城市的人口和资本流向农村，让农村的农产品、文化产品流向城市，这正是在打造可持续的生态系统，进入现代"农业4.0"时代，实现农产品品牌与城市公共文化空间双向赋能的良好局面。从规模化、标准化、品牌化的"一村一品"运动，转型向精致、休闲及体验的六次产业化，是使农业附加价值实现最大化的一条路径。

各个城市都有自己得天独厚的地理位置与气候条件，悠久的城市发展史少不了当地农产品的哺育，例如新疆哈密的哈密瓜、山东莱阳的莱阳梨、广东省的荔枝等全国知名，不仅提升了城市的知名度，而且大大增加了农产品品牌知名度与当地经济效益。可以结合此类农产品、农副产品及相关衍生品蕴含着的文化底蕴，来丰富并构建城市公共文化空间的在地性特色文化。因地制宜，整合本土优质资源，提升空间文化要素内涵及深度，更能发掘城市原本的文化底蕴，关注个体文化表达，建构具有用户黏性的活动场景，突出其个性化的表达。

六、结语

"域牌"形象提升是一个区域发展必不可少的路径，如同中国古话当中的"门面儿"，"门面儿"好，自然会引来"金凤凰"，"打扫干净屋子再请客"同样蕴含着"门面儿"的审美情趣，一个区域的发展同样如此，需要营造一个独具特色、具有辨识度、蕴含中华优秀在地性文化属性的、清晰可观的"域牌"形象。如何来构建？首先应该明确定位，其次要策划一个具有"情感链接"的口号，同时理应就环境进行营造提升，构建"处处是景"的多点、多面的网红打卡地，"硬件"齐全后需要品牌创意传播，通过创意营造的"发酵式"媒体平台传播，提升流量。"流量"需要转化到"产品"上，以农产品为小切口，从而实现文化产业流量经济的成功转化。"域牌"形象提升到"卖货"的流量转化，构建出了文化赋能乡村振兴的产业发展模式。

如今全国已经掀起一股"艺术乡建"的热潮，在乡村发展过程中注入艺术的元素，让乡村活化，增添了很多审美情趣。乡村振兴的发展离不开文化产业的强大支撑，让文化赋能乡村振兴带动产业振兴、人才振兴、文化振兴、生态振兴、组织振兴，构建独具特色的"一镇一业、一村一品"形象。"域牌"形象的提升，就需要将文化赋能聚焦到"产品"上，构建一、二、三产融合发展的模式，实现品牌溢价，从而实现"域牌形象提升—区域产品'卖货'—域牌形象传播影响力再度提升"的闭环式双向赋能增值收益良态。

从保存到创新：电影文化遗产

的文旅演进

徐瑞遥 ①

摘 要： 本文聚焦于电影文化遗产的保护，旨在探讨如何将电影文化遗产从传统的保存与展示角色转化为服务于当下及未来社会的新的公共文化产品。本文首先探讨传统的电影文化遗产保护的目的和对象，并梳理我国电影文化遗产保护工作取得的成果。接着，通过回顾近年来上海针对电影文化遗产所开展的电影文旅创新项目，包括电影特展、"移动博物馆"、"电影走读"等，本文试图提出电影文化遗产保护如何为当代都市文化（电影、文博、文旅、文创）打造新的公共产品。通过挖掘电影文化遗产的潜力，为其赋予新的价值，不仅可以为大众文化产品带来新的创意和商业机会，同时还有助于推动文化产业的增长和经济发展。

关键词： 电影文化遗产；修复与保护；再价值化；文旅创新

联合国教科文组织在 1980 年的《关于保护和保存活动影像的建议》报告中强调，活动影像不仅捕捉了不同民族的独有特征，也因其在教育、文化、艺术、科学以及历史上的价值，成为国家文化遗产不可或缺的一部分。然而，电影胶片作为一种介质，本身的物理性质脆弱且不稳定，导致许多早期胶片资料已损坏或遗失。据估计，在 1930 年代以前的美国无声电影中，有高达 90% 的胶片已受损，而 1950 年代的有声电影胶片损毁比例也达到了 50%。中国 1949 年以前制作的电影胶片，现存的不足 10%。即便是 80 至 90 年代制作的胶片，也普遍因保存环境不佳而出现了霉变、变脆、褪色、图像脱落等多种损害，业内人士将此状况称作"胶片癌症"。在数字技术充分发展之前，这一问题一直未能找到有效的解决方案。

在 20 世纪 90 年代，数字技术的进步使得人们得以将胶片进行数字化扫描，并通过电脑图形处理技术对声音、画面、颜色、阴影和纹理等多媒体要素进行恢复和修复。1988 年，美国国会图书馆成立了国家电影保护局（National Film Preservation Board），这是首个专门的电影保护机构，其任务是每年精选 25 部具有重要历史与文化价值的影片，保存于图书馆内。90 年代，欧盟设

---

① 徐瑞遥，上海戏剧学院 2021 级博士研究生。

立了 AROFVA（Automated Restoration of Original Film and Video Archives）和 BRAVA(Broadcast Restoration of Archives through Video Analysis)两个技术规范，它们的建立代表着电影文化遗产保护作为一门新兴学科的兴起。2004 年，法国戛纳国际电影节创设了"戛纳经典"（Cannes Classic）单元，展映数字修复的老电影。其后，全球各大电影节纷纷推出了类似板块，这使得电影的数字修复与重映成为国际电影市场的新亮点。2012 年，美国的柯达公司申请破产保护，而在隔年，日本的富士胶片也停止了胶片的生产。2014 年，派拉蒙电影公司宣布结束胶片拍摄的时代。这些事件预示着人类正式迈入了全数字化的电影时代，也凸显了将传统电影胶片作为文化遗产进行保护和重新赋予价值的必要性。

一、电影文化遗产的传统保护

电影文化遗产的保护（Film Preservation）可以被广义地定义为一系列持续性地保护电影并将其内容分享给大众观看的工作。[①] 这一过程不仅包括对电影物质载体的处理、复制、存储和修复，还涉及对电影放映设备的维护和更新，以及开展面向大众的电影放映活动。因此，电影保护是一个持续进行的过程，而非一次性完成的任务。

电影保护的对象可分为物质文化遗产和非物质文化遗产。物质文化遗产包括电影的物质载体，如胶片或数字媒体等。这些载体容易受到时间、湿度、温度等自然因素的侵蚀，因此需要进行适当的处理和保存，以确保其持久性和可访问性。同时，放映电影所需的设备，如放映机、洗印设备等也属于物质文化遗产，需要进行定期维护和更新。非物质文化遗产则是指胶片作为介质所承载的影像信息，包括叙事、视听内容、流派、风格等。此外，电影保护还需要重视相关人员的专业技能和艺术技巧，如修复师、策展人等。他们具备对电影进行修复、翻新和展示的专业知识，为电影保护工作提供重要支持。

电影保护的目的是多重的。首先，电影保护需保证已经幸存下来的胶片不会被进一步地破坏或修改，确保作为重要文化遗产的电影得以永久保存。电影记录了不同时代的人类生活、文化风貌和社会变迁，具有教育、文化、艺术、科学和历史价值。通过保护电影文化遗产，我们能够保留这些宝贵的历史信息，为后代提供研究和了解过去的重要资源。其次，电影保护追求尽可能接近电影原始形态的修复和展示，即"修旧如旧"。这包括恢复电影的原始画面、声音和色彩等，尽可能做到还原电影首次放映时的效果。此外，电影保护还强调以

---

① San Francisco, The Film Preservation Guide: The basics for archives, libraries, and Museums. [M]. U. S: National Film Preservation Foundation，2004.

与展示艺术品一致的方式与观众分享电影。这意味着电影应该在合适的放映速度和屏幕高宽比例下进行放映，以确保观众能够欣赏到电影的最佳视听效果和艺术表现。最重要的是，电影保护的终极目的是能继续放映电影。正如保罗·谢奇·乌塞在其著作《电影之死：历史、文化记忆与数字黑暗时代》中提出，电影放映会消耗电影的生命，但当电影完全不能被放映时又意味着电影的"死亡"。①因此，乌塞认为电影资料馆应该及时修复并继续放映电影才能确保电影"不死"。电影保护的目的是让当代影迷能继续观赏经典老片，感受电影在不同时期的艺术风格变化和技术进步，确保后代有机会体验和学习电影艺术的发展，以及电影作为文化和历史记录的重要组成部分的意义。

我国的电影遗产数字化保护起步于 2004 年，由中国电影资料馆倡导的"电影档案影片数字化修复项目"正式启动。该计划拟定每年拨款 3500 万元人民币，致力于国内约 2 万部老电影的数字化保存及修复工作。2008 年，上海电影资料馆、上海大学影视艺术技术学院与美国马丁·斯科西斯电影基金会合作，在国内首次举办"电影胶片保护与修复主题论坛"。这是国内举办的首个以电影修复和保护为主题的学术研讨活动，也开始了国内电影修复从业者与国外专家的首次交流。2011 年，上海国际电影节（SIFF）携手国际知名品牌"积家"（Jaeger-LeCoultre）共筹资金，致力于修复中国的经典电影，并在次年 6 月上映了首批修复的 3 部影片，包括《十字街头》《八千里路云和月》和《一江春水向东流》。②2014 年，上海国际电影节与意大利博洛尼亚电影修复实验室（L'Immagine Ritrovata）携手合作，首次在国内运用 4K 数字修复技术成功修复了经典名片《舞台姐妹》，成为中国电影文化遗产保护工作的里程碑之作。③到了 2018 年，上海国际电影节重映了采用 2K 技术修复的沪语版《大李小李和老李》，这个版本是对 60 年代首映的普通话版电影的一个特别致敬。修复版汇集了众多上海籍演员，如徐峥、郑恺、奚美娟、茅善玉、唐嫣等，配合上海滑稽剧团演员和上海译制片厂的配音艺术家，共同完成了全明星阵容的沪语配音。④此举受到了观众的极大欢迎，甚至有观众要求增加放映场次。放映过后，

① 保罗·谢奇·乌塞. 电影之死 [M]. 李宏宇，译. 桂林：广西师范大学出版社, 2011.

② 上海国际电影节. 积家修复十年回顾 [EB/OL]. [2021-06-04]. https://www.siff.com/content?aid=7bfe4e24-4541-4c8a-af0e-c5c4be585ae0.

③ 石川. 4K 版《舞台姐妹》国产电影修复的里程碑 [N]. 文汇报, 2014-06-14(7).

④ 石川，龚艳，张隽隽. 收藏、修复与策展：石川教授访谈录 [J]. 贵州大学学报（艺术版）, 2020, 34(5)：57-63.

也激起了观众对电影拍摄地点的猜想与"考古"热情。在 2019 年和 2020 年，中国资料馆自主运用 4K 修复技术修复的经典影片《盗马贼》和《祝福》入围了"戛纳经典"单元，标志着 4K 国产影片修复技术与美学达到了世界一流水平。

二、电影文化遗产的再价值化

近年来，除了对电影文化遗产进行常规的修复和放映外，我国也开始积极尝试通过创新的文旅项目为老电影赋予新的价值。所谓的再价值化（Revaluation）是指对电影文化遗产重新进行价值评估和增值，这一概念在全球范围内得到了广泛应用。它强调的是在保护与传承电影文化遗产的同时，应将之纳入现代文化产业之中，转化为电影、文化博物馆、文化旅游、文化创意产业及流行文化产品等广泛的大众文化产品的知识产权（IP）源泉。再价值化的核心目的，在于挖掘电影文化遗产中潜在的新价值，为当代的文化消费者提供创新的公共文化产品。这一过程不仅促进了电影文化遗产的保护与修复，也让这些电影遗产在现代文化产业的背景下展现出新的活力。近年来，上海不断尝试文化遗产的文旅项目创新工作。随着上海电影博物馆的成立和浦东迪士尼的开园，激发了更多以电影 IP 为核心的文化旅游和文化创意项目，这些项目迅速融入了上海的城市文化发展中，如电影博物馆推出的"移动博物馆"、徐汇衡复文化保护区的"城市可阅读"项目以及浦东新场的"红色电影小镇"等。这些举措在上海的电影文化遗产的再价值化以及与文化展览、文创、文旅的跨界整合方面，进行了深入的探索和试验。

上海电影博物馆作为中国首个专业电影博物馆，于 2008 年开始投建，总投资高达 1.2 亿元，耗时五年规划建设后在 2013 年 6 月正式投入使用，馆内展示面积达 1.5 万平方米，收藏并展出了大量电影历史资料和文物，其中包括电影剧本、服装道具等 3000 多件珍贵藏品。[①] 自开馆以来，上海电影博物馆已累计接待观众 150 余万人次，共举办 3200 多场各类活动。[②] 这一系列活动，涵盖了展览、电影放映、讲座、研究讨论等多种形式，为公众带来了全方位而深刻的电影历史与文化的沉浸式体验。上海电影博物馆凭借其在文化界的杰出贡献和影响力，连年在上海市博物馆的综合影响力评估中名列前茅。除了常规的馆内展览，上海电影博物馆每年还策划纪念中国电影史上著名影人的大型特展活动，吸引了大量观众前来参观。

---

① 任仲伦，颜彬，李慧萍. 中外电影博物馆比较研究：以上海电影博物馆筹建为例 [J]. 电影新作，2013，209（5）：79-84.

② 上海电影博物馆. 上海电影博物馆十岁生日快乐！"拾光·十年"馆庆致敬十年光阴！[EB/OL]. [2023-06-16]. https://mp.weixin.qq.com/s/N_Cf-ucdeRmMvGwdEIsQOg.

2013 年举办的"生命的燃烧，纪念谢晋诞辰 90 周年特别展"吸引了 60 余万人次参观，并荣获了 2014 年度上海博物馆陈列展览精品奖。2014 年，"电影是我的生命：汤晓丹、蓝为洁纪念特展"吸引了 30 余万人次参观，并且还推出了青浦巡展，得到了超过 5000 次的媒体报道。2016 年，"动画经典·艺术瑰宝：《大闹天宫》主题文物文献展"吸引了 50 万人次参观，并举办了哈密巡展，荣获了 2017 年上海博物馆陈列展览精品评选精品奖。2017 年，"一个人的电影史：郑君里纪念主题展"荣获了 2018 年上海博物馆陈列展览精品评选精品奖。2023 年，正值谢晋导演诞辰一百周年之际，上海电影博物馆隆重推出了名为"赤子之心：谢晋百年诞辰纪念特展"的活动。这场特展占地近 600 平方米，共展出 534 件珍贵展品，通过 8 个板块生动地展示了谢晋导演的成长经历和电影创作成就，这也是上海电影博物馆开馆以来规模最为宏大的一次展览。① 这些展览通过珍贵的文物、图片资料等，展示了中国电影史上著名的电影人的生平事迹、创作成就和对电影艺术的贡献，使观众能够更加深入地了解中国电影的历史和发展过程。

此外，上海电影博物馆每两年举办一次的"国宝影展"，不仅向观众展映一系列具有国家级重要性和历史意义的经典电影，还展示了电影修复和保护的最新成果，为影迷们提供了难得的艺术盛宴。2013 年，上海电影博物馆与香港电影资料馆合作举办了备受瞩目的"子归海上"国宝级经典影片展，展映了香港电影资料馆重新发现和修复的费穆导演传奇之作《孔夫子》（1940），以及《国魂》（1948）、《貂蝉》（1958）、《花外流莺》（1947）和《歌女之歌》（1948）等四部 40 年代的经典国产电影。2014 年，上海电影博物馆呈现了《盘丝洞》（1927）、《恋爱与义务》（1931）、《神女》（1934）和《舞台姐妹》（1964）四部国宝级影片的联展。这四部电影代表了不同时期中国电影的重要成就，给观众们展现了各个时代的文化氛围和艺术风貌。2015 年，"国宝影展"与巴黎中国电影中心合作，带来了"离岸·世相·重逢：经典影片展"，展映了包括《假凤虚凰》（1947）、《民族万岁》（1940）等八部珍贵失传国产电影。这些电影作品曾经在历史上留下重要痕迹，通过修复和展映，观众可以重新领略这些珍贵电影的魅力。2017 年，流失在日本的《风雨之夜》（1925）被寻回，"国宝影展"举办了"风雨故园：《风雨之夜》90 年回归特展"。2019 年，"国宝影展"与香港电影资料馆合作，推出了"光影双城记：沪港电影互动"展览，展映了八部珍贵国产电影。开幕当天，引起了广泛关注的是被首次修复的国宝级影片《挣扎》（1933）的放映，这部电影是中国最早的"片上有声电影"之一，

---

① 上海电影博物馆. 暑假来电博"赤子之心"展览现场，参与一场沉浸式的戏剧营 [EB/OL].[2023-07-07]. https://mp.weixin.qq.com/s/4ld8hpJTV9cyycbJmO8Wpg.

也是天一影片公司目前唯一幸存的作品之一。通过策划这些"国宝影展"活动，上海电影博物馆不仅让更多的当代观众有机会欣赏到这些珍贵的经典老片，也推动了电影文化遗产的传播和推广，同时还为电影文化遗产赋予了新的价值。

三、电影文化遗产的文旅创新

上海电影博物馆作为中国首个专业电影博物馆，不仅通过举办各种展览和特展活动向公众展示了中国电影文化遗产的魅力，还在学术研究、社会教育、电影文化遗产保护与修复、长三角区域电影文化合作等领域不断开发高质量的公共文化产品。例如，上海博物馆在 2017 年推出了创新的"移动博物馆"概念，通过移动展览和互动体验，将电影文化带到更多的人群中，进一步丰富了电影文化遗产的再价值化。2019 年，上海电影博物馆通过公开投标，拿下横店国际影视文化产业聚集区展示馆项目，成为首例"移动博物馆"走进长三角的大型公共文化项目。随后，"移动博物馆"又陆续策划了多个长三角地区的展览活动，包括为浙江湖州博物馆策划的"银色的梦"电影主题展，与苏州丝绸博物馆、南京市博物总馆（江宁织造博物馆）共同举办的"何以梦红楼——江南运河上的文学、影像与丝绸"展览，以及为浙江省兰溪市游埠古镇打造的电影艺术陈列展等。①

2022 年 12 月，上海电影博物馆的"移动博物馆"走进位于浙江省绍兴市上虞区的谢塘镇晋生村，并打造了名为"晋生星片场"的电影主题园区。该项目通过改造晋生村的老粮仓，建立了八个主题园区，包括"谢晋电影艺术馆""谢晋片场""1923 摄影棚""电影工场"等，总面积 2200 平方米，展品 7000 余件，是移动博物馆五年来规模最大的项目。②上虞谢塘是中国著名导演谢晋的故乡，而 2023 年正值谢晋百年诞辰。移动博物馆向观众展示了谢晋的艺术成就、电影文化以及家乡特色，是纪念他百年诞辰的最佳礼物。此外，还在沉浸式体验空间中设计了一条名为"只此谢塘"的街道，通过霓虹灯等手法，将当地的"谢塘五香干"和"虞生优梨"等文化和产业元素融入到场景中。该项目成功地将"移动博物馆"引入长三角古镇乡村，将"谢晋故里"作为核心品牌 IP，以电影文化为基础，并与谢晋故居等当地原有的文化景点相结合，推动电影文化遗产与乡村文化旅游的发展。

除了上海电影博物馆推出的一系列电影文化遗产展览项目外，上海还涌现

---

① 王筱丽. 移动博物馆走进谢晋故里，用电影助力建设美丽乡村 [EB/OL]. [2022-12-28]. http://wenhui.whb.cn/zhuzhanapp/xinwen/20221228/501668.html?timestamp= 1672229127349.

② 上海电影博物馆. "移动博物馆"走进谢晋故里，用电影助力建设美丽乡村 [EB/OL]. [2022-12-28].https://mp.weixin.qq.com/s/88u0zdpEMpaxiL3KnrkCgQ.

出一系列以电影文化遗产为基础的创新项目。例如，徐汇衡复文化保护区推出了"City Walker"（城市走读者）计划，通过"走读"的方式向大众讲述上海各街区的建筑历史，吸引了大量文化爱好者和游客的参观。上海电影博物馆则基于该计划，联合湖南路街道在 2020 年率先推出以"梧桐沐影"为主题的"Film Walker"（电影走读者）文旅路线，带领游客们走过武康路、安福路、五原路、长乐路等网红街区，探寻包含胡蝶、周璇、聂耳、赵丹等电影艺术工作者的人文故事。① 在走读过程中，上海电影博物馆的讲解人还会随身携带一些藏品向游客们展示。比如，当走到周璇在武康路 391 弄 1 号楼的旧居时，会向游客们展示当年周璇与李香兰的合照。或是在湖南路 8 号介绍赵丹和黄宗英夫妇时，展示出一本《丽人行》的电影连环画，书的封面就是黄宗英。通过这种生动的方式，可以让观众们深刻地感受到电影文化遗产与历史人物和地理空间的联系。

2021 年，浦东新场古镇倾力打造的"红色电影小镇"成功结合了红色革命的历史与电影文化，成为一个别具一格的旅游景点，吸引了众多游客慕名前来探访。新场古镇不仅作为《画魂》《叶问》《色·戒》和《三十而已》等许多知名影视剧作品的取景地，同时也是汇聚了红色文化、海派文化和江南文化的文化聚集地。为了展示古镇的红色资源、讲述红色故事、弘扬红色精神，浦东新区区委宣传部（文体旅游局）和新场镇人民政府推出七个红色旅游"打卡点"，通过还原《色·戒》等影视剧作品的拍摄场景，提供沉浸式情景体验的场所，打造"红色记忆小镇"。② 该项目开办期间吸引了络绎不绝的游客前来，也成为2021 年上海文旅的标志性项目之一。

四、结语

总之，无论是由上海电影博物馆策划的各类展览活动，还是"电影可阅读""红色电影小镇"等文旅项目，这些成功的案例均印证了以电影文化遗产保护为基础开展的文旅创新工作正在逐渐取得成果。电影文旅创新的核心理念在于将电影文化遗产从传统的保存与展示角色转变为具有创意和经济价值的资源。这一转变不仅使电影文化遗产充当历史和艺术见证者的角色，更赋予其与当代社会互动和融合的机会，有望成为电影、文化展览、旅游景点、文化产品等领域的重要 IP 源，吸引并影响当代观众和消费者。

一方面，电影博物馆策划的项目，如展览、讲座、影展等，为大众提供了

---

① 陆乙尔. 街区化身"移动博物馆"：摸藏品、看电影、买周边、逛马路 [EB/OL]. [2020-12-19]. https://j.eastday.com/p/1608375257020333.

② 浦东发布. 沪上红色新地标，新场古镇带你穿越百年 [EB/OL]. [2021-03-01]. https://mp.weixin.qq.com/s/UZKNL9_gCErCAAau1XmKFQ.

深入了解电影历史的机会。另一方面，文旅创新项目，如"电影可阅读"和"红色电影小镇"等，将电影元素融入旅游景区中，为游客带来全新的旅游体验。这种跨界融合不仅是对上海电影文化遗产的保护和传承的有益尝试，更为城市的文化建设和经济发展注入了新的活力。通过创造性地将电影文化遗产与其他领域结合，上海有效地提升了城市形象和文化软实力，吸引了更多游客和影迷的关注。与此同时，这种跨界合作模式为其他城市提供了宝贵经验，也为中国电影文化遗产的保护与发展探索了新的路径。电影文化遗产不仅是过去的历史，更是当代和未来的文化宝藏，需要我们每一代人共同努力保护和传承。通过不懈的努力，我们能够使电影文化继续闪耀，让后人能继续领略到艺术和历史的魅力。

文旅融合电视剧中的风景话语

与文化表征

——以电视剧《去有风的地方》为个案研究

牛超杰 ①

摘　要： 新时期电视文艺作品中的"风景"传播成为引人瞩目的现象。以《去有风的地方》为代表的文旅融合电视剧，以极富表现力的影像书写和情感叙事，探索"文旅"与"影视"融合的新形态。本研究通过对《去有风的地方》的文本结构分析，揭示了文旅融合电视剧鲜明的"如画美学"呈现机制，探讨了"风景叙事"话语所折射出的当代青年群体焦虑情绪和视觉欲望，并指出电视剧通过"地方感"视觉话语实践，实现意识形态表达。

关键词： 文旅融合电视剧；《去有风的地方》；如画美学；风景与地方

2023 年《去有风的地方》成为电视荧屏中一道亮丽的风景，这部讲述当代青年人逃离城市，前往旅游目的地，寻求"心灵治愈"故事的电视剧，将青年群体面对事业、生活等人生选择时所呈现的焦虑情绪，与风景如画的云南大理风光并置，通过如画美学的视觉体验和温暖的情感叙事，构建了一个温暖诗意的美丽新世界，征服了荧幕前的众多年轻观众。那么，文旅融合电视剧是如何探索电视剧类型新形态，实现"文旅元素"与电视剧叙事之间的深度融合的？人文地理学把"风景、空间和地方"看作是一体多面的辩证概念，借助该认知框架，本研究从《去有风的地方》文本分析着手，探讨文旅融合电视剧的创作思路，并通过对其视觉话语实践的考究，揭示了文旅融合电视剧隐藏的意识形态。

一、"文旅融合电视剧"类型化探讨

影视艺术与文化旅游事业之间存在着双向互动的关系，一方面文旅资源为

---

① 牛超杰，华南理工大学新闻与传播学院传播学 2023 级博士生。

影视创作提供了丰富的造型元素、表现题材，另一方面通过影视的艺术想象和媒介呈现，赋予区域文旅资源一定的社会性、文化性，影视作为旅游资源宣传的媒介，重塑了文旅形象，吸引了众多游客前往体验。这种互动关系在我国早期的影视作品中一直是单向存在的，文旅资源作为影视创作的附庸而存在。以《刘三姐》（1961）、《庐山恋》（1980）、《少林寺》（1982）等为代表的电影作品，将风景名胜地作为影视的取景地，借助自然或人文景观的象征性，实现影视作品的主题表达。进入新世纪，随着影视文化产业和旅游经济的日渐崛起，商业大片中"影视与文旅"的互动进一步发展，李安导演的《卧虎藏龙》（2000）、张艺谋导演的《英雄》（2001）借助国内的自然或人文景观等文旅资源，完成对影视艺术的造型性追求，实现对文化中国的想象性建构。电影上映后，游客纷沓而至，取景地迅速成为著名的旅游景观，带动了当地的旅游发展。无论是自然或人文景观，还是文旅事业，并未主动参与影视剧的叙事表达，文旅事业的发展成为影视传播的一种伴随结果而存在。到冯小刚的电影《非诚勿扰1》（2008）、《非诚勿扰2》（2010），在电影的商业性考量之下，影视与文旅市场进一步接轨，该系列片对杭州西溪湿地、日本北海道、海南三亚等旅游区的"风景"呈现，折射出中产阶级生活观，是对其精神世界的欲望投射，此类影视作品中叙事的"地方感"进一步增强，自然景观深度融入了文本的叙事和情感基调。

近年来，电视文艺市场出现"电视综艺＋文旅""电视剧＋文旅"的融合现象，以《去有风的地方》为代表的电视剧，将文旅资源嵌入影视叙事的深层，深度参与到了电视剧的人物塑造、视觉造型和情感表达中，并实现了对文旅发展的意识形态建构。电视剧类型是在大量的创作实践中所形成的在题材、元素、叙事模式等方面鲜明的类型化特征。文旅融合电视剧的创作尽管仍然带有言情剧的表现元素，但该类型剧在视觉话语和叙事模式上直观地呈现了类型化特征，试图打破传统，建构新的影视剧类型。首先，故事发生的地点主要集中于文化旅游资源丰富地区，依托属地自然或人文景观建构叙事空间，并突破了以往对文旅地作为取景地的单一功能指向，使"文旅"从幕后走向台前融入叙事。其次，在叙事上，该剧通过建构"为何去？去哪里？去体验什么？"的叙事框架，以及设置与旅行相关的生活话题，探索了新的电视剧叙事思路和观念。

二、电视剧中的"风景"现象与视觉隐喻

"风景"在不同语境下有着多重的阐释维度，"风景"可作风光景色解，[①]

---

① 小川环树. 论中国诗 [M]. 谭汝谦等，译. 香港：中文大学出版社，1986：2.

既是可供人们欣赏的自然风光，也可被理解为看的方式，是审美主体的一种认识，"风景是文化意象，一种表呈、结构和象征环境的视觉方式"①。风景是自然的、物质的，也是社会的、文化的，其背后隐含了社会关系。对"风景"的关注源起 18 世纪的欧洲，工业时代的来临永久性地改变了城乡关系和格局，城市的环境与风景的呈现相比是如此的不堪。米切尔归纳认为，风景研究经历了"以风景绘画的历史为基础来阅读风景的历史"和"将风景看成心理或意识形态的寓言"两个阶段。在人文地理学那里"风景是自然，同时，风景是问题。风景成为反映工业化、现代化、城市化社会弊端的一面镜子"②。因此，风景的多重内涵，混杂着现代性的批判色彩，工业革命使得现代化与传统日趋决裂，在文学、绘画等艺术创作中出现的"风景"现象，成为当代都市人视觉观看欲望的投射，一方面风景是一种被书写的对象和题材，另一方面通过对"风景"的观看来重新找回诗意的生活，找到精神的寄托。

电视剧《去有风的地方》的叙事空间放在云南大理的苍山、洱海一带，影像描摹了大理的蓝天白云、古村落，以及高山草甸等自然景观，呈现出风轻云淡、缤纷多彩的美丽景象。全剧多处表现许红豆与谢之遥在草甸、洱海边、乡间小路，或漫步或驻足，一起去洱海边漫步、去草甸喂马、去野外露营，营造远离喧嚣悠然自得的田园生活景象。

在电视剧《去有风的地方》第三集许红豆和谢之遥第一次户外漫步的叙事情节中，长达 2 分 16 秒的叙事时间，对苍山、洱海的表现镜头出现共 8 次，其中镜头时间最长的一处 20 秒，最短的镜头时间 8 秒，镜头运动方式以摇镜头为主，呈现"风景画"的观看方式。"风景凝视"的形成在于此处的"风景"是静态而非流动的，长焦镜头远远地展现他们所处的空间，该剧"风景"镜头剪辑节奏舒缓，叙事风格朴实自然，不追求视觉奇观效果和剪辑节奏营造的爽感，也不是靠悬疑、情节等增强叙事的悬念，而是通过对静态风景的凝视，渲染一种宁静悠然的氛围和松弛的节奏，让审美情感静静地流淌，进而获得一种对自然的崇敬，使宁静平和抵达心灵深处。"观看与阅读是一种情绪、一种迷恋，其所提供的瞬时的快感有效地缓解了现代人生存压力。"③"风景"的美学价值正是为了通过提供视觉凝视解决复杂的情绪问题。我国电视文艺发展史上曾出现过"电视风光片"的传播现象，风光片的功能就是通过对自然风光的影像化、

① Hannes Palang. European Rural Landscapes：Persistence and Change in a Globalizing Environment[M].Netherlands：Kluwer Academic Publishers，2004：457.

② Donald W. Meinig. The Beholding Eye: Ten Versions of the Same Scene[M]//The Interpretation of Ordinary Landscapes: Geographical Essays. New York: Oxford University Press，1979：33-48.

③ 师曾志，杨睿. 情感时代基于生命传播的观看与"跃读"[J]. 中国编辑，2019（6）：37.

艺术化呈现，通过欣赏风景、听音乐，满足荧幕前的受众在紧张的劳作后休闲娱乐的需要，达到放松身体、陶冶情操的目的。文旅电视剧中对"风景"的感知和审美，不同于音乐风光片，该类型的电视剧侧重点在于将风景审美与青年人所面临的爱情、事业、人生迷茫焦虑相并置，在视觉"凝视"和情感叙事共同作用下，自然风景被赋予审美情感的意义，制造情感宣泄的机制，以风景的美，治愈心理创伤，实现影像媒介的"情感按摩"功能，形成文旅融合电视剧所追求的艺术效果。

"风景"的修辞在于其作为一种文化符号和隐喻性话语，折射了社会的问题，走向问题的对立面。段义孚认为"逃避"是人类内心与生俱来的心理，人们曾经为了逃避自然灾害迁徙到城市或其他地方，但同时"那些久居城市的人们会普遍地对自然怀有亲切的向往"①。逃避主义遵循二元对立的思维，从城市逃向远郊、乡村、风景名胜地，意味着逃离了以城市为中心的生活机制以及由此引起的精神问题，也构成了旅行者出游的动力。电视剧《去有风的地方》在叙事话语上，首先，人物的群像共同构成了逃避叙事，"有风小院"成为逃离城市后的集聚点。剧中女主许红豆之所以离开城市，是因为城市工作的压迫感引发的焦虑情绪、朋友去世带来的心灵创伤，在陷入精神困境时，前往云南大理散心。在这里相遇做生意失败的老马、陷入自我怀疑的网络作家大麦、遭遇网络暴力的主播娜娜、失意的酒吧歌手胡有鱼，以及返乡置业的谢之遥，他们离开城市的生存环境，徜徉于大理田园牧歌般的慢节奏生活中。其次，剧中的叙述话题和情节设置，通过二元对立的方式，传递返璞归真的生活理念，帮助剧中人摆脱迷茫、压力和困惑。老马在"有风小院"里打坐、小朋友在街上围着圈看动物能否爬出圆圈，这种体现时间消磨的情节是相对于城市生活中的时间加速而设置的。谢阿奶每天守在街边的摊位，卖出去几十块钱的东西也能高兴很久。面临青年人所遭遇的问题，谢阿奶总是能给出不同视角和观点，她的生活观与青年群体的人生焦虑形成了鲜明对比，唤醒了现代人对生活意义的思考。

三、风景建构：影像语言的"如画美学"

电视剧是以影像的纪实性、艺术性为表现特征的叙事艺术，影像语言对自然景观的书写可视为一种主观的艺术建构。电视剧《去有风的地方》以风格化的影像语言表现了云南大理一带山水田园的自然风光，呈现出诗意般的"如画"美学。18世纪西方对"风景"的关注起源于"风景画"。"如画"（Picturesque），其基本含义是属于自然审美的，"意味着'像画一样'，表明每种景色从题材

---

① 段义孚. 逃避主义 [M]. 周尚意，张春梅，译. 石家庄：河北教育出版社，2005：19.

和构图方面来看都可以满足某种图画性的描述"①。如画美学观念使人们开始审视自然景观，在观看中，按照绘画的艺术形式对自然景观进行艺术化表达，强调画面的构图、色彩、光线等结构关系，营造对风景的"凝视"。通过对电视剧《去有风的地方》影像文本分析发现，文旅融合电视剧影像与"风景""风景画"之间有着紧密联系，具有鲜明的"如画"美学特征。电视剧《去有风的地方》展现了云南大理凤阳邑、沙溪、喜洲等不同区域内的自然和人文景观，剧中大量的"风景"刻画镜头唯美地表现了远山、湖水，草甸、古树、稻田等风景意象，其视觉结构上与18世纪欧洲风景画中"如画美学"对天空、树木、山峦、水等元素的强调和对光线、色彩的表现，在美学观念上如出一辙，构成了创作手法上的互文性。该剧的"如画美学"特征突出地表现在其镜头的构图、色彩、景别、焦距、运镜控制，形成了独特的视觉语言，展现了风景绮丽的云南风光。

1. 构图形式美

"如画美学"在画面的构图上强调一种均衡协调的形式美。在框景上往往强调大景别，突出对于山水等自然风景的观看距离，营造身临其境的感觉和人在画中游的意境。电视剧《去有风的地方》中存在大量的外景拍摄，剧中多次出现对于大理苍山、洱海的空镜头描写，注重用远景和全景表现云南大理的自然空间，并将其作为情节和段落的转场镜头，实现情绪的延宕作用。在对苍山、洱海的画面构图中，注重水平线和空间透视处理，通过大远景呈现，将画面三分为天空、远山、近海。克里斯多夫·赫西将"如画"风景的构图结构分为：后景（例如山脉或湖泊）、中景（例如峡谷或树林）、前景（例如岩石或废墟）。②该剧影像从"风景画"的角度安排画面的构图和主陪体元素，当女主许红豆骑马走在洱海边，后景是苍山、洱海，人被自然风景的元素所包围。类似处理手法还多次出现在剧中对大理喜洲古镇田园场景及草甸马场等拍摄中，在乡间场景中前景设置稻田、油菜花，中景为人物主体，后景为古村落、远山，在拍摄中通过长焦镜头改变纵深距离，实现对景深的控制，借助绘画中焦点透视方法，将前后中景叠加在一个适度的平面内，来展现"如画"的视觉景观，实现对原生态自然景观的想象性塑造。

2. 色彩精神美

---

① 安德鲁斯. 寻找如画美：英国的风景美学与旅游（1760—1800）[M]. 张箭飞，韦照周，译. 南京：译林出版社，2014：1.

② Hussy, Christopher. The Picturesque: Studies in a Point of View[M]. London: Frank Cass and Co. Ltd.，1927：115.

"如画美学"注重色彩的表现作用。该剧画面在色调上追求自然、明亮、柔和，在色系搭配上追求整体性的统一和谐，突出靓丽鲜明。白墙黛瓦、绿色的植物、粉色的花朵、蓝色的天空白云、深色的远山、湛蓝的湖水、绿色的稻田、黄色的油菜花，以及五颜六色的民族服饰等，电视剧创作者结合风景元素对色彩进行恰当的处理，突出色彩元素的造型作用。在青山绿水的自然美中，突出大自然的绿色、黄色。在山峦洱海的蓝白色系中，搭配青白色系服饰，在古朴的村落小院，以及夜景中突出暖棕色系，并据此搭配色彩鲜明的置景、服装、道具等，注重冷暖对比，凸显青春与活力，画面明暗变化丰富又和谐统一，强化一种唯美、纯净的观感效果。色彩带有强烈的情感性，作为影视艺术的主要造型方式之一，色彩的冷暖、华丽和质朴等能够给人以心理暗示。文旅融合电视剧中人物形象塑造的青春偶像化气质，突出了其面向年轻化受众的特征，年轻受众在审美接受上追求影像色彩的极致美感，该剧的视觉美超越了对风景的纪实美学表现，而是通过色彩、构图等强化视觉表现的美感，给人以宁静祥和、温暖的情绪色彩。

四、风景与地方：文化怀乡与情感认同

在人文地理学视野中，地方和空间不仅是地理现象，更是一种价值和文化的现象，"地方"与"空间"相比是一个情景交融、带有精神指向的中心，段义孚认为"地方是一种价值的凝结物"①。地方给人的安全感是一种对"家"情结的心理追求。文旅融合电视剧往往通过对"地方感"塑造传递"恋地情结"，勾连起人与地方的情感关系。地方感的塑造包括地方意象、地方经验等内容，该剧通过"地方意象书写""情感指认"赋予"地方"丰富的含义，建构起对远方"文旅地"的追求观念，实现受众对于风景、地方以及电视剧主题价值的认同。

1."地方意象"塑造地方感

《去有风的地方》通过"地方意象"塑造了地方感。位于大理云苗村的"有风小院"所处的环境是一个远离城市，仍然保留着传统文化和生活方式的边缘地带，该剧的叙事空间围绕一个保留着传统面貌的古村落展开，美丽的山川、清澈的小溪、宁静的村庄，传统的村落建筑和街道，以及由传统的农耕文化所形成的传统的养殖业、手工艺品等构成了有形的"地方意象"。在"有风小院"这个小集体之外，还存在一个大集体框架，比如邻居家时常拿自家酿的酒、煮的牛肉在一起聚餐，营造的集体环境，使人借助怀旧场景和日常生活的片段来重新唤醒过去的故事。在此部落化"空间"的生活方式所形成的人与人之间的

---

① 段义孚．空间与地方：经验的视角 [M]．北京：中国人民大学出版社，2017：9．

情感、价值观念和集体精神等，构成了该地无形的"地方意象"。以谢阿奶为代表的当地人，给人的温暖、关爱和呵护，唤醒了游客童年的记忆，是青年群体在城市生活所缺乏的，给人强烈的身份认同感。这种"地方感"的建构，还通过许红豆的离开与回归、情感与创业等情节强化了对地方的认同。短暂回到安逸、集体的乡村生活成为大多数城市人内心的渴望，正如电视剧播出后当地所打出的宣传语"有一种生活叫大理"，该剧在叙事理念上倡导的实际上是一种富有"地方感"的诗意生活，用文化的在地性连接起风景、地方、人，使其成为情感的归属地。

2. 情感叙事强化地方认同

"情感叙事学"主张将"情感"看作连接故事世界和现实生活的认知要素：通过关注叙事文本在展现人物情感时的似真性强调人物情感与读者感受的契合程度。[①]情感不仅是审美活动中最为活跃的心理活动，也是当下叙事艺术的修辞方式。情感是影像文旅融合电视剧中"风景与人"之间联系的重要因素，文旅融合电视剧不同于其他电视剧类型，这种弱化人物之间矛盾冲突和叙事的情节性的电视剧，寻求的是一种舒适的慢节奏感。在该剧中，一方面人物叙述话语通过对青春焦虑话题的探讨，找到情感宣泄的出口。《去有风的地方》上线后出现了全网热搜，相关话题阅读量超百亿次，除了美景的探讨之外，该剧被传播最多的是其"温暖治愈语录"。比如阿桂婶会评价天天打坐的马爷："自由这个事情啊，除非你是孤儿，你是可以选择想干什么就干什么的。但凡你要是有家里人，你就要替家里人想，你闲着，他们就不能闲着；你坐在那里，他们的腿就要勤快些。"许红豆与谢阿奶在村里的古树下有一段对话，当许红豆心里有点乱时，谢阿奶说："想得多，烦心事是越想越多。""人不要太贪心了，得了千钱想万钱，当了皇上又想成仙，人就长了两只手，就算长了金山银山，也只能拿两样东西，拿了金银镯就拿不了玉如意，哪能要什么有什么，阿奶也嘱咐你几句，遇事别较真，宽心一点，烦心事越想越多，总能过去。"在"风景"凝视治愈功能之外，剧中的叙述话语，引发了荧屏内外的青年人强烈的情感共鸣。另一方面，该剧在叙事的序列结构上凸显情感的正向价值，以正向的情感价值关照当代青年的主体性需求。"有风小院"是一个与城市现代性割裂的"地方"，剧中青年人在城市所受到的冷暖和创伤，在这里被转化为正向价值的宽慰和鼓励。"有风小院"里不仅有谢之遥、谢阿奶、阿桂婶、凤姨这样淳朴、善良、热情的当地村民，还有许红豆、娜娜、大麦、马爷、胡老师这些纯真有爱的旅客。比如许红豆在露营时，回忆"姥姥"小时候讲故事的情节，作为一种怀旧的情愫，

---

① 王丽亚. 修辞叙事研究中的情感维度 [J]. 英语研究，2018：27.

以重拾过去的情感温暖当下的心灵。在跟家人谈论想把云庙村建好的民宿盘下来创业做民宿时，爸爸说："你干什么我都觉得行。"妈妈的回答："只要她喜欢，干什么都行啊。"姐姐说："想干吗就干吗，别活在过去，别寄托给将来，自己想干的事别后悔就可以。"许红豆创业上得到家人坚定的支持、伙伴的帮助，情感上得到谢之遥的依托，生活上处在"有风小院"的集体。在短暂的旅居生活中，迷茫失落的青年在彼此的交流和对乡村生活的感知中，重新认识自己、找回自己，收获爱与温暖，重获生活的勇气，这种正向的情感叙事在深层次上构成了文旅融合电视剧的"造梦机制"，满足当代青年人的主体诉求。

五、结语

文旅融合电视剧以对自然风景的视觉建构和对"地方"的塑造，为当代观众提供了一个想象的远方，这种对电视剧的审美体验，能够进一步转化为身体感知实践。同时我们也应当清楚地看到，文旅融合的影视作品仍然带有人物拼贴、场景拼贴、叙事扁平化的后现代主义叙事风格，尽管其成功塑造了"风景与地方"，但由于地方文化在剧中只是一种符号，这种近乎贴标签式的存在，使人物和故事无法扎根，也使该剧所塑造的"地方"变成了去历史化、去地方化的"无衣之地"，这种稍纵即逝的"田园牧歌"式的生活终究是一场拟态化的媒介活动。目前，该类剧作在类型表达上尚处探索中，还需要进一步通过创新故事表达，探索文旅资源的融合方式，真正实现扎根地方文化的深度表达，夯实文旅融合电视剧的类型基础。

文旅融合背景下主旋律电影

与红色旅游融合发展

——以江西南昌抗日根据地红色文化资源开发为例

史悦含①　宋宁东②

摘　要：随着我国红色旅游的兴起和主旋律电影的蓬勃发展，主旋律电影与红色旅游的融合发展成为文化旅游领域的热点话题。红色旅游作为中国特色的旅游形式，以红色革命历史遗址和英雄人物为核心，逐渐形成了独特的文化品牌。而主旋律电影以其宏大叙事、高尚情感和思想性的特点，深受广大观众的喜爱和追捧。通过主旋律电影与红色旅游的融合，不仅可以进一步弘扬红色精神，提升红色旅游的影响力和知名度，更能够构建一种独具特色的文化旅游体验，在满足人们追求精神文化需求的同时，推动地方经济的发展和文化遗产的保护。本论文以江西南昌抗日根据地红色文化资源开发为例，探讨了主旋律电影与红色旅游融合发展的重要性和潜力。通过扩大受众群体、提升红色根据地知名度、推进多形式红色旅游联动以及电影＋实地元素、电影周边产品、营销地推等策略，促进了主旋律电影与红色旅游的有机结合，为我国文化旅游产业的发展提供了宝贵的可参考经验与案例。

关键词：文旅融合；主旋律电影；红色旅游；文化资源开发

一、文旅融合视域下红色旅游的政策与背景

（一）文化旅游和红色旅游的政策与背景

党的十八大以来，习近平总书记在地方考察调研时多次到访革命纪念地，瞻仰革命历史纪念场所，反复强调要用好红色资源，传承好红色基因，把红色江山世世代代传下去。为加强落实党的十九大报告明确提出的"加大力度支持革命老区、民族地区、边疆地区、贫困地区加快发展"有关精神，以黑龙江省为例，近年来不断开发红色资源，以实现政治引导、经济发展、文化教育三个

---

① 史悦含，杭州师范大学文化创意与传媒学院研究生。

② 宋宁东，杭州师范大学文化创意与传媒学院研究生。

目的。2022 年 1 月，国家发展改革委、文化和旅游部、国家文物局联合印发推动革命老区红色旅游高质量发展有关方案，着眼于"十四五"时期革命老区用活用好各类红色资源，积极发展红色旅游，适用范围为国家明确的 12 个革命老区及全国其他革命老区县市。"十四五"时期，南昌市文化和旅游处于大有可为的重要战略机遇期，但同时也是产业转型发展的关键期和各种矛盾的凸显期。党的二十大报告指出："弘扬以伟大建党精神为源头的中国共产党人精神谱系，深化爱国主义、集体主义、社会主义教育，推进文化自信自强。"

（二）文化旅游与红色旅游的特征与意义

文化旅游是指以文化为核心，旅游为手段，通过对文化遗产、文化景观和文化活动的参观、体验和互动，满足人们对历史、艺术、风俗习惯等方面的需求，实现身心愉悦和精神文化满足的一种旅游形式。而红色旅游是指以我国革命历史和红色文化为主题，通过参观红色历史遗址、追忆英雄事迹、感受红色精神，加深对革命历史的理解和认知，激发爱国主义情感的旅游方式。红色旅游作为一种特色旅游形式，在我国具有特殊的历史、文化和社会意义。文化旅游和红色旅游具有重要的意义和特征。文化旅游强调文化传承、展示和教育交流，推动多元文化的传播和保护；而红色旅游强调革命历史的纪念和英雄精神的弘扬，推动社会主义核心价值观的传承和弘扬。两者在旅游业中发挥着重要作用，既满足了人们对于文化知识和历史传承的需求，又推动了旅游产业的发展和地方经济的增长。

（三）文旅融合和红色旅游的融合与发展

文旅融合是指将文化和旅游两种产业进行深度融合，实现相互促进、共同发展的一种模式。文旅融合旨在通过将文化与旅游相结合，加强文化产业与旅游业的联动，创造独特的文化旅游产品和体验，提升旅游目的地的吸引力和竞争力。在当前经济发展和社会需求的背景下，文旅融合成为国家战略和政策的重要组成部分，被广泛应用于各地。

文旅融合发展的趋势主要体现在以下几个方面。首先，跨界合作成为常态。文化机构和旅游企业之间的合作越来越紧密，通过共同开展项目和活动，提供丰富多样的文化旅游产品和服务。其次，升级智慧旅游成为发展方向。利用科技手段，推动旅游业的数字化转型和智慧化发展，提升游客的体验和服务质量。再次，注重创新和个性化。通过创新的内容和形式，打造独特的文旅品牌，增加旅游目的地的吸引力和竞争力。最后，可持续发展成为重要目标。在文旅融合发展过程中，注重生态环境保护、文化遗产保护和社会经济效益的平衡，实现可持续发展。文旅融合作为一种新型的旅游发展模式，对红色旅游的发展具有重要意义。通过充分发挥文化和旅游两个领域的优势和资源，将红色文化与旅游产品相结合，将红色旅游的历史底蕴和思想内涵融入到旅游目的地的建设和运营中，实现文化遗产的保护和传承，提升红色旅游的魅力和竞争力。通过文旅融合的模式，红色旅游能够获得更多的关注和认可，为我国文化旅游产业的发展注入新的活力和动力。

二、主旋律电影与红色旅游融合的现状与问题

（一）主旋律电影与红色旅游融合的现状

在文旅融合的背景下，主旋律电影与红色旅游的融合正在逐渐发展。越来越多的主旋律电影开始在红色旅游景区进行拍摄。通过在真实的红色旅游景区进行拍摄，可以使电影与实地旅游相结合，增加了电影的真实性和观众的亲身体验感。例如，电影《建军大业》在南昌进行了大量的拍摄工作，成功还原了南昌抗日根据地的历史场景。主旋律电影的宣传和推广对于红色旅游的发展起到了积极的推动作用。通过主旋律电影的宣传，红色旅游景区的知名度得到了提升，吸引了更多的游客前来参观和体验。例如，电影《红海行动》宣传片中的南沙群岛，吸引大量观众前往参观，增加了该地区的旅游人数，推动了红色旅游的发展。主旋律电影作为一种强大的营销工具，可以为红色旅游景区的推广和营销带来新的机遇。通过将电影宣传和红色旅游地的品牌联动起来，可以进一步提高红色旅游地的知名度和吸引力。例如，在电影推广过程中，可以结合红色旅游地的特色和故事，开展相关的活动、展览和产品销售，进一步提升红色旅游的市场影响力。主旋律电影通常以英雄事迹和历史事件为主题，通过电影的展示和宣传，可以让观众更深入地了解红色旅游的历史和文化内涵。通过电影的感染力和艺术表现形式，可以激发观众的爱国情感和报效祖国的热情，进一步加强红色旅游的教育意义和影响力。

主旋律电影作为具有广泛受众的文化产品，拥有较高的影响力和号召力，可以借助其力量来推动红色旅游的发展。首先，主旋律电影作为一种大众娱乐形式，具有普及性和吸引力，能够吸引更多的观众了解和关注红色旅游。其次，通过在电影中真实还原历史场景和英雄事迹，主旋律电影能够让观众更加深入地了解红色根据地的历史与精神内涵，进而激发观众的爱国情感和红色旅游的兴趣。主旋律电影作为一种重要的文化传媒工具，在推广红色根据地旅游时具有巨大的潜力。通过在电影中展示红色根据地的风光和故事，可以有效提高红色根据地的知名度。例如，《红高粱》《井冈山》等影片都将拍摄地的美景与

红色故事结合起来，成功吸引了国内外观众，并使得相关景区的游客数量大幅增加。因此，合理利用主旋律电影的宣传效应，可以为红色根据地的发展带来广阔的机遇。主旋律电影与红色旅游之间的联动发展具有重要意义。首先，可以通过电影的配套活动，如主题展览、巡回放映等形式，将观影体验与实地旅游相结合，增强观众的旅游意愿和参与度。其次，可以将电影中的场景还原到实地景区，让观众可以亲身体验电影中的历史故事，拉近观众与红色旅游的距离。例如，电影《建军大业》中南昌城的重建，将观众带入抗日战争的历史现场，提升了南昌抗日根据地的旅游吸引力。主旋律电影中的红色文化小元素可以成为红色旅游发展的重要推动力。通过电影中的细节，展现出红色根据地的人文风貌和历史底蕴，激发观众对红色旅游的兴趣。例如，电影中的红色文物、非遗项目等，可以成为观众进一步了解和参与红色旅游的切入点。在推广中，可以利用这些小东西，如纪念品、红色文化衍生品等，将电影与红色旅游有机结合，开展相关衍生品的销售，为红色旅游的发展带来新的商机。

主旋律电影与红色旅游融合发展的热度正在逐步提升。通过电影的拍摄与推广，红色旅游景区的知名度和影响力得到了提高。同时，主旋律电影也为红色旅游的营销和宣传带来了新的机遇。未来，随着文旅融合的不断深入，主旋律电影与红色旅游的融合发展有望进一步壮大，为文化旅游产业带来更多创新和发展机遇。

（二）主旋律电影与红色旅游融合中的问题

在实际的主旋律电影与红色旅游的融合发展过程中，出现了可用拍摄地不足、红色旅游元素在主旋律电影中表现不明显、与时代融合不同步、不注重营销等问题。

可用拍摄地的不足是在主旋律电影与红色旅游的融合发展中一个亟待解决的问题。由于红色旅游地大多位于偏远的山区或农村，缺乏适合电影拍摄的设施和资源。这导致主旋律电影在展现红色旅游元素时受限于场景的选择和还原。同时，这也限制了电影与红色旅游的联动效果，影响了观众的真实感受和参与度。因此，需要通过加大对红色旅游地的基础设施建设和资源开发，为主旋律电影提供更多的拍摄机会，进一步推动两者的有机融合。在一些主旋律电影中，红色旅游元素并未得到很好的表现。主旋律电影通常以英雄事迹和历史事件为主线，有时忽视了红色旅游的核心元素，如红色景点、红色文物等。这使得观众在观影过程中难以深入了解红色旅游的丰富内涵，影响了他们对红色旅游的兴趣和认知。因此，在创作主旋律电影时，需要注重将红色旅游元素有机地融入剧情和场景中，使观众在观影过程中更好地感受到红色旅游的魅力和历史意义。主旋律电影与红色旅游的发展也面临着与时代融合不同步的问题。随着社会的不断发展和观众需求的变化，传统的红色旅游形式需要与新的文化表达方式相结合，才能更好地吸引和引导观众。然而，一些红色旅游景区和主旋律电影仍停留在传统的宣传模式和创作方式上，缺乏创新和时代感。这使得观众在面对过度重复和陈旧的宣传手段时产生审美疲劳，对红色旅游和主旋律电影的兴趣逐渐减弱。因此，需要紧跟时代的步伐，结合新兴的传媒技术和创作理念，不断创新红色旅游的宣传方式和主旋律电影的故事表达，提升其吸引力和影响力。在主旋律电影与红色旅游的融合发展中，营销策略的重要性不容忽视。然而，目前一些红色旅游地和主旋律电影在营销方面的投入和策划不足，未能将两者的优势结合起来形成合力。例如，在电影推广时，往往没有充分利用红色旅游地的资源和品牌形象，未能形成对外宣传和推广的良性循环。另外，一些红色旅游地也未能充分发挥主旋律电影的宣传作用，缺乏对电影拍摄地的有效运营和营销。因此，需要加强双方的合作，注重营销策划和品牌推广，将红色旅游与主旋律电影有机结合，提升市场影响力和旅游吸引力。

主旋律电影与红色旅游的融合发展面临着一些问题和挑战。对此，需要加大对可用拍摄地的建设和资源开发，注重红色旅游元素在主旋律电影中的表现，加强营销策划等。通过持续的努力和改进，可以进一步推动主旋律电影与红色旅游的有机融合，实现共同发展和繁荣。

三、主旋律电影与红色旅游融合的策略与实例

（一）主旋律电影与红色旅游融合的策略

通过扩大受众群体、提升红色根据地知名度、推进多形式红色旅游联动以及电影＋实地元素、电影周边产品、营销地推等策略，促进了主旋律电影与红色旅游的有机结合，为我国文化旅游产业的发展提供了宝贵的可参考经验与案例。

主旋律电影与红色旅游的融合发展中，一种有效的策略是电影＋实地元素。通过将主旋律电影中的场景还原到实地红色旅游景区，提供观众亲身体验电影中历史故事的机会，拉近观众与红色旅游的距离。例如，可以在景区内设置电影中的道具、进行场景复原等，让观众通过实地参观感受到电影中的历史情感和红色精神。这种策略不仅可以增加游客的参观和游览时间，进一步宣传红色旅游地的特色和故事，也可以提高观众对电影的兴趣和认可度。为了进一步推动主旋律电影与红色旅游的融合发展，可以开发与电影相关的周边产品，如旅游邮票、明信片、盲盒等。通过购买或收集纪念品的方式，观众可以持续回忆电影中的精彩镜头和故事情节。此外，在周边产品中加入红色旅游的元素，例

如在明信片上印制红色旅游景区的照片，或者在盲盒中放入红色文物的模型等，可以进一步加强红色旅游的宣传和推广，提高主旋律电影与红色旅游的知名度和影响力。营销策略在主旋律电影与红色旅游的融合发展中起着重要的作用。为了激发民族自豪感和进一步推动主旋律电影与红色旅游的结合，可以通过地推活动来营销和推广。例如，组织观众参与红色旅游景区的实地体验活动，进行文艺表演、展览和交流等，为观众提供更加直观、身临其境的体验。而地推活动的宣传可以通过社交媒体、传统媒体等多种渠道进行，以吸引更多的观众参与。通过这种方式，不仅能够提高观众对红色旅游的认知和兴趣，也能够增强观众对自己国家和历史的自豪感和认同。

主旋律电影与红色旅游的融合发展需要合理的策略和措施来推动。通过电影＋实地元素的方式，观众可以亲身感受电影中的历史情感和红色精神，增加参观和游览的时间。通过开发纪念品和周边产品，可以延续观众与电影的联系，进一步宣传和推广红色旅游和相关景区。而且，在营销策略中注重地推活动，能够激发观众的民族自豪感和归属感。通过这些创新的策略，能够进一步促进主旋律电影与红色旅游的融合发展，实现文化旅游产业的协同发展，提升国家软实力和吸引力。

（二）案例分析：以电影《建军大业》为例

电影《建军大业》是"建国三部曲"系列的第三部，是献礼建军90周年的历史片。由刘伟强执导，韩三平担任总策划及艺术总监，黄建新监制，刘烨、朱亚文、黄志忠、王景春、欧豪、刘昊然、马天宇等主演。影片于2017年7月27日上映，累计取得4.05亿票房，斩获第34届大众电影百花奖优秀故事片、第17届中国电影华表奖优秀故事片奖等奖项。

（三）对主旋律电影与红色旅游融合发展的展望

展望未来，主旋律电影与红色旅游的融合发展有着广阔的前景和发展空间。通过多媒体融合创新、场景还原与演艺结合、品牌塑造与文化传承、国际交流与合作等诸多形式，主旋律电影与红色旅游融合发展有了更新的展望。

随着科技的进步和媒体形式的多样化，未来可以进一步运用虚拟现实、增强现实等技术手段，结合主旋律电影与红色旅游，创造更加全方位、沉浸式的体验。观众可以通过互动参与、角色扮演等方式，更深入地了解红色旅游的历史和文化内涵。未来，可以进一步完善主旋律电影与红色旅游景区的合作，通过场景还原、演员扮演等形式，让观众在参观景区时，不仅可以欣赏到演员的表演，更能够亲身感受到电影中的故事和情节，加深对红色历史的理解和感受。主旋律电影与红色旅游的融合发展也可以进一步加强品牌塑造，通过打造独特的文化品牌，形成品牌的影响力和商业价值。同时，利用主旋律电影的宣传力量，深入挖掘红色旅游的文化内涵，传承红色精神，使观众在旅游的过程中获得精神层面的满足。随着全球旅游业的发展，主旋律电影与红色旅游的融合也可以在国际上进行更多的交流与合作。通过互访、合作拍摄等方式，让更多的外国观众了解中国的红色历史和文化，增加国际游客对红色旅游的兴趣，促进国际旅游市场的发展。

四、结语

本章旨在探讨主旋律电影与红色旅游融合发展的背景、意义和现实问题。首先，回顾文化旅游融合的发展历程，分析主旋律电影与红色旅游融合发展的内在联系和互动效应。其次，对主旋律电影在推动红色旅游多元发展方面的作用进行探讨，包括扩大受众群体、提升红色根据地知名度、推进多形式红色旅游联动和实现以小见大的效果等。再次，分析主旋律电影与红色旅游融合发展中存在的问题和挑战，如可用拍摄地不足、红色旅游元素在电影中表现不明显、与时代融合不同步以及不注重营销等方面。最后，给出主旋律电影与红色旅游融合发展的对策和建议，以推动两者更好地结合，共同促进中国文化旅游产业的创新发展。主旋律电影与红色旅游融合发展的前景是广阔的。通过多种创新手段和合作模式，将主旋律电影与红色旅游更加紧密地结合起来，可以进一步拓宽红色旅游的受众群体，提高游客的参与度和满意度，推动中国文化旅游产业的繁荣和创新发展。同时，红色旅游的宣传和文化传承也可以通过主旋律电影的力量传播到国际，增强国家软实力和文化影响力。

从赋魅到祛伪：

沉浸式旅游演艺的泛化问题及进路

莫诗狄 ①

摘　要： 近年来，沉浸式旅游演艺以互动感、体验感和社交属性受到了年轻消费者的追捧。如今的年轻人，更愿意接受影像化、趣味化和体验式的文化表达与传播形式，文化传播也需要趣味化、体验化、社交化和圈层化。结合国家文旅产业政策和文旅产业发展现状来看，沉浸式旅游演艺行业迅速发展、项目数量激增，同时面临着缺乏地方文化属性、叙事方式粗制滥造、人才难以支撑行业可持续发展、环境营造缺乏在场感等泛化问题，本文基于对沉浸理论的梳理以及对沉浸式旅游演艺的基本特征的整理，结合实例分析得出沉浸式旅游演艺的发展思路。

关键词： 沉浸式；旅游演艺；互动；在场；体验

引言

近年来，"沉浸式"三个字不断地活跃于大家的视域之中，尤其是"沉浸式"还曾获选2019年文旅热词榜热搜第一，从热搜榜、各方网络平台发布的年度大数据报告、官方政策支持、项目市场表现来看，"沉浸式项目"已然成为文旅界的关注热点与重点。万物皆可沉浸，沉浸式演出、沉浸式展览、沉浸式游戏、沉浸式餐厅、沉浸式商业……沉浸式旅游演艺是沉浸式体验的一种，是具有沉浸式体验特点的旅游演艺。旅游演艺兼具旅游与文化的双重魅力，是文旅融合的重要抓手。沉浸式旅游演艺打破传统旅游演艺的观演关系，使观众和演员、舞台融为一体，让观众在观演中参与互动。沉浸式旅游演艺以其具有的互动感、体验感和社交属性受到了年轻消费者的追捧。如今的年轻人，更愿意接受影像化、趣味化和体验式的文化表达与传播形式，文化传播也需要趣味化、体验化、社交化和圈层化。2013年在山西省晋中市平遥县正式上演的《又见平遥》开启了我国沉浸式旅游演艺产业。在随后的几年中，以《又见敦煌》《又见五台山》为代表的"又见"系列当之无愧地成为中国沉浸式旅游演艺票房的领军者，尤

---

① 莫诗狄，广西艺术学院艺术管理硕士研究生。

其是在文旅部公布的《"十四五"文化和旅游发展规划》提出要在"十四五"期间完成"100个沉浸式体验项目"的目标后，我国的沉浸式旅游演艺项目呈井喷式的发展，市场上充斥着大量沉浸式旅游演艺作品，难免会出现优劣之分，甚至还有很多"伪沉浸式"作品。面对"伪沉浸式"的出现，沉浸式旅游演艺该何去何从？沉浸式旅游演艺如何"祛伪"值得我们思考。

一、沉浸理论

沉浸理论，又称心流理论。是由美国心理学家米哈里·契克米哈赖（Mihaly Csikszentmihalyi）于1975年首次提出，是指人们在全身心投入某件事情时而忘记周围环境的一种心理状态，并伴随着高度的愉悦感和充实感，留下难忘的记忆。[①]国外关于沉浸体验的相关研究多以米哈里的"Flow"理论为基础，多指旅游者投入目的地活动而过滤掉不相关的感知和知觉，从而达到沉浸的状态。国内关于沉浸体验的相关研究主要来源于心理学、心理治疗、市场营销、旅游演艺等领域，一般以米哈里的沉浸理论为基础展开研究。沉浸式体验（Flow Experience），也叫沉醉感，指个体将精力全部投注在某种活动当中，无视外界存在、自我忘时的状态。[②]Loomis认为"沉浸"是意识的一种基本状态，使意识有能力在有限的时间跨度内，超越身体的邻近范围，处于一个遥远的状态，同时却保持对身体的认知所有权。[③]在这种情况下，Sas和O'Hare将沉浸定义为意识焦点不可察觉地转移到位于技术媒介或想象世界中的邻近刺激。[④]

如果要弄清沉浸式体验（知觉位移）到底是怎么一回事，就一定要了解"沉浸"和"在场"这两个概念。"沉浸"和"在场"都可以被描述为一种反映多媒体系统设计目的的主动功能——"虚拟环境淹没用户感知系统的程度"[⑤]，或用户在与系统交互时感知和体验到的反应性心理反馈——"虚拟环境的用户感觉参

① BOWER E M.Review of Beyond Boredom and Anxiety: The experience of play in work and games[J]. American Journal of Orthopsychiatry, 1976，46(4)：729.

② Csikszentmihalyi M, Csikszentmihalyi I. Beyond Boredom and Anxiety[M]. San Francisco: Jossey-Bass, 1975.

③ J. M. Loomis. Distal attribution and presence[J]. Presence：Teleoperators Virtual Environment, 1992(1)：113-119.

④ C. Sas, G. M. P. O'Hare. Presence Equation: an investigation into cognitive factors underlying presence[J]. Presence: Teleoperators Virtual Environment, 2003, 12(5)：523-537.

⑤ F. Biocca, B. Delaney. Immersive Virtual Reality Technology[M]// Communication in the Age of Virtual Reality. Hillsdale, NJ：Lawrence Erlbaum Associates, 1995：57-124.

与、吸收和全神贯注于来自虚拟环境的刺激的程度"①。从人类用户的角度来看，沉浸感在注意力、情感、认知、感觉、知觉和记忆层面上引发了一系列平行交织的心理变化，这些变化共同标志着这种体验的独特性。Witmer 和 Singer 将"沉浸"定义为一种心理状态，其特征是感知或感觉"被包围""包含在"或"与"提供各种刺激体验连续性的环境"相互作用"。②而 W. A. Ijsselsteijn 认为"沉浸感"是一种复杂的多维感知，通过多感官体验数据和各种认知过程的相互作用形成；在这种复杂的体验过程中，注意力因素起着至关重要的作用。③

"沉浸"的各种定义反映了这是一个多方面的现象。尽管这些定义多种多样，但这些定义都具有一个共识，即沉浸是"一种愉快体验"和"被包裹的感觉"。综合各种沉浸理论，本文将采用《沉浸式体验的原因、内容和方式》中给出的定义："沉浸在虚拟环境中是一种以技术为媒介的幻觉，它通过提供原始刺激和线索的模拟系统，吞噬一个人的感官，并导致一个人的注意力集中到一个合成的但在概念上真实的现实中，通过虚拟主体的视觉空间和情感视角，取决于一个人的想象能力和精神倾向。"

二、沉浸式旅游演艺的基本特征

（一）环境营造

沉浸式旅游演艺的一大特征就是营造环境沉浸。索菲·尼尔德对"沉浸式戏剧"作品的定义是"观众与演员一起居住在戏剧空间中的作品"④，由此使得空间元素和结构元素成为决定一部作品是否成为"沉浸式作品"（即是否能够"身临其境"）的关键。沉浸式旅游演艺的"沉浸体验"离不开沉浸环境的营造，而沉浸环境的营造离不开数字科技技术的发展。现如今，我们已经进入数智时代，数字科技技术的不断发展，虚拟现实技术（VR）、增强现实技术（AR）、混合现实技术（MR）、裸眼 3D 技术、全息投影技术以及观众观看表演时的可穿戴装备，还有演艺现场的各种技术的配合，让沉浸式旅游演艺创造出来的现

---

① M. T. Palmer. Interpersonal Communication and Virtual Reality: Mediating interpersonal relationships[M] //Communication in the Age of Virtual Reality. Hillsdale, NJ: Lawrence Erlbaum Associates, 1995：277-302.

② B.G.Witmer, M. J. Singer. Measuring Presence in Virtual Environments: A presence questionnaire[J]. Presence: Teleoperators Virtual Environment，1998，7(3)：225-240.

③ W. A. Ijsselsteijn, Elements of a Multi-level Theory of Presence: Phenomenology, mental processing and neural correlaes[J]. presence，2002，9(11)：245-259.

④ Nield, Sophie. The Rise of the Character Named Spectator[J]. Contemporary Theatre Review，2008，18(4)：531-544.

实感越来越真实。这种通过数字科技的配合所营造出来的演艺环境，为游客打造了一种超越现实的"身临其境"的沉浸感，尤其受到当代年轻群体的喜爱。如经典沉浸式 IP《不眠之夜》就凭一己之力使上海麦金侬酒店"一房难求"。上海麦金侬酒店中的 90 个房间各具特色，布置了各具代表性及意义的道具，予以游客一场视觉盛宴。其主创团队曾表示，"即便观众未能从道具的蛛丝马迹之中梳理出完整的故事图像，这些道具亦承载着另外一种功能——营造气氛和情绪"。最有意思的一处环境营造就是"曼德雷酒吧"，在这里，游客可以点上一杯鸡尾酒，坐在吧台或卡座上，可以近在咫尺地观看紧张刺激的故事情节，也可以通过酒水与其他"剧中人"进行社交，这时的"曼德雷酒吧"不仅是戏剧设计场景，也是现实社交场景。一度让"深陷其中"的游客分不清这到底是虚拟的现实还是现实的重构，在某种程度上，才真正算是一部沉浸式作品的完成。但仍需注意的是，科技只是吸引游客的外在手段，真正能够让游客流连忘返、回味无穷的还是沉浸式旅游演艺所表达的内在精神文化。

（二）多重体验

沉浸式旅游演艺构建出了一种以多重体验（多感官体验）为核心的表演风格，体验既为游客提供了参与的动机，也为游客提供了参与的关键，构建出了一种以参与为核心的体验美学。打破传统镜框式舞台的表演，打破"第四堵墙"的物理距离，与演员近在咫尺的接触与互动，声光电等科技技术营造的沉浸环境，视觉、听觉、嗅觉、味觉、触觉的多感官体验等等特征都在为沉浸式旅游演艺"赋魅"。

沉浸式旅游演艺和体验营销在某种程度上是一致的，都是在体验感制作中共享美学利益，与生活体验相比，吸引消费者和观众参加的理想体验将会是沉浸式旅游演艺产品营销者最赚钱的资产。《不眠之夜》就将消费者的沉浸体验做到了极致，从进入酒店漆黑通道的那一刻开始，游客的视听嗅味触就已准备好接受刺激了，沉浸体验环境的营造夸张地放大了其本身的悬疑与惊悚成分。同时，在表演过程中的一切叙述情节都经过了主创团队的精心设计，使得游客在观演过程中获得一种高峰体验。剧场在设计时，细节处理得非常精细与巧妙。主创团队在注重游客的视觉体验与听觉体验的同时，还注意打造游客的嗅觉体验，不同的场景的气味也是各不相同的，比如游客走进医院时闻到的是一股福尔马林消毒水的味道，游客走进竹林时闻到的是木头的清香，游客走进餐厅时闻到的是晚餐的香味。除了嗅觉体验以外，剧场内所有的道具和布景都可以触摸，不同的场景里的地面与墙壁都经过了主创团队的特殊设计，为游客增加了触觉体验。

（三）角色互动

沉浸式旅游演艺的一个显著特征就是使用了不同的参与模式，使得游客与演员之间进行角色互动。特别是，所有的沉浸式旅游演艺的演员关注游客的感官（他们看到的、触摸到的、嗅到的和听到的），予以一种即时性反馈，邀请观众在表演的"当下"出现。特别是它如何允许观众（或多或少的）与表演者合作，使两个人创造一种共同的体验，参与表演活动是主动和辩证的，而不是强加和规定的。在双方的合作中，往往会引发自发性、即兴创作或风险，这需要信任、承诺和参与演出的意愿。①《不眠之夜》在观众入场时，会在每个人的手背上盖一个章并发一个白色面具，意味着你的麦克白之旅就开始了。剧情也没有唯一的男女主角，每个角色都是一个单线故事，你选择跟随哪个演员，那么他或她就是这部剧的主角，观众带着一种探索欲与期待感走进表演者的世界，其间他会和其他演员发生交集，你也或多或少地可能会与他发生接触，这时候观众不再是旁观者而是参与者。在角色与角色互动、角色与观众互动之间，观众需要自己梳理人物关系，了解故事的叙事走向。《不眠之夜》的导演兼艺术总监菲利克斯曾说过："我们希望观众成为戏剧的核心，而不是表演。"观众戴面具观演，与同伴的选择不同而导致分离，每一次跟随剧情的奔跑与探索，随机被挑选参与表演，都为这段沉浸式体验增加了不确定性与不可替代性，同时为观众创造了唯一性和不可复制性的沉浸体验。

三、沉浸式旅游演艺的泛化问题

（一）缺乏地方文化属性

沉浸式旅游演艺缺乏地方文化属性主要表现在以下四个方面：演艺内容缺乏地方深度、演艺形式与地方文化不符、缺乏地方文化传承和发展、游客缺乏对地方文化的认知和体验。首先，许多沉浸式旅游演艺在内容上往往缺乏对地方文化深度的挖掘和呈现，更注重打造旅游演艺的娱乐性和视觉效果，内容往往浮于表面，而忽视了地方文化的独特性和魅力，无法真正展现地方文化的魅力和价值。其次，沉浸式旅游演艺的形式和风格与地方文化的传统和特色不符，部分旅游演艺过于追求现代化和科技感，而忽视了地方文化的传统和习俗，做不到与当地文化真正的融合在一起。再次，沉浸式旅游演艺往往忽视了对地方文化传承和发展的责任，部分旅游演艺只是简单对当地的文化符号和民族元素

① Zerihan, R. et al. Live Art Development Agency Study Guide on One to One Performance [Z]. London: Live Art Development Agency，2009：3-7.

进行呈现，而未真正将地方文化与现代艺术相结合，并没有为地方文化的传承与发展做出贡献，无法让游客沉浸在旅游演艺中，感受地方文化的价值和意义。最后，由于部分游客缺乏相关的人文知识和专业背景，可能无法真正理解和感受旅游演艺所呈现的地方文化，无法从当地文化中获得认知和体验，这就使得游客难以与旅游演艺作品产生共鸣，更无法获得深刻的文化体验。

（二）叙事方式粗制滥造

沉浸式旅游演艺的泛化问题之一是叙事方式粗制滥造。旅游演艺故事情节混乱，没有清晰的故事线和人物线，情节混乱，让观众难以理解剧情发展的逻辑和线索，以至于无法真正沉浸其中。部分旅游演艺中的角色人物形象过于单薄，缺乏故事主角的个性和深度，人物形象没有充分展现出人物魅力，缺乏与观众的情感联系，不能真正打动观众的内心，也无法让观众感受到故事情节和人物形象中所蕴含的情感和价值，以至于观众难以产生情感上的共鸣，对旅游演艺的整体感受变得平淡无奇。比如《爱在空气中》这部沉浸式演出尝试将观众分成不同的小组，让观众在演出过程中扮演不同的角色，以达到沉浸体验，然而观众对于这种新颖的表演形式并不熟悉，加上角色分配的不合理，导致有些观众在演出现场感到混乱。还有部分沉浸式旅游演艺只是简单地将地方性文化元素与文化符号堆砌在作品之中，这样平淡浮于表面的叙事方式缺乏整体性和连贯性，并未真正将它们融合到一个有机的沉浸式作品叙事结构中，导致有些观众难以理解和接受。《爱丽丝冒险奇遇记》这部演出改编自同名童话，原作作为童话有着复杂的背景设定与故事角色，而演出为了控制总量，不得不肢解拼凑剧情，使表演形式远远大于表演内容。总之，优秀的叙事方式是沉浸式旅游演艺成功的关键之一，通过精心设计和安排故事主题、情节、人物形象和文化元素等，可以避免粗制滥造的问题，提高演艺的吸引力和感染力。

（三）人才难以支撑行业可持续发展

沉浸式旅游演艺作为一个新兴领域，专业人才短缺现象严重，难以支撑行业的可持续发展。目前该行业的大多数从业者都是从其他行业转行而来，缺乏对沉浸式旅游演艺的深入了解和专业知识，同时国内缺乏相关专业的教育和培训机构，无法为沉浸式旅游演艺行业提供足够的人才支持。由于沉浸式旅游演艺行业的发展前景具有很大的不确定性，处于一个很不稳定的阶段，使得很多专业人才转向其他行业，同时部分人才也因薪资待遇、工作环境以及不稳定等因素而流失。《无息》是中国国家话剧院打造的一部沉浸式话剧作品，该剧讲述了发生在中国乡村一个贫困家庭的故事，探讨了贫困、家庭团结以及个人奋斗等主题，展现了中国农村人民的坚韧和乐观精神。在演出过程中邀请观众上台共同表演，然而由于传统话剧演员难以调动观众并无法给予观众沉浸互动，最终导致剧目停止运行。《森林之歌》这部沉浸式演出通过让观众在森林中漫步，同时感受大自然的美丽和神秘，然而由于演出过程中 NPC 的引导不足，导致有些观众对整场演出感到迷茫和不知所措，无法沉浸其中。沉浸式旅游演艺不仅需要大量的专业人才，还需要多样化、跨领域、交叉学科等复合型专业人才的共同协作，包括编剧、导演、演员、NPC、技术、策划、票务团队等，要加强团队的合作机制和沟通渠道，提高工作效率和作品质量，为行业的可持续发展提供坚实的人才基础。

（四）环境营造缺乏在场感

在场感是沉浸式体验的基础，也是沉浸式旅游演艺的基础。游客需要感受到自己处于一个区别于现实世界的真实、生动、立体的场景之中，就像到达旅行目的地进行一场时空旅行一样。然而在目前许多沉浸式旅游演艺中，虽然通过声、光、电等多种科技手段营造出华丽的舞台效果和逼真的场景，但往往浮于表面，忽视游客的参与和体验，游客只是被动地接受科技手段营造的视觉盛宴，而不是主动地进入旅游演艺场景中。同名改编的《爱丽丝冒险奇遇记》的观众可以获得更强的交互体验，因为它的观演规则限制人数（每场不能多于 56 人），观众可以自行选择不同的身份和路线进行探索，同时也能更深入地与演员发生互动。在进入剧场内布置的"书屋"后，观众面临第一个选择就是"吃我"与"喝我"，由此"变大"或"变小"，开始分流；随后的第二个选择是抽卡牌花色，继续按照不同的花色分成不同立场的阵营，探索各自的剧情线，并最终在茶会汇集。虽然整场演出强化了很多无厘头的互动体验，给观众制造新鲜感与惊奇感，但是《爱丽丝梦游仙境》作为童话，原作杂糅了大量幻想情节，想要完美的沉浸体验，势必会极大提高对于剧场环境和装置设备的要求，而这一点是很难做到的。没有高科技特效加持，光靠简单的实体环境和演员表演是难以做到让观众代入进去的。在环境营造上加强观众的在场感的同时，更应该考虑将整个旅游演艺环境营造成展示空间、社交空间、艺术空间、节庆空间和教育空间等。

四、沉浸式旅游演艺的发展思路

（一）立足地方资源，唤醒文化生命力

沉浸式旅游演艺，不仅要结合全新媒介手段与技术，还要结合当地的文化资源，深深扎根于人文地理环境中，才能更好地唤醒民族文化的生命力。沉浸式旅游演艺是依托于旅游地的旅游资源而生，因此旅游地的地方资源可以转化为地方性沉浸式旅游演艺项目的亮点，尤其是具有丰富文化内涵和深厚历史底蕴的旅游地。从国内口碑较好的沉浸式旅游演艺项目来看，均利用了旅游地丰富的文化内涵与历史底蕴赋予其项目亮点。如《又见平遥》展现的是晋商文化和古老票号的家族故事，《只有河南》展现的是黄河文化与黄河故事，《知音号》展现的是知音文化与大汉口长江文化，《今时今日安仁》展现的是西南人文气质与安仁文化，《浸梦水门亭》展现的是抗战历史与南孔文化，《簋唐楼》展现的是唐代饮食文化与仕女文化，《这是无锡》展现的是惠山传说故事与文人风骨，《游园惊梦》展现的是世界非遗昆曲魅力与江南园林之韵，《珍珠塔》展现的是小巧锡剧与玲珑园林的碰撞。综上，各地所具有代表性的沉浸式旅游演艺的主题都紧扣旅游地的地方历史与文化，体现其地域性与民族性。因此，沉浸式旅游演艺的发展思路应该立足旅游地的地方资源，重视旅游地的地域文化挖掘，以自我深厚的文化根基唤醒文化的生命力，在世界旅游演艺项目中发出中国声音。

（二）挖掘文化内涵，打造本土叙事 IP

一个优质的沉浸式旅游演艺 IP，必然离不开优质的故事内核；而优质的故事内核依托于旅游地丰富的文化背景。随着我国经济的不断发展，人民的消费需求日益增长，尤其是精神层面的消费需求。旅游过程中的文物展览、博物馆、名胜古迹等景点对于部分游客来说，往往显得深奥沉重和枯燥乏味，难以做到真正意义上的打动。而沉浸式旅游演艺则能改善这一现象，就像《长安十二时辰》本土 IP，打造了全唐文化沉浸式商业街区，以文化打动游客，让文化进心浸心，推动沉浸式行业突破圈层。沉浸式旅游演艺是以人文历史或人类文明为根基，在一定程度上可以还原历史，让人类文明动态化地展现在游客面前，赋予文物生命力，让文物活起来，让文化真正走进游客的心里。因此，挖掘各地特色的文化内涵，体现各地沉浸式的差异性，打造各地本土的叙事 IP，显得尤为重要。中国的旅游资源极其丰富，沉浸式旅游演艺的从业人员应好好思考"如何将本

土特色文化实现延展应用并进行产业转化"这一问题,从而真正意义上实现"文化 IP 赋能产业发展"。任何一个 IP,只有具备能够打动人心的情感价值,才能去挖掘其商业价值。① 比如"又见系列"就是根植于本土文化,扎根于田野,致力于打造本土叙事的 IP。《又见敦煌》根植于敦煌独特的地理位置,将千年莫高窟和敦煌学还原,诠释了敦煌与世界的深厚渊源,传递了丝路文化与华夏文明,以艺术的形式展现国家"一带一路"开放、包容、合作、共赢的精神;《又见五台山》根植于华北屋脊太行山系,将佛教信仰与平凡生活交织相融,演绎着普通人的生活琐事,游客与演员一同经历人生百态,一同感悟生活禅思,吸引无数人踏上这场朝圣之旅。故具有情感价值的 IP 才是具有商业价值的 IP,只要本土叙事 IP 形成高情感价值,不断进行高质量的沉浸式旅游演艺项目的内容产出,方能实现文化 IP 赋能产业发展,进而推动沉浸式文旅业态的高质量发展与多元转化。

(三)培养专业人才,提高剧本更新率

一部成功的为大众所津津乐道的沉浸式旅游演艺项目,离不开专业人才扎实的工作与参与。从外部来看,沉浸式旅游演艺的专业人才是专业演员与专业 NPC;从内部来看,沉浸式旅游演艺的专业人才是专业编剧与策划团队。一方面,由于我国沉浸式旅游演艺行业起步较晚,大多数从业人员并非专业艺术院校或相关艺术专业毕业,而是从密室逃脱 NPC 或剧本杀 NPC 转行来的,缺乏专业与独特的审美力与感受力,更多是机械化地模仿剧本的叙事线程与情节。无论是一场沉浸式剧本杀,还是一场沉浸式旅游演艺,演员与 NPC 对于整个故事叙事来说都至关重要,他们一旦缺乏对剧本的感受力与理解力,观众就很难甚至是无法真正"浸入"叙事中。另一方面,一个高质量的沉浸式旅游演艺作品的本质就是一个"能将人卷入"的好故事,如何做到沉浸就是如何向观众讲好故事。尽管目前国内有部分代表性的沉浸式旅游演艺,但因其剧本的更新迭代速度慢、重复上演,导致观众的观影期待下降与观影体验差,从而影响观众的整体旅游体验。"只有河南·戏剧幻城"是目前全国规模最大(总占地 622 亩)、演出时长最长(总时长近 700 分钟的剧目)、演员数量最多(近千名演员)、剧目最多(3 大主剧和 18 个小剧)的全沉浸综合戏剧群落,行走于 21 个大小各异的环城剧场之中,游客可以直观感受到每个故事的生命力。"只有河南·戏剧

---

① 孙玉洁.数字媒体艺术沉浸式场景设计研究 [D].北京:中国艺术研究院,2021.

幻城"2021年开城首演直播，全网播放量4160万次；开城10天内7次登上央视；微博话题阅读量3.7亿次，累计6次登上微博"同城热搜"第一，抖音热度排名本地第一；一经开城就吸引了全国各地的游客前往游览。专业的编剧和策划团队，不仅能够提升剧本的质量，还能提高剧本的更新率。同时通过引进国际先进的沉浸式旅游演艺的理念和技术应用，加强与国际同行的交流与合作，从而拓宽从业者的视野和思路，也能促进国内沉浸式行业的进一步发展。这无论是对培养游客的观影需求来说，还是对提升游客的整体旅游体验来说，都至关重要。结合沉浸式旅游演艺的外部与内部，专业人才的培养对其未来发展具有巨大的推动力。

（四）创新演绎场景，增加观众在场感

与传统的旅游演艺不同，沉浸式旅游演艺最大的特点就是其打破了传统舞台边界，为游客创造了一个全新的演绎场景。旅游的目的不再是"我"能去看到什么，而是"我"是否真的参与其中。① 随着旅游演艺的消费主体不断转变为"95后""00后"等年轻一代，沉浸式旅游演艺不仅要体现旅游地的文化底蕴，还要注重与时俱进，在创新场景与环境营造上增加新鲜感，在故事角色与游客观演中增加互动性，以满足当代年轻人的"猎奇"心理与社交需求，让游客在旅游过程中达到"我"真的参与其中的目的。在传统的旅游演艺中，游客在艺术表演发生的过程中，更多的只是被动地参与其中。不同于传统旅游演艺，沉浸式旅游演艺在艺术表演的过程中，让游客找到自身的主体性，"主动＋被动"地参与其中。萨特在其著作《什么是文学》中强调精神产品"只有在作者和读者的联合努力之下才能出现。只有为了别人，才有艺术；只有通过别人，才有艺术"②。接受美学也强调读者在艺术作品中的主体性，只有有了读者的参与和接受，一部艺术作品才得以真正地完成。这一点在沉浸式旅游演艺中显得极其重要，如何为游客创新故事演绎场景，如何利用多样化的数字技术革新演绎场景，如何通过艺术媒介为游客打造"身临其境"的交互体验，是一部沉浸式旅游演艺作品的制胜法宝。"体验"与"参与"成为衡量游客满意度的关键词，如果想要得到游客高满意度，意味着要满足游客的"沉浸"需求，那么"交互"是必不可少的。无论是在"环境戏剧"还是在"环境舞蹈"的创作中，演员时不

---

① 马欢. 文旅融合背景下沉浸式旅游产品的开发 [J]. 市场周刊，2023，36(8)：93-96.

② 萨特. 什么是文学？[G]// 施康强，选译. 萨特文集（第7卷）. 北京：人民文学出版社，2000：124.

时与游客进行身体或眼神上的接触，甚至是改变故事情节的走向，以此令游客"浸入"艺术表演中，在演员与游客的交互中共同完成旅游演艺作品的呈现。

结语

随着国家沉浸式文旅产业政策的推行，沉浸式旅游演艺项目井喷式增长，呈现出实景化、数字化及规范化等发展趋势。国家在大力支持创新型沉浸式旅游演艺行业发展的同时，也相继出台各项条例规范沉浸式旅游演艺市场，这对其专业度、文化性都提出了越来越高的要求，需要更加注重规范化制作和管理运营。沉浸式旅游演艺要立足于地方资源，挖掘地方文化资源，创新演绎场景，不断推出本土化沉浸式旅游演艺 IP 以支撑行业稳定向前，吸引更多专业人才赋能行业产业化升级、高质量发展。要"祛伪"存魅，建立独特审美体验，促进沉浸式旅游演艺艺术性与商业性的融合，从而实现可持续发展。